新しい中世古文書学

アーカイブズとしての古文書

総論編

上島 有
Uejima Tamotsu

清文堂

目次

新しい中世古文書学　総論編

—アーカイブズとしての古文書—

序章　新しいアーカイブズ学としての中世古文書学

第一節　アーカイブズ・アーカイブズ学とその研究分野

アーカイブズ・アーカイブズ学とは

私は、新しい中世古文書学とは、アーカイブズ学としての中世古文書学だと考えている。そこで、まずアーカイブズ・アーカイブズ学とは何かということについて述べておこう。

平成二十一年（二〇〇九）に成立公布され、平成二十三年（二〇一一）四月に施行された「公文書等の管理に関する法律（公文書管理法）」では、「国及び独立行政法人等の諸活動や歴史的事実の記録である公文書等」を「健全な民主主義の根幹を支える国民共有の知的資源」と規定している。

国民共有の知的資源

この法律の基本的な精神は、現代の公文書だけではなく、広く古代以来の古文書・記録など――以下、古文書類と略す――にも共通するものだと考える。もちろん、古文書類が、ただちに「健全な民主主義の根幹を支える」とまでいえるかどうかは、もうすこし考えてみなければならないが、広く「国民共有の知的資源」という考え方は共有できるし、その観点で見なおしてみる必要があると考える。

「もの」としての文書

というのは、これまで古文書類は、「歴史叙述のための史料」として、すなわち「文字資料としての古文書」として、もっぱら歴史研究者の独占物であった。しかし、古文書類を「歴史叙述のための史料」という呪縛、史料主義という固定観念と決別して、「国民共有の知的資源」と位置づけるならば、従来とはちがったまったく新しい世界が開けると考える。これは、古文書類を、たんに「歴史叙述のための史料」、さらにいうならば、たんに「文字資料としての文書」とみるのではなく、「「もの」としての文書」、すなわちアーカイブズとしてとらえなおすということに他ならない。そしてこれはまた、古文書類を「歴史叙述のための史料」として利用するにさいしても、従来のように狭い限定された視野からの利用よりも、さらに高度で確実で豊かな情報を提供するものと確信している。

第一項　アーカイブズ・アーカイブズ学

アーカイブズ・アーカイブズ学という言葉は、ここ二・三〇年の間に聞かれるようになったきわめて新しい言葉であり、また学問である。中世史研究についてみても、現在アーカイブズ・アーカイブズ学に関心をよせ、実際その言葉を使っている研究者は、まだ五指にも満たないという状況であるが、今後の歴史学や古文書学研究の基底・根幹となるものであり、大きく新しい学問研究の発展の方向を示す最大の研究分野だと考えている。[1]

アーカイブズというのは、一般には「保存記録」と訳されているようであるが、NHKアーカイブス――NHKの場合には「アーカイブズ」ではなく「アーカイブス」というようである――が広くしられている。近世アーカイブズ学の方たちは、早く「記録史料・記録史料学」とよんでいたが、私には適訳だとは考えられないので、[2]アーカイブズ学（アーカイバル・サイエンス）そのものを用いることにする。[3]

歴史学の関係でアーカイブズといえば、現在ではもっぱら公文書管理法あるいは情報の管理・公開との関連で、中央政府・地方自治体などの公文書をはじめとする文書類は、国民共有の知的財産だという観点から議論されている。そして、近現代史研究の分野では、余りにも当然のこととしてとくに強調されてはいないが、公文書をはじめとするアーカイブズは、「一つしかない生の記録情報資源」＝一次的記録情報資源である。私は、アーカイブズ学といえば、本来は古代から近現代にいたるすべての時代を一貫した論理でとらえられるべきものと考えているが、古代・中世史研究の分野で「一つしかない生の記録情報資源」＝一次的記録情報資源といえば、生の「もの」、すなわち東寺百合文書をはじめとする古文書類の原本で、その他に記録・帳簿・編纂物、また聖教類、さらに特殊なものとして木簡などがあげられる。

アーカイブズを厳密に規定するならば、私がよく引用する安藤正人氏の、

　よく知られてきているようにアーカイブズには二つの意味がある。過去の古文書・古記録から近年の公文書・企業文書・映像記録・電子記録などまで、時代や媒体に関わらずさまざまな組織体が生み出す一次的な記録情報資源という意味と、それらの記録情報資源を保存公開するための文書館・公文書館システムという意味の二つである。そして、この二つの意味におけるアーカイブズを支える学問的基盤がアーカイブズ学

「もの」としての文書の多様な情報

国民共有の知的情報資源

原形保存の原則

archive science（記録史料学）だ（同「（時評）二一世紀日本の歴史情報資源とアーカイブズ——大学共同利用機関の再編統合問題に寄せて——」[4]（「歴史学研究」七六一号　二〇〇二年）五五頁）。

がもっとも適当なものと考えている。安藤氏がいうように、「時代や媒体に関わらずさまざまな個人や組織体が生み出す一次的な記録情報資源」、すなわち「一つしかない生の記録情報資源」がアーカイブズなのである。そして、古代・中世に関していうならば、アーカイブズ学としての古文書学をはじめ、アーカイブズ学としての記録文献学（書誌学）、アーカイブズ学としての木簡学、さらに新しいものとしてアーカイブズ学としての聖教学などという学問分野が成立しうると考えている。

もうすこしいうならば、アーカイブズ学とは、文書をはじめとする一次的記録情報資源を、その本来の姿である「もの」としてとらえ、「もの」としての文書などが有するまったく未知で多様な情報を、たんに学問研究だけではなく、広く一般の知的情報資源として活用しようとする学問である。文書その他を「もの」としてとらえるというのは、従来の文書その他を、たんに文字資料＝歴史叙述の史料としてしかとらえてこなかった歴史学・古文書学とは根本的に発想を異にするものである。「もの」としての文書といえば、文書の原本であるが、そこにはたんに文字が記されているというだけではなく、その文書の作成から伝達・集積・保存という「文書の一生」の全過程の情報が凝縮されている。そのすべての情報を、たんに歴史叙述の史料としてだけではなく、国民共有の知的情報資源として活用しようという学問である。すなわち、どのような貴重な情報が秘せられているのか、それをどのように活用できるのか、すべては今後にかかっている魅力的な学問である。そして、これは決して夢物語ではない。

第二項　アーカイブズ学の研究分野
——「かたち」「かたまり」「かさなり」の三相を総体として研究する学問——

アーカイブズを一次的記録情報資源、すなわち「一つしかない生の記録情報資源」と規定するならば、その整理・保存の原則は、「原形保存」すなわち「かたち（原形態）の尊重」「かたまり（原秩序）の尊重」「かさなり（原伝存）の尊重」である。この点については、古代・中世だけではなく近世、さらには近現代のアーカイブズにも共通する原則であると考える。[5] 私が、よくアーカイブズは近世あるいは近現代だけではなく、古代・中世をつうじて一貫した原則で把握すべきだといっているのは、まさにこのことをさすのである。

古代・中世のアーカイブズ

古代・中世のアーカイブズについていうと、すでにほとんどが整理しつくされていて、整理・保存などという観点は、現在まったく欠落してしまっているといってよい。それとともに、中世文書についていうと、現在文書類の整理・修理・保存・公開という実際の業務と、その利用・研究の間の業務分担がほぼ完成しており、研究者はもっぱら整理された文書の文字だけを追っかけているにすぎないというのが現状ではなかろうか。

しかし私は、アーカイブズ学、アーカイブズ学としての古文書学といった場合には、文書の整理・保存・公開という実務に関する史料管理論と、その利用・研究という史料認識論とが一体となるところに学問成立の基盤があるのであって、いずれを抜きにしても、文書の本質は把握できないと確信している。[6] たしかに、現状はそれほど甘いものではない。だからといって、それに安住して現状でよいということにはならない。

原本研究は閉ざされた特殊なテーマ

原本研究は「貴重な原本に接することのできる一部のめぐまれた研究者のみに許される閉ざされた特殊なテーマである」というような「迷信」――私は、ここにいうかつての状態を認めた上で、もはや現在では完全な「迷信」で、もっぱら研究者の「やる気」の問題、能力の問題だと考えている――をいい逃れにしていたのでは、いつになっても現状を打開することはできない。難しければ、それだけ余計に工夫をして、一歩前進する必要があるのではなかろうか。すくなくとも、現在の古文書学は、各地に文書館・資料館ができていて、そこに専門のアーキビストが配置されていることからしても、もはやかつてのように完全に「閉ざされた」世界ではないことはまちがいがない。

史料管理論と史料認識論の一体的把握

現状を一歩進めて、整理・保存・公開とその利用・研究の一体化をはかるということ、すなわち史料管理論と史料認識論の一体的把握ということになると、その核になるのは文書館・資料館などのアーカイブズでなければならないと私は考えている。万巻の書を擁して「象牙の塔」にこもって文字だけを追っかけているというのは、もはや一九世紀・二〇世紀の研究スタイルである。私が、本格的に古文書の勉強をはじめた五〇年くらい前には、国内の文書館・資料館といえば、山口県立文書館と京都府立総合資料館の二館くらいであった。それが、いまや全国各地に文書館・資料館が設立されている。肌でアーカイブズと接し、進んで整理・閲覧・展示の業務をこなしてこそ、アーカイブズの本質に迫ることができるのである。このような新しい観点から、文書館・資料館などの関係者は自信をもって、今後の文書館・資料館の役割とそのあり方について真剣な議論が望まれるのである。[7]

アーカイブズの整理原則

ここでいうアーカイブズの整理原則としての「かたち（原形態）」「かたまり（原秩序）」「かさなり（原伝存）」

「かたち」「かたまり」「かさなり」の尊重

新しい古文書学は独立した学問

古文書学固有の研究分野

の尊重というのは、たんに整理・保存の原則だけではなく、古代・中世のアーカイブズの利用、さらには研究にも必須の原則である。もう一度、動態の「もの」としての文書の原点に立ちもどって、その「かたち（個）」「かたまり（群）」「かさなり（層）」の三相を総体として研究の対象にしようではないかというのがアーカイブズ学だと私は考える。

かくして、「かたち（原形態）」「かたまり（原秩序）」「かさなり（原伝存）」の尊重は、古代・中世はもちろん、近世さらには近現代のアーカイブズの整理・保存にも必須の原則である。それだけではなく、アーカイブズを「かたち（個）」「かたまり（群）」「かさなり（層）」の三相において研究の対象とするというのは、これも古代から近現代にいたるアーカイブズ学研究の一貫した原則である。これが、アーカイブズは古代から近現代にいたるまで一貫した原則で把握されるべきだし、またそれが可能だという所以である。

ここで、一つ確認をしておきたい。新しい古文書学、すなわちアーカイブズ学としての古文書学は、「もの」としてのアーカイブズの本質を究明する学問であって、歴史情報資源としての古文書を研究するのが本来の目的ではない。すなわち、アーカイブズ学としての古文書学は独立した学問であって、現在の古文書学や史料論のように「史学の右腕」「歴史学の補助学」ではないということである。たんに文字情報だけを追っかけているのは、すでに過去の話である。新しい古文書学は、現在の考古学や民俗学、さらには木簡学などと同じである。「もの」そのものとしての古文書を研究の対象とする独立した学問である。

考古学にしても、民俗学にしても、また木簡学にしても、最初は「歴史学の補助学」すなわち「史学の右腕」という位置づけであった。それが、やがて独立の学問体系を形成することになる。それによって、たんに「史学の右腕」であった時代よりは、ずっと高度で確実な歴史情報を豊富に歴史学に提供している。古文書学の場合も同じである。古文書学には、古文書学固有の研究分野がある。それはアーカイブズ学としての古文書学といった方がわかりやすい。もう一度いうならば、古文書をたんに文字資料としてではなく、「もの」として、すなわち文書を「かたち」「かたまり」「かさなり」の総体としてとらえ、その整理・保存・公開はもちろん、利用・研究といった全過程を統一的に把握するのがアーカイブズ学である。歴史学とアーカイブズ学としての新しい古文書学は、それぞれ独立の学問であって、しかもお互い密接な協業関係で結ばれているというのが、学問としてあるべき姿だろうと思う。これは、考古学や民俗学、あるいは木簡学などの場合と同じである。そして、これが古文書類を「歴史叙述のための史料」という呪縛から解放して、「国民共有の知的情報資源」と位置づけることだと考えるのである。そして、これによって、歴史学に対しても、従来よりはさらに確実で高度な歴史情報を豊富に提供できると確信している。

第二節　古文書の特殊的性格とその研究分野・ライフサイクル

第一項　古文書の特殊的性格

古文書の特殊的性格

文書を「もの」＝アーカイブズと規定した場合、どうしても確認しなければならないのは、古文書の特殊的性格ということである。これについては、前記拙稿「アーカイブズ学」の初出稿「東寺百合文書からアーカイブズ学へ」執筆の段階では、まだそれ程はっきりしたものにはなっていなかったが[8]、文書に関する基本的なことである。そして、従来の歴史学・古文書学でもまったく意識されることなく、文書を一般の人類の文化的創造物と同じように扱ってきた——従来の歴史学・古文書学では「もの」としての意識もなく、たんに文字資料として利用してきただけであるが——ところに最大の問題点があったといわなければならない。すなわち、古文書は人類の文化的創造物にちがいはないが、他の一般の文化的創造物とはまったくちがった、きわめて特殊な性格と伝来をもっているのである。この古文書の特殊的性格の確認なくして、古文書の本質を語ることはできない。

古文書ほど不思議な存在はない

このように考えると、古文書ほど不思議でそして奇妙な存在はないのではないかと思う。およそ、人類の文化的創造物はすべて——仏像でも絵画でも建築物でも、何でも同じであるが——、一つのある目的にもとづいて作成され、その作成目的にしたがって使用され保存されている。そして、その作成目的が消滅したら、その文化的創造物——以下、これを一般に「もの」とよぶことにする——は廃棄される。たとえば、仏像は崇拝の対象として作成され、伝えられ、現在もその目的で保存されている。もし、その作成目的である崇拝の対象という目的以外に——たとえば修理あるいは学術調査などに——用いるときには、「性根《しょうね》抜き」ということがおこなわれる。

「性根抜き」

仏像ではなく、たんなる木のかたまり・金属のかたまりにする。「性根」を抜かなければ、作成目的以外には使用できない。要するに、一般に「もの」は、その作成目的が終了したら廃棄される。

木簡はその作成目的が終了したら廃棄される

「木簡という鰹節をあさるネコ」

これに対して、同じく人類の文化的創造物である文書は、ある意思を伝えるために作成された「もの」である。したがって、その作成目的たるある意思の伝達が終了した段階で、他の一般の「もの」と同様に廃棄されるのが当然である。その代表が木簡である。木簡は、文書と同じく文字資料であるが、書状と同じく、その作成目的が終了したら保存の必要はないということから廃棄される。ただし、材料が木片ということで、後世になって改めてその存在が確認され、その文字情報だけではなく、それも含めて「もの」としての重要性を見なおそうとしているのが木簡学であると私は考える。

すこし横道にそれることになるが、私がときどき引用する言葉に「木簡という鰹節をあさるネコ」という言葉がある。これは、笹山晴生「古代の史料を読む」（学習院大学文学部史学科編『歴史遊学——史料を読む——』（山川出版社 二〇〇一年））からの引用であるが、氏はここで、

木簡の字づら自体は語る内容は少なくても、出土した遺跡の地点や土層、随伴する遺物などを検討することによって、木簡は初めて多くのことを語る。このことをわきまえないで木簡の字づらを追うことだけに汲々としている文献学者を、考古学者は、「木簡という鰹節をあさるネコ」だと批判している（同書三八頁）。

といっている。多くを語る必要はあるまい。木簡は、公験になるものではない。すなわち、文字資料としての価値がないから、その作成目的が終了した段階で廃棄されたのである。それを改めて「もの」としての価値をみいだして、研究をはじめたのが木簡学で、木簡学自体まさにアーカイブズ学そのものだと私は考えている。

いっぽう、文書についていうと、その多くは廃棄されることなく——文書でも書状のようにある意思の伝達という本質的効力しかなく、その後の付随的効力・応用的効力のみいだされないものは、木簡と同様、この段階で廃棄されるものもある——、その後も重要な証拠書類（公験）などとして、さらには歴史叙述の史料として、あるいはまた美術品などとして使用される。これは、仏像をはじめとする一般の人類の文化的創造物、また木簡などの一般の「もの」とはまったくちがった古文書の特殊的性格である。そして、この古文書の特殊的性格をしかと確認しなければ、文書・古文書の本質をみあやまることになる。

この一般の文化的創造物＝「もの」としての性格を確認した上で、つぎに文書についていうと、文書とは「差出人から受取人にある意思の伝達を目的として「かたち」をととのえて作成された書面」であると規定するのが適当である。文書といった場合、たんに「ある意思を伝達する」というだけではなく、相手に届けるのであるか

「かたち」をととのえる

これまでの古文書学の最大の欠陥

ら、どうしても「「かたち」をととのえる」必要がある。これが礼儀――書札様文書では書札礼とよばれている――というもので、これまでは完全に欠落してしまっていたが、文書には必須の要件なのである。それ故に、「新しい中世古文書学の研究分野」として文書の「かたち」をととのえるということがどうしても必要となるのである。そして、この「「かたち」をととのえる」――これは「もの」としての文書、さらにはアーカイブズであるということを意味するものでもあるが――という観点が欠落していたのが、これまでの古文書学の最大の欠陥というべきであろう。この文書としての「「かたち」をととのえる」ということに関しては、非常に丁重な場合、簡単な場合とさまざまだが、ごくおおまかにいうとつぎのようになろうか。

文書にはその機能に即した料紙がえらばれる

これについては、別に拙著『新しい中世古文書学――アーカイブズとしての古文書―― 各論編』(9)で詳しく述べたいと思っているが、ごく簡単に触れると、まずi土代（草稿）を作って推敲して文案を作成する。つぎに、ii料紙をえらぶ。朝廷や幕府の公文書には、それなりに大きくて立派で威厳のある料紙が用いられるし、個人的な書状には、またそれにふさわしい品のある優雅な料紙がえらばれる。決して、手許にある料紙を適当に使ったのではない。それぞれの文書にふさわしい料紙が用いられる。これを、文書にはその機能に即した料紙がえらばれるという。そして、iii書式・体裁をととのえて清書をする。その上で、iv相手方に届けるための全体の体裁をととのえる。これについては、各文書の様式におうじたそれぞれの方式があるが、ここでは書札様文書について簡単にいうと、文面が書かれた本紙に礼紙を添え、それを折りたたんで封紙に収めて封をして相手方に届ける。すなわち、書札礼にのっとって文書を作成して相手方に届けるのである。

本質的効力は終了・消滅

これが、文書として「「かたち」をととのえる」ということである。文書といった場合には、最低これだけのことが必要なのである。これを要するに、書札様文書の場合には、「かたち」としては、本紙・礼紙・封紙の三紙が揃っていることが文書としての必須の条件である。これが、本来の作成目的にしたがった文書の「かたち」であるから、仏像でいえば崇拝の対象としての仏像と同じである。仏像の場合には、その後長く現在にいたるまで、作成目的たる崇拝の対象という状態がつづく。しかし、文書の作成目的は「ある意思の伝達」であるから、伝達が終わった段階で文書としての作成目的＝本質的効力は終了・消滅する。

したがって、ここで廃棄されるものもでてくるが、引きつづき証拠書類＝公験その他として使用されるものも多い。この場合、必要なのは文字情報だけであるから、もはや本紙・礼紙・封紙と三紙揃う必要はない。これ以

「生きた」文書ではなく「死んだ」一紙片

後は、文面が書かれたもと文書であった本紙の一紙片だけがあればよいのであって、礼紙・封紙はまったく必要ではない。現存の巻物の文書がよい例である。巻物になっているのは、文字がある紙片（本紙）だけであって、文字の書かれていない礼紙や封紙が残っていることはほとんどみられない。これは、もはや文書ではない。たんに、もと文書であったものの一紙片にすぎないのである。仏像でいえば「性根」を抜いた木のかたまり・金属のかたまりにすぎないのである。それを、現在われわれは「文書」あるいは「古文書」といって、歴史叙述の史料として使っているだけである。「生きた」文書ではなく、「死んだ」一紙片にしかすぎない。それが、ここでの主題の古文書の特殊的性格ということである。

この古文書の特殊的性格ということについては、これまで論じられたことはない。完全に欠落していた観点である。私自身も、拙稿「アーカイブズ学」の初出稿を執筆してから気づいたことである。文書は、たんに歴史叙述の史料＝文字資料としてしか遇せられなかったのだから、当然といえば当然のことかもしれない。しかし、「もの」としての文書の本質を究明するとなると、不可欠な論点であることはいうまでもない。アーカイブズとしての文書といった場合、どうしても確認しておかなければならないことである。

第二項　古文書の研究分野とライフサイクル

アーカイブズ学としての古文書学の研究分野

以上で、アーカイブズとしての文書については、その特殊的性格ということが不可欠の観点であることがわかった。その上で、アーカイブズ学としての古文書学の研究分野について考えてみることにする。

文書の作成から現在にいたる全過程が対象

文書の作成から現在にいたる全過程と、その情報などをわかりやすく表示したのが表1―1「文書の伝来とそのライフサイクル・情報等」であり、表1―2「アーカイブズとしての文書とその情報[10]」である。すなわち、文書はA作成→B伝達→C集積→D保存という非常に複雑な過程をへて、現在われわれが歴史叙述の史料として利用しているのである。仏像が、作成された姿のままで、崇拝の対象として現在にいたっているのとは完全にちがっている。文書の作成から現在にいたる全過程を研究の対象とするのが、本来の古文書学である。そして、これは新しい古文書学であり、アーカイブズ学としての古文書学である。したがって、従来の古文書学のように、文書をたんに文字資料と矮小化して、その記載内容だけを追っかけていた学問と、全然スケールがちがう。この点をはっきりさせておいて、以下それをすこし具体的にみてみよう。

表Ⅰ—1　文書の伝来とそのライフサイクル・情報等

<table>
<tr><td colspan="2">文書伝来の過程</td><td colspan="5">A作成 → B伝達 → C集積（集積Ⅰ・集積Ⅱ） → D保存（保存Ⅰ・保存Ⅱ）</td></tr>
<tr><td colspan="2" rowspan="2">存在形態</td><td>単体の「個」</td><td colspan="2">平面の「群」</td><td colspan="2">立体の「層」</td></tr>
<tr><td>かたち（個）</td><td>かたまり（群）Ⅰ</td><td>かたまり（群）Ⅱ</td><td>かさなり（層）Ⅰ</td><td>かさなり（層）Ⅱ</td></tr>
<tr><td colspan="2">文書の種類</td><td colspan="2">文　書</td><td colspan="3">古　文　書</td></tr>
<tr><td colspan="2">ライフサイクル</td><td colspan="2">現　用　文　書</td><td colspan="2">半　現　用　文　書</td><td>非現用文書</td></tr>
<tr><td rowspan="2">効力</td><td>文書の効力</td><td colspan="2">本　質　的　効　力</td><td colspan="2">付　随　的　効　力</td><td>応用的効力</td></tr>
<tr><td>文書の働き</td><td colspan="2">伝達（文書の作成目的）</td><td colspan="2">証拠書類（公験）等</td><td>参照資料等</td></tr>
<tr><td colspan="2">整理の原則</td><td>原形態の尊重</td><td colspan="2">原秩序の尊重</td><td colspan="2">原伝存の尊重</td></tr>
<tr><td colspan="2" rowspan="2">研究分野</td><td>形態論</td><td colspan="2">関係論</td><td colspan="2">構造論</td></tr>
<tr><td colspan="5">伝来論・機能論</td></tr>
</table>

表Ⅰ—2　アーカイブズとしての文書とその情報

<table>
<tr><td rowspan="3">「個」としての文書</td><td rowspan="3">Ⅰ形態論（かたち）</td><td rowspan="7">Ⅳ伝来論・Ⅴ機能論</td><td rowspan="2">ⅰ静態</td><td rowspan="2">「個」としての形態の情報</td><td rowspan="2">様式論</td><td colspan="2">(a)書式論（「様式論」）
(1)書式・構成・文体・用語等</td><td>A文字情報</td></tr>
<tr><td>(b)形状論（すがた）</td><td>(2)料紙論・(3)封式論・(4)署名（花押）論・(5)筆跡論・(6)書体論・(7)紙面の飾り方等</td><td rowspan="2">B非文字情報</td></tr>
<tr><td>ⅱ動態</td><td colspan="4">「個」としての作成・伝達の過程における形態の情報</td></tr>
<tr><td rowspan="2">「群」としての文書</td><td rowspan="2">Ⅱ関係論（かたまり）</td><td>ⅰ静態</td><td colspan="4">「群」としての関係の情報</td><td rowspan="2">A文字情報
B非文字情報</td></tr>
<tr><td>ⅱ動態</td><td colspan="4">「群」としての伝達・集積の過程における関係の情報</td></tr>
<tr><td rowspan="2">「層」としての文書</td><td rowspan="2">Ⅲ構造論（かさなり）</td><td>ⅰ静態</td><td colspan="4">「層」としての構造の情報</td><td rowspan="2">A文字情報
B非文字情報</td></tr>
<tr><td>ⅱ動態</td><td colspan="4">「層」としての集積・保存の過程における構造の情報</td></tr>
</table>

［註］1　「様式論」とは、従来の古文書学における様式論のことをいう。

2　様式論とは、A文字情報としての(a)書式論をはじめ、B非文字情報としての(b)形状論の(2)料紙論・(3)封式論………の「個」としての文書の形状に関する情報全体をいう。

3　Ⅰ形態論とは、「個」としての文書のⅰ静態における様式論と、ⅱ動態の作成・伝達の過程における形態に関する情報を広く含めたものをいう。

文書の作成と伝達

単体の「個」としての文書

文書は「かたまり」としてその機能をはたす

(1) 文書の作成と伝達――現用段階の文書――

文書は、差出人から受取人にある意思の伝達を目的として「かたち」をととのえて作成された書面である。決して、歴史叙述の史料として作成されたのではない。この場合、文書は一通の文書＝単体の「個」としてA作成される。単体の「個」であるから、「かたち」が問題となる。いまみたように、ⅰ土代を作り、ⅱ料紙をえらび、ⅲ書式・体裁をととのえ、ⅳ全体として「かたち」をととのえて清書するということがおこなわれる。これが、文書を文書たらしめる最大の要件である。そして、これが単体の「個」としての文書である。それ故、ここには文書全体の「かたち」に関する貴重な情報が含まれている。すなわち、文書の形態であって、それに関する形態論は中世古文書学にとっては、その基本となる非常に重要な研究課題である。

このように、細かい配慮と慎重な手続きをへてA作成された文書は、つぎにB伝達という場に移される。文書がB伝達という機能をはたすためには、個人的な書状あるいはそれに準ずる簡単な内容の文書を除いて、一通だけでその機能をはたすことはほとんどない。何通かの文書が、「かたまり」としてB伝達という機能をはたすのがふつうである。「かたまり」として、すなわち平面における「群」としてC集積され、その作成目的であるB伝達という機能をはたすことになる。たとえば、院宣や綸旨の場合、それが一通だけ相手方に届けられたのではない。それには、添状が付せられるのが礼儀である。また訴訟の申状は、直接朝廷や幕府の法廷にだされたのではなく、何段階もの挙状が必要となる。この「かたまり」としての文書という観点は非常に重要なものなので、後ほど第一部第四章第五節「文書はふつう「かたまり」として機能する」で改めて詳しく述べることにする。

ともあれ、一通の文書はもちろんだが、それだけではなく、いろいろな「かたまり」として機能するのが文書であり、それは平面における「群」として存在する。そして、これが「集積Ⅰ」であり、また「かたまりⅠ」である。そこに含まれる情報は「かたまり」、すなわち文書の関係に関する情報である。この場合には、個々の文書の「はたらき」＝機能だけではなく、それを含めて「かたまり」としての文書相互の関係が重要である。研究分野としては、関係論というのが適当であろう。

これまでは、文書というと、完全に静態においてとらえられ、動態における文書などということはまったく問題にはならなかった。もうすこしいうと、従来の古文書学で問題にしたのは、単体の「個」としての文書の「かたち」のうちでも、その文字情報だけであった。静態としての文書であっても、その「すがた」＝形状、すなわ

アーカイブズのライフサイクル

現用段階の文書

半現用段階の文書

ち非文字情報などはまったく問題になっていない。まして、動態の文書としてのA作成・B伝達という行為とそれに関する情報などは完全にその思考範囲外であった。動態における文書を研究の対象にするということになると、現在の段階ではまったく未開拓でたいへんなことになる。しかし、研究課題としてはどうしても確認しておかなければならない。ともあれ、この段階の文書に含まれる情報は、静態としては文書の形態（「かたち」）に関する情報であり、動態としてはA作成・B伝達の過程に関する情報ということになる。それ故、研究分野（史料認識論の課題）としてはA作成・B伝達の過程を含む形態論であり、史料管理の原則（史料管理論の課題）は原形態の尊重ということになる。[11] なお、この段階の文書は、つぎに述べる文書のライフサイクルでいえば、現用段階の文書である。

(2)文書の集積――現用段階から半現用段階の文書――

ここで、どうしても触れておかなければならないのは文書（アーカイブズ）のライフサイクル[12]ということである。もう一度、表1―1「文書の伝来とそのライフサイクル・情報等」をみていただきたい。文書は、ある意思を伝達するために「もの」としてA作成される。そして、B伝達が終了した段階で、その文書の作成目的＝本質的効力は消滅する。これが、文書のライフサイクルでいえば現用段階の文書である。この段階までは、たとえば書札様文書の場合には、本紙・礼紙・封紙と三紙揃った、完全な「もの」としての文書でなければならない。しかし、B伝達が終わると、もはや「もの」としての完全な文書は必要でなくなる。一般の「もの」は、ここで廃棄される。文書も、この段階で一部廃棄されるものもあるが、多くの文書は廃棄されることなく、作成目的とはまったく別の公験（証拠書類）などとして、また先例の確認などの付随的効力によって、新しいC集積の場に移される。これが、文書のライフサイクルでいえば、半現用段階の文書である。そして、これがまた前項でみた文書の特殊的性格でもある。

　このように、文書は作成されてから、一度ではなく二度も三度もその「はたらき」をかえる。従来の中世古文書学の通説でいえば、ある意思の伝達というその作成目的＝本質的効力が消滅した後も、証拠書類（公験）などとしてC集積・D保存される。しかし、これはもはや「もの」としての文書ではなく、たんなる文字資料としての古文書にすぎない。文書の本質的効力ではなく、その付随的効力によってC集積される。そして、新たな「かたまり」として、すなわちさきの「集積Ⅰ」とは別の平面における「群」としてC集積の場に移される。これが「集積Ⅱ」であり、また「かたまりⅡ」である。必要な場合には、正文――この場合に必要なのはもはや完全な「かたち」の文書ではなく、本紙一紙片だけである――あるいは案文の形で、証拠書類＝公験として重要な役割をはたした。

集積の段階の文書

かくして、C集積の段階の文書についていうと、その存在形態は「かたまりⅠⅡ」であり、またライフサイクルでいえば現用段階から半現用段階の文書である。集積ⅠⅡを含むC集積全体、文書の存在形態でいうならば「かたまりⅠⅡ」を含む「かたまり」全体に含まれる情報は、静態としては「群」としての文書相互の関係（「かたまり」）に関する情報であり、動態としては「群」としてのB伝達・C集積の過程における関係の情報ということになる。したがって研究分野（史料認識論の課題）としてはB伝達・C集積の過程に関する関係論であり、史料管理の原則（史料管理論の課題）は原秩序の尊重ということになる。この段階の文書の具体的な存在形態については、不十分ではあるが、前記拙稿「アーカイブズ学」の序章第二節第二項「東寺百合文書の整理と文書の「かたまり」」で述べているのでご覧いただきたい。

⑶文書の保存――半現用段階から非現用段階の文書――

「群」として集積された文書

いまみた平面における「群」としてC集積された文書は、中世をつうじて一つの組織体や個人の家に、漸次「層」をなしてD保存される。これが、「保存Ⅰ」であり、また「かさなりⅠ」ということになる。東寺百合文書の場合、各寺僧組織に必要な日常的な文書は、各組織の年預が手文箱に入れてD保存している。これは、漸次増えていってまさに「層」をなしてD保存されている。いっぽう、東寺としての重書も同じである。これらは、とくに各組織からえらびだされて、御影堂経蔵（西院文庫）に収められ、やはり「層」をなしてD保存される。これは、半現用段階の文書である。

「襖の下張り」や「屏風の下張り」

しかし、わが国の多くの古代・中世文書は、太閤検地を中心とする大きな社会変動によってその証拠書類＝公験その他としての効力、すなわち付随的効力も失う。かくして中世文書は、もはや完全な「紙屑」と化してしまう。したがって、この段階で、また多くの中世文書が廃棄される。その一例が、ときどきマスコミなどで報道される「襖の下張り」や「屏風の下張り」として発見される中世文書である。これは、中世文書がその付随的効力も失って、まったくの「紙屑」となって廃棄された典型的な例である。

非現用段階の文書

しかし、このような試練を乗りこえて伝えられた文書がある。東寺百合文書がその代表であり、また現存の多くの中世文書である。これらの文書には、「史料その他」という新しい働き＝効力――その代表が歴史叙述のための史料――がみいだされる。ずたずたに寸断されて廃棄された「襖の下張り」や「屏風の下張り」が、改めて中世文書として復活するように。これは、本来の文書の作成目的とはまったく無関係な応用的効力によるD保存・利用なのである。引きつづき「かさなり」として、立体の「層」をなしてD保存、さらに利用されるが、これは「保存Ⅱ」であり、また「かさなりⅡ」ということになる。文書のライフサイクルでいえば非現用文書である。この場合には、もはや本紙・礼紙・封紙と三紙揃った「もの」としての文書などまったく不要である。「襖の下張り」としてずたずたに切断された紙片を継ぎあわせたものでも、文字さえ読めれば「古文書」として十分に通用する。たんなる、応用的効力による文書にすぎないのである。

かくして、D保存の段階の文書についていうと、その存在形態は「かさなりⅠⅡ」であり、またライフサイクルでいえば半現用段階から非現用段階の文書である。保存ⅠⅡを含むD保存全体、文書の存在形態でいうならば「かさなりⅠⅡ」を含む「かさなり」全体に含まれる情報は、静態としては「層」としての文書相互の構造（「かさなり」）に関する情報であり、動態としては「層」としてのC集積・D保存の過程における構造の情報ということになる。したがって、研究分野（史料認識論の課題）としてはC集積・D保存の過程に関する構造論であり、史料管理の原則（史料管理論の課題）は原伝存の尊重ということになる。この段階の文書の具体的な存在形態については、不十分ではあるが、前記拙稿「アーカイブズ学」の序章第二節第一項「東寺百合文書の管理と文書の「かさなり」」で述べているのでご覧いただきたい。

⑷文書共通の特殊的性格

文書の特殊な伝来

このような文書の特殊な伝来は、中世文書だけではなく、近世文書についても同じことがいえると思う。余り専門外のことに口だしするのはよくないが、以下の点だけは確認できるのではなかろうか。すなわち、おおまかには近世文書も、A作成され、B伝達された段階で、その作成目的＝本質的効力は消滅する。しかし、江戸時代全期をつうじて、その付随的効力によってC集積・D保存されるものが多い。半現用文書といってよかろう。それに、決定的な打撃を与えたのは明治維新である。これによって、その付随的効力もなくなり、たんなる「紙屑」となる。しかし、改めてその応用的効力によってD保存され、非現用文書として、現在「史料その他」として利用されているといってまちがいはないのではなかろうか。さらに、明治以降の近現代文書についても同じであるといってよいと思う。具体的には、多くの問題があり、程度の差もあろうが、第二次大戦の敗戦がやはり一つの大きな画期で、非現用化した文書もすくなくはないのではなかろうか。

ともあれ、一般の「もの」は、その作成目的＝本質的効力にしたがってD保存・利用され、作成目的が消滅した段階で廃棄される。しかし文書は、早くB伝達という機能が終わったら、その作成目的＝本質的効力は失われて文書——後ほど詳しく述べるが厳密な意味での文書——ではなくなる。しかし、その付随的効力、さらには応用的効力というように、三度その使用目的をかえてC集積・D保存・利用され、現在も史料などとして利用されているというきわめて不思議な存在である。いうまでもなく、これが文書に関する第一の特殊的性格である。

文書の特殊的性格

しかも、B伝達が完了して、本質的効力が失われたにもかかわらず、「性根」を抜くことなく、また廃棄されることもなく——廃棄される文書は一部にみられるが——、引きつづき「証拠書類」などとして、さらに「史料その他」としてC集積・D保存、そして利用される。そこで、現在文書を史料などとして利用している研究者は、文書がこのようにきわめて特殊な存在であることにまったく気づかず——あるいは意識することなく——、文書はあたかも本来史料として作成されたものであるかのごとく錯覚して、その研究に没入している。さきに、

まっとうな史料批判・史料論

このことをわきまえないで木簡の字づらを追うことだけに汲々としている文献学者。

という言葉を引用したが、失礼だが、どうも「このことをわきまえないで文書の字づらを追うことだけに汲々としている文献学者」といいたくなる。すなわち、文書は何のために作成され、どのような経過をたどって現在史料などとして利用されているのかを考えてから、「字づら」に向かってもらいたいと思うのだが——これがまっとうな「史料批判」「史料論」「史料学」だと思うのだが——、まったくその意識はない。まさに「字づらを追うことだけに汲々としている」のである。これが、古文書の第二の特殊的性格である。すなわち、古文書には二重の特殊的性格が重なっているが、誰一人としてこの点に気づいてはいない。全体として、これを古文書の特殊的性格ということにする。

おそらく、この古文書の特殊的性格について言及したものは、かつてなかったのではなかろうか。後ほど詳し

く論じたいと思っているが、現段階でわが国古文書学の最終的な到達点である相田二郎『日本の古文書』(13)、また同じく佐藤進一『古文書学入門』(14)にしても、「古文書の伝来」については述べているが、それを古文書の特殊的性格、さらにはその文書のライフサイクルと関連づけては述べてはいない。しかし、私はこの観点を抜きにしては、古文書の本質を論ずることはできないと考えている。古文書を語るには、まず確認すべき重要な論点だと考えている。ご批判をいただければ幸いである。

第三節　文献としての古文書の特殊的性格

以上で、古文書は人類の一般の文化的創造物と比べてきわめて特殊な存在であることがはっきりしたと考える。それだけではない。古文書は、歴史叙述の史料、すなわち他の記録・編纂物などの文献ともまったく別の特殊な存在である。この点も、どうしても確認しておかなければならない。

歴史叙述の史料

「後日の参照」「後日の照合」

　歴史叙述の史料としては、ふつう文献があげられる。もちろん、文献だけではないが、主たる史料は文献であることはまちがいがない。そして、文献はⅰ編纂物、ⅱ記録、ⅲ古文書の三つからなるとされている(15)。これら歴史叙述の史料としての文献のうちでも、ⅰ編纂物、ⅱ記録は「後日の参照」を前提として執筆・作成されたものである――個人的な日記にしても「後日の参照」を目的にしていることはいうまでもない――。簡単にいうと、ⅰ編纂物、ⅱ記録を歴史叙述の史料として用いるのは、「後日の参照」「後日の照合」のために作成されたということに焦点をあわせるかぎり、その本来の作成目的＝本質的効力にそった利用だといってよい。これは、一般の人類の文化的創造物の利用と同じである。

文献としてもきわめて特殊な存在

　しかし、すでに明らかなように、ⅲ古文書にかぎっては、それを歴史叙述の史料として利用するのは、その本来の作成目的とはまったく別であって、あくまでもその応用的効力にもとづくものである。しかも、三度も存在意義というか使用目的をかえて、現在におよんでいるのである。すなわち、古文書は人類の文化的創造物一般としても特殊な存在であるだけではなく、さらに歴史叙述の史料たる文献としてもきわめて特殊な存在であるといわなければならない。二重の意味における特殊な存在といってよいのではないかと考える。この点は、しかと確認しておかなければならない。

寺院史料としても特殊な存在

聖教とは

付随的効力・応用的効力にもとづく利用

文書は二重にも三重にも特殊な存在

それだけではない。たとえば、東寺百合文書は、本来東寺という寺院に伝来した文書である。寺院史料としては、ⅰ経典類、ⅱ聖教類、ⅲ記録類、ⅳ古文書があげられる。ここでも、文献と同じことがいえる。すなわち、ⅰ経典類、ⅱ聖教類、ⅲ記録類は、その作成目的にしたがって現在も保存・利用されている(16)。たとえば、ⅰ経典類は、仏教の教義を述べたものであるが、それの存在価値は現在でもかわりはない。ⅱ聖教というのは、いろいろな規定の仕方があるが、私は仏教の教義・儀礼を修得して、日々の行事に生かし、さらにそれを後世に伝えるために収集・書写した個々の経典を含めて典籍・記録・文書類の総称というのがもっとも適当だろうと考えている。教義や儀礼に関して記載したものであるから、それを資料として利用するのは、「後日の参照」「後日の照合」という本来の作成目的にしたがったものといえよう。これに対して、同じく寺院史料ではあるが、すでに述べたように、ⅳ古文書はもはや「ある意思」の伝達というその本来の作成目的＝本質的効力にしたがって保存・利用されているのではない。あくまでも応用的効力にもとづくものである。

この意味からも、古文書はⅠ一般の人類の文化的創造物だけではなく、Ⅱ歴史叙述の文献としても、さらにはⅢ寺院史料としても、他の多くの文化的創造物と比べてまったく特殊な存在だといわなければならない。すなわち、これらの史料は「後日の参照」「後日の照合」という、その本来の作成目的＝本質的効力にしたがって、現在でもわれわれが史料その他として利用しているのである。しかし、文書・古文書にかぎって、「ある意思の伝達」というその作成目的＝本質的効力は、その「意思の伝達」の終了とともに消滅、その後は文書の付随的効力・応用的効力にもとづいて利用しているという根本的な相違があるのである。この点にまったく気づかず、Ⅰ一般の人類の文化的創造物と同じく、Ⅱ一般の文献史料と同じく、さらにまたⅢ一般の寺院史料と同じく、あたかもその本質的効力がつづいているかのように錯覚してⅳ古文書を利用してきたのがこれまでの歴史学であり古文書学であった。古文書は、歴史叙述の史料として作成されたのではない。この点をしかと確認しておかなければ、文書の本質をまちがうことになる。文書は、二重にも三重にも特殊な存在なのである。

以上、いささか理屈っぽいことをいってきたが、文書を動態の「もの」として、その作成から現在にいたるまでの全過程を研究の対象として、その本質を究明するのが本来の古文書学ではないかというのが、そもそもの私の発想の出発点である――実は、これは文書の歴史＝文書史そのものであるが――。文書は、二度も三度もその使用目的をかえて現在にいたっているのである。この点をしかと確認するならば、文書はたんに非現用段階のうちの一部の使用目的である歴史叙述の史料としてだけではなく、そのA作成・B伝達・C集積・D保存という現在にいたるまでの現用・半現用・非現用の全過程――動態としての文書――、すなわち「かたち」「かたまり」「かさなり」、この三相を総体としてとらえるならば、これまでとはまったくちがった非常に広い視野から研究できるのではないかと考える。

文書は一般の文化的創造物などとはまったく別の存在

文書と記録の間には厳然とした「垣根」がある

　以上ではっきりしたと思うが、文書を「もの」として、すなわち「差出人から受取人にある意思の伝達を目的として「かたち」をととのえて作成された書面である」と規定するかぎり、文書は一般の文化的創造物はもちろん、同じく歴史叙述の史料たる記録・編纂物などともまったく性格を異にするものである。後ほど、第二部第二章第一節「「文書概念の再検討」について」で詳しく述べるが、佐藤進一氏が「文書と記録の間」で「文書概念の再検討」を提案してから、文書と記録の間の「垣根」を取りはらうというのが学界一般の動向になっている。しかし、文書を上述のように「もの」と規定するならば、そして文書の特殊的性格が確認できるならば、「文書と記録」の両者の間には厳然たる「垣根」のあることだけは確認しておかなければならない。

　実は、このことは最近アーカイブズ学に啓発されてやっと気がついたことである。私は、早くから「かたち」と「かたまり」ということをいってきたが[17]、本当にまだ中途半端であったと恥ずかしく思っている。それ故、いろいろと混乱もあった。そのため、早くから学界の「孤児」「異端児」としてずいぶん苦労をしてきた。そして、現在それはますます顕然化している。しかし、今回ある程度整理した形で――まだまだ不十分で、素案といえるかどうかも疑問だが――ここにたどりつけたのは、すべて新しいアーカイブズ学と東寺百合文書から学んだことである。アーカイブズ学自身、欧米の文書館学としてわが国に受けいれられてからまだ三〇年くらいしか歴史はない。そこで、実際どのようなことがいえるのかまだよくわからないというのが実情であるが、ともかくも新しいエネルギーをもった一つの学問であることはまちがいがない。それから何が生まれてくるのか、どのように発展するのか、すべては今後の大きな課題としなければならないと思う。

第四節　新しい古文書学の研究分野と機能論
――文書史全体の「働き」を論ずるのが機能論――

以上で、新しいアーカイブズ学としての文書・古文書・古文書学ということについては概略を理解をいただけたかと思う。そこで、この観点から、新しい古文書学の研究分野、とくに機能論について整理しておくことにする。

新しい古文書学の研究分野

　さきに掲げた表1―1「文書の伝来とそのライフサイクル・情報等」および表1―2「アーカイブズとしての文書とその情報」において、私は新しいアーカイブズ学の研究分野として、Ⅰ形態論・Ⅱ関係論・Ⅲ構造論・Ⅳ伝来論・Ⅴ機能論をあげた。これについてすこし詳しく説明しておかなければならない。

『中世アーカイブズ学序説』の研究分野

　私は、さきに前記拙著『中世アーカイブズ学序説』の序章第一節第二項「原秩序の尊重」と同第三項「原伝存の尊重」において、それ以前は古文書学の研究分野を⑴様式論、⑵形態論、⑶機能論、⑷伝来論の四つとしてきたが、それをⅠ形態論、Ⅱ構造論（関係論）、Ⅲ伝来論とするのが適当であるとして詳しく述べた。しかし、今回新しい中世古文書学の観点から、さらにそれを補訂したのである。簡単にいえば、新しい古文書学研究の観点からは、従来の⑴様式論はⅠ形態論の一部とし、また従来⑶機能論といっていたものの代わりに、新たにⅡ関係論とⅢ構造論をおいた。そして、A作成・B伝達・C集積・D保存の全過程に関係するものとして、Ⅳ伝来論とⅤ機能論をこれにあてた。これについては、やはりそれなりの説明が必要であろう。

様式論について

　このうちで、様式論については、後ほど第一部第三章「古文書の様式・様式論」で詳しく述べるが、この研究分野は、従来は古文書学の唯一の研究分野であるかの感があった。しかし、新しい古文書学の観点からは、表1―2「アーカイブズとしての文書とその情報」にみられるように、「個」としての一通の文書の形態（「かたち」）の具体的表現が様式であって、その書式・形状を同じくするものを一つの様式と考えることができよう。したがって、実際にはA文字情報としての⒜書式論（「様式論」[18]）と、B非文字情報としての形状（すがた）に関する⒝形状論、すなわち⑵料紙論・⑶封式論・⑷署名（花押）論・⑸筆跡論・⑹書体論・⑺紙面の飾り方などを含めた研究分野を様式論というのが適当であろう。いうまでもなく、これは大きく「個」としての文書のⅠ形態論の基本的な研究分野と位置づけられるべきものである。そして、表1―2にみられるように、「個」としての文書の動態の本格的研究がほとんど未着手の現在では、実質的にはⅠ形態論＝様式論としてよいといえる。

　それとは別に、これまで⑶機能論といってきたものに代わって、新たにⅡ関係論・Ⅲ構造論をおき、Ⅴ機能論はⅣ伝来論と並列に記されている。そこで、以下これらの点について、あるべき古文書学の研究分野と関連させながら整理しておくことにする。

拙稿「[講演会報告] 文書のかたちとかたまりについて」

　三〇年も前に、私は前記拙稿「[講演会報告] 文書のかたちとかたまりについて」で、拙稿「端裏銘について」

古文書学の研究領域としては、⑴様式論、⑵形態論、⑶機能論、⑷伝来論の四つの研究分野が考えられる。我が国の中世古文書学にあっては、⑴様式論的研究は非常に進んでいるが、それに比して他の分野の研究はかならずしも充分であるということはできない。しかし、これら四つの分野の研究が、それぞれ相補って古文書の研究の完全を期することができるのであって、⑵⑶⑷が立ちおくれているという現状は、かならずしも望ましい状態ではない。

私は最近、古文書の研究にはかたちとかたまりを重視しなければならぬといっている。感覚的な表現ではあるが、かたちとは文書の形態論的研究をいい、かたまりとは機能論的・伝来論的研究のことをいう（同書一三四頁　傍点は原文のまま）。

といった。そして、とくに⑶機能論については、それにつづけて、

ここでいう機能論的研究というのは、個々の文書の機能を明かにするというだけではなく、それを通じて文書を機能的なつながりにおいて（かたまりとして）みようとすることである。およそ文書は、私信を除いては、一通だけでその機能を果す場合は珍らしく、何通かの文書が相関連しながら、ひとつの機能を果すのである。そこで、このような文書相互の機能・関連を明かにする研究分野が必要となる。これを機能論的研究と呼ぶのである（同書一三四頁）。

といっている。これが、私の中世古文書学への目覚めであったといってよいと思う。

その後、拙稿「端裏銘について」（『摂大学術　B〈人文・社会篇〉』二号　一九八四年）においても、

従来の古文書学の研究においては、様式論にのみ重点が置かれ、古文書学といえば様式論という感が強かった。しかし、古文書学の研究分野は様式論だけではなく、形態論・機能論・伝来論といった広汎な研究分野がほとんど未開拓のまま残されている（同書一四四頁）。

としてきた。すなわち、早くから古文書学の研究分野として、たんに⑴様式論だけではなく、⑵形態論、⑶機能論、⑷伝来論の四つを指摘してきた。古文書学の基本的な研究分野として⑴様式論、つぎに「かたち」に関する分野として⑵形態論、さらに「かたまり」に関しては⑶機能論と⑷伝来論の二つが考えられるとしてきたのである。そして、このように整理をしたのは私がはじめてではないかと思うが、この四分野が現在の古文書学の研究分野として定着しているものである[19]。

拙著『中世花押の謎を解く』の「あとがき」

しかし、最近になって、拙著『中世花押の謎を解く――足利将軍家とその花押――』（山川出版社　二〇〇四年）の「あとがき」において、従来の考え方をさらに一歩進めて、

ここでいうⅰ「かたち」の保存とは文書の原形保存のことであり、「アーカイブズ学としての古文書学」では形態論として研究の対象となるのである。またⅱ「かたまり」の保存とは、いうまでもなく文書の原状保存、すなわち機能論に属することであり、さらにⅲ伝来の形態の保存は伝来論に相当する。私は、文書のⅰ「かたち」の研究（形態論）、ⅱ「かたまり」の研究（機能論）、ⅲ伝来の研究（伝来論）の三つが「アーカイブズ学としての古文書学」の根幹をなすものと考える（同書二四〇頁）。

とした。

これは、ようやくアーカイブズ学を理解しかけた段階のものであるが、古文書学の研究分野として、⑴様式論は別として、Ａ「かたち」に関する研究＝⑵形態論、Ｂ「かたまり」に関する研究＝⑶機能論、Ｃ伝来に関する研究＝⑷伝来論としている。すなわち、初期の前記拙稿「［講演会報告］文書のかたちとかたまりについて」の段階では、Ｂ「かたまり」に関する研究を、⑶機能論と⑷伝来論の二つとしてきたが、この拙著『中世花押の謎を解く』の「あとがき」では、それをさらに一歩進めて、Ｂ「かたまり」に関する研究＝⑶機能論とし、新たにＣ伝来に関する研究として⑷伝来論をあてることにした。これで、初期の段階よりはずっと整理されたことになる。

拙著『中世アーカイブズ学序説』の序章

それを、さらに徹底させたのが、さきに述べた拙著『中世アーカイブズ学序説』の序章第一節第二項「原秩序の尊重」・同第三項「原伝存の尊重」である。ここでは、アーカイブズ学としての古文書学という立場から、

Ａ「個」としての文書の「かたち」に関する研究＝Ⅰ形態論
Ｂ「群」としての文書の「かたまり」に関する研究＝Ⅱ構造論（関係論）
Ｃ「層」としての文書の「かさなり」に関する研究＝Ⅲ伝来論

として、前回よりはすっきりした形で理解できるようになった。簡単にいえば、従来の⑴様式論、⑵形態論、⑶機能論、⑷伝来論という研究分野を、新しくⅠ形態論、Ⅱ構造論（関係論）、Ⅲ伝来論と整理しなおしたのである。これは、いうまでもなく従来は古文書をたんに「個」としてしか考えていなかったが、それだけではなく、「群」として、さらに「層」として把握するというアーカイブズ学としての新しい古文書学の考え方によるものである。

様式論は形態論の一分野

もうすこしいうならば、この新しい研究分野では、⑴様式論が姿を消している。これは、すでに述べたように、⑴様式論はI形態論の一分野とすべきものであるが、現在の研究段階ではI形態論＝様式論としてほぼ問題はないと考えるのである。そして、これまではC「伝来に関する研究分野」とのみいってきたが、ここではB「かたまり」だけではなく新たにC「かさなり」に関する研究という考え方を設定したのである。そして、C「かさなり」に関する研究＝Ⅲ伝来論とした。それとともに、これまではB「かたまり」に関する研究＝⑶機能論としてきたが、拙著『中世アーカイブズ学序説』の序章第一節第二項「原秩序の尊重」・同第三項「原伝存の尊重」では、⑶機能論が姿を消し、新たにⅡ構造論（関係論）としたのが大きな特徴である。ここで問題となるのは、⑶機能論が姿を消したのは何故かということである。しかし、これに立ちいると面倒なことになるので、すべては、拙著『中世アーカイブズ学序説』の説明にまかせることとする。ともあれ、前著『中世アーカイブズ学序説』の序章の段階では、中世古文書学の研究分野としては、I形態論、Ⅱ構造論（関係論）、Ⅲ伝来論としたのである。

新しい中世古文書学の研究分野

それを、今回、本書では表1―1「文書の伝来とそのライフサイクル・情報等」および表1―2「アーカイブズとしての文書とその情報」にみられるように、新しい中世古文書学としては、その研究分野をI形態論、Ⅱ関係論、Ⅲ構造論、Ⅳ伝来論、Ⅴ機能論とした。それは、

I「個」としての文書、すなわち文書の「かたち」に関する研究分野が形態論
Ⅱ「群」としての文書、すなわち文書の「かたまり」に関する研究分野が関係論
Ⅲ「層」としての文書、すなわち文書の「かさなり」に関する研究分野が構造論
ⅣこれらIⅡⅢの文書の「かたち」「かたまり」「かさなり」全体の伝来、すなわち「文書の一生」に関する研究分野が伝来論、
ⅤこれらIⅡⅢの文書の「かたち」「かたまり」「かさなり」全体の働き＝機能に関する研究分野が機能論

ということになる。かくして、新しい中世古文書学としては、十分に整理された形でその研究分野を提示することができた。

形態論について

この新しい五分類について、もうすこし詳しく説明しておくとつぎのようになる。まず「個」としての文書に関する研究分野がI形態論である。I形態論については、これまでの説明で十分であろう。ⅰ静態における様式論を含めて、「個」としての文書全体の研究分野がI形態論であるが、ⅱ動態の研究がほとんど未着手の現段階

では、ほぼⅠ形態論＝様式論としてよいと思う。つぎに、拙著『中世アーカイブズ学序説』の序章では、「かたまり」に関する研究をⅡ構造論（関係論）とし、「かさなり」に関する研究をⅢ伝来論としていた。それを、今回は「かたまり」に関する研究分野をⅡ関係論、「かさなり」に関する研究分野をⅢ構造論とした。そして、「かたち」→「かたまり」→「かさなり」と変化する「文書の一生」を全体として論ずるのがⅣ伝来論とⅤ機能論である。

　この場合、Ⅰ形態論についていうと、いますこし触れたが、表1―2「アーカイブズとしての文書とその情報」にみられるようにⅰ静態の「個」としての形態の情報、具体的には様式論だけではなく、ⅱ動態としての文書の作成過程と伝達過程に関する研究も含まれているのである。そして、このⅱは、現在まったく未着手であるが、今後重要な研究課題となるものだと考えられる。同様に、Ⅱ関係論には、ⅰ静態の「群」としての文書相互の関係に関する情報だけではなく、ⅱ動態としての文書の伝達過程と集積過程に関する研究、さらにⅢ構造論には、ⅰ静態の「層」としての文書相互の構造に関する情報だけではなく、ⅱ動態としての文書の集積過程と保存過程の文書に関する研究も、古文書学としては不可欠の研究分野である。そして、これらⅠ形態論・Ⅱ関係論・Ⅲ構造論を全体として総括して「文書の一生」を論ずるのがⅣ伝来論であり、Ⅴ機能論である。

関係論・構造論について

　ここで、これまでほとんど触れることのなかったⅡ関係論・Ⅲ構造論についてすこし述べておく。このⅡ関係論・Ⅲ構造論については、従来まったく取りあげられなかったが、Ⅱ関係論とは「かたまり」としての文書の相互の関係について論ずる研究分野である。また、Ⅲ構造論とは「かさなり」としての文書の相互の構造について論ずる研究分野である。これは、新しい中世古文書学ではじめて本格的に取りあげられるようになっただけで、現在まだまったく未着手の分野である。ただ、それの方向性は、拙著『中世アーカイブズ学序説』の序章第二節第一項「東寺文書の管理と文書の「かさなり」」と同第二項「東寺百合文書の整理と文書の「かたまり」」で示しえたと考える。そして、これを原点として大きくⅡ関係論・Ⅲ構造論を展開することができると考えている。

機能論について

　もう一つ問題となるのはⅤ機能論である。Ⅴ機能論は、前著『中世アーカイブズ学序説』では、いったん姿を消したが、本書では改めてⅤ機能論として重要な研究分野と位置づけた。これについては、すこし説明が必要であろう。文書の機能といえば文書の「働き」である。文書の「働き」といえば、たんに現用段階の「ある意思の伝達」だけではなく、半現用段階・非現用段階の文書にもそれぞれみられるのである。たとえば、後ほど詳しく

伝来論とは

述べるが、相田二郎氏は半現用段階の公験になる文書に「本質的効力」を認めるし、[20]また非現用段階の文書は歴史叙述の史料などとなるというように、それぞれの段階におうじた重要な「働き」をしているのである。したがって、Ⅴ機能論といえば、たんに現用段階の「ある意思の伝達」だけではなく、半現用段階、さらには非現用段階の文書全体の「働き」を包括する論理が準備されなければならない。すなわち、文書の「働き」[21]＝機能という場合、それは現用段階の文書というように特定の段階にかぎるのではなく、「文書の一生」＝文書史全体にみられるもので、これはⅣ伝来論と表裏の関係にあることになる。かくして、文書史全体のあり方、すなわち「文書の一生」を研究するのがⅣ伝来論であって、その裏で文書の機能＝働きの研究として、それをささえるのがⅤ機能論なのである。それ故、

㈠現用段階の文書にみられる「働き」＝機能が本質的効力
㈡半現用段階の文書にみられる「働き」＝機能が付随的効力
㈢非現用段階の文書にみられる「働き」＝機能が応用的効力

となる。そして、Ⅴ機能論とはこれら㈠㈡㈢全体を統一的に説明する論理でなければならない。したがって、表1―1・表1―2では、Ⅳ伝来論と表裏の関係にあるということから、Ⅴ機能論をⅣ伝来論と並列においた。Ⅴ機能論については、この点だけを確認しておいて、詳しくは後ほど第一部第四章「古文書の機能・機能論」で述べることにする。

以上、新しい中世古文書学の研究分野について、たいへん煩雑な説明をしてきた。そこで、最後に上述のことをできるだけ簡略にまとめておこう。まず、「個」としての文書の「かたち」を論ずるのがⅠ形態論である。そして、その主たる研究分野が様式論である。また「群」としての文書の「かたまり」を論ずるのがⅡ関係論である。さらに、「層」としての文書の「かさなり」を論ずるのがⅢ構造論である。そして、これら全体を総括するのがⅣ伝来論である。したがって、Ⅳ伝来論は文書史であり、また古文書学そのものだといわれる所以でもある。このⅣ伝来論を、その裏で文書の働き＝機能の研究として支えるのがⅤ機能論である。かくして、Ⅳ伝来論・Ⅴ機能論は表裏一体となって、古文書学の重要な研究分野を形成するということができる。

これまで古文書の研究といえば、Ⅰ形態論の一部たる「様式論」があたかも古文書学そのものであるかの感があった。そして、ここで指摘した「もの」としての文書の研究分野などは、現在のところまだまだほとんど空論

新しい古文書学の研究分野は広大

均衡と調和を保った研究が必要

に等しいものである。しかし、これらは、後ほど詳しく述べる、相田二郎氏や佐藤進一氏がいう「古文書の本質を究明する」という本来の古文書学の研究課題(22)であることはまちがいがない。これまでのように「様式論」だの、また最近の機能論だのといった「小さい世界」に閉じこもるのではなく、古文書学の研究分野はⅠ形態論・Ⅱ関係論・Ⅲ構造論・Ⅳ伝来論・Ⅴ機能論と実に広大なものである。そして、これだけのものが、ほとんどすべて未開拓・未着手のまま残されているのである。したがって、特定のものだけが突出してバランスを崩すのではなく、これら五分野のそれぞれが均衡と調和を保って研究が進められるのが、本来の古文書学の姿であると考えるのである。

註

(1) 中世アーカイブズ学ということになると、現在まったく未開拓・未着手で参照すべき文献もない。ただ、
拙稿「東寺百合文書からアーカイブズ学へ――中世アーカイブズ学への思い――」(「アーカイブズ学研究」五号 二〇〇六年 これは「アーカイブズ学としての中世古文書学――東寺百合文書からアーカイブズ学へ――」と増補・改題して拙著『中世アーカイブズ学序説』に序章として収める)
拙稿「[未定稿]文書を作成し・伝達し・集積し・保存する――東寺百合文書からアーカイブズ学へのアプローチ――」(私家版 二〇〇七年)
拙稿「山城国上桂庄の一通の謀作文書(一)(二)――非文字列情報の歴史情報資源化――」(「古文書研究」七〇・七一号 二〇一〇・一一年)
拙稿「国宝東寺百合文書の魅力――アーカイブズ学研究における東寺百合文書の意義――」(「全国歴史資料保存利用機関連絡協議会 会報」八九号 二〇一一年)
拙稿「東寺百合文書と中世アーカイブズ学研究の黎明――百合文書のデジタル画像の公開によせて――」(京都府立総合資料館「資料館紀要」四三号 二〇一五年)
拙著『中世アーカイブズ学序説』(思文閣出版 二〇一五年)
拙稿「東寺百合文書とその修理――「もの」としての文書・文字資料としての文書――」(京都府立総合資料館「資料館紀要」四四号 二〇一六年)
拙稿「足利義満自筆仏舎利奉請状の「かたち」を読む――「もの」としての文書・文字資料としての文書――」(「古文書研究」八一号 二〇一六年)
などはこれに関係するものである。なお、前記拙稿「アーカイブズ学としての中世古文書学――東寺百合文書から

アーカイブズ学へ――」は、以下でたびたび引用するので拙稿「アーカイブズ学」と略することにする。

（2）この点については、前記拙稿「アーカイブズ学」の「はじめに――アーカイブズ・アーカイブズ学とは――」ですこし詳しく述べているのでご覧いただきたい。

（3）すこし前、あるアーカイブズ学の関係者から、「アーカイブズ学」「アーカイブズ学」とカタカナでよんでいるようでは、まだ一人前の完成された学問とはいえないという趣旨のお手紙をいただいた。たしかに、そのとおりである。本書自身、まだデッサンといえるかどうかもわからないが、一歩踏みだすことが必要であろう。本書が、完成された○○学への捨石になれば幸いである。

（4）以下、著書あるいは論文名、さらに章・節の表題などを引用する場合、煩をさけて「――」で表示した副題はできるだけ省略することとした。ただし、統一的に省略するのではなく、副題も明示した方が文章全体としてわかりやすい場合には、それを残しておくというように柔軟に対応していることをご理解いただきたい。

（5）近世アーカイブズ学では、たとえば安藤正人氏が、同「記録史料学の課題」（同『記録史料学と現代――アーカイブズの科学をめざして――』（吉川弘文館　一九九八年　初出は一九九五年）で、

出所原則と原秩序尊重原則は、欧米文書館学では一九世紀以来いわれている史料整理論上の大原則である（同書三〇頁）。

というように、出所原則と原秩序尊重の原則が史料整理の大原則とされている。これは、安藤氏もいうように、「欧米文書館学」に学んだものである。そして、わが国の場合、近世・近現代のアーカイブズの整理にはほぼ適用できるとしても、古代・中世のアーカイブズについては、かならずしも十分とはいえないと思う。これは、アーカイブズの具体的な存在形態のちがいによるものである。すなわち、古代・中世のアーカイブズ学では、「個」としての一通文書がその出発点となるが、近世や近現代では、どちらかというと「かたまり」としての文書が中心となる。さらに古代・中世ではまったく無縁のものである映像記録・電子記録などは、近現代では必須のものであるというように、研究の対象となるアーカイブズの存在形態がちがっている。これについては、前記拙稿「アーカイブズ学」の第一節「アーカイブズの整理原則と研究分野」の最初に述べたように、古代・中世のアーカイブズの場合には、出所原則と原秩序尊重原則だけではなく、それにどうしても原形態の尊重の原則を加えなければならない。したがって、古代から近現代の全時代をつうじて、アーカイブズの整理原則といえば、「かたち（原形態）の尊重」「かたまり（原秩序）の尊重」「かさなり（原伝存）の尊重」の三つとすべきだと考える。それにともなって、アーカイブズ学の研究課題は、古代から近現代まで一貫して、「かたち」＝形態論、「かまり」＝関係論、「かさなり」＝構造論とするのが適当であろう。

最近、新潟市歴史文化課歴史資料整備室の長谷川伸氏が、拙著『中世アーカイブズ学序説』の書評を全国歴史資料保存利用機関連絡協議会「記録と史料」二六号（二〇一六年）に執筆して、「上島序説の継承としての日本型アーカ

イブズを提唱する」といって、私のアーカイブズ学を「日本型アーカイブズ」として紹介している。私の場合、本格的な「欧米文書館学」の知識などはなく、その紹介と東寺百合文書その他古文書の原本から学んだことを私なりにまとめただけである。したがって、「日本型アーカイブズ」などといった大げさなものではないが、中世アーカイブズ独自の存在形態と、中世古文書学の長い伝統と蓄積とその方法論がある。そこで、アーカイブズ学の精神を確認しつつ、「欧米アーカイブズ学」とも、またわが国の近世や近現代のアーカイブズ学ともちがった中世アーカイブズ学としての中世古文書学はどうしても必要なのではなかろうか。「欧米文書館学」の「出所原則と原秩序尊重の原則」に代わって、「かたち（原形態）の尊重」「かたまり（原秩序）の尊重」「かさなり（原伝存）の尊重」を提唱するのもその一つである。これが本書の新しい中世古文書学であり、アーカイブズ学としての古文書学だと考えている。

（6）たしかに、わが国の古代・中世の古文書類の場合、ほぼ整理しつくされていて、改めて整理・保存の実務に接する機会はほとんどない。だからといって、それを無視し、またまったく無関心であってよいということにはならない。中世古文書学にも、整理・保存の観点がどうしても必要だということが確認できるなら、ほぼ整理しつくされているからこそ、それを無視するのではなく、より積極的に、より神経質に細かい配慮と観察が必要なのではなかろうか。整理・保存という観点がまったく欠如して、文字だけが研究の対象となっているのが、現在の中世古文書学の最大の欠陥だと思う。それ故、早急に本格的な中世アーカイブズ学としての古文書学の確立が必要であるが、現状では余りにも障害が多いこともまた事実である。なお、アーカイブズの整理・保存・公開＝史料管理論と、その研究・利用＝史料認識論の一体化というのは、本書の重要な論点の一つであるが、前記拙稿「アーカイブズ学」の最大のテーマでもあった。とくに、その第一節第六項「記録史料管理論と記録史料認識論」を参照いただきたい。また、アーキビストとアーカイブズ研究者については、同稿の「おわりに」もご覧いただきたい。

（7）最近、ある文書館の関係者から、多数の文書館の関係者には着実に「「もの」としての文書」という考え方が滲透しているというお話をうかがった。現在の学界の状況、ことに中世歴史学・古文書学の分野では、表面的にはまだ一九世紀・二〇世紀の研究状況とまったくかわっていない。しかし、新しいアーカイブズ学は、一九世紀以来のいわゆる「象牙の塔」からではなく、日々アーカイブズの整理・保存・公開に汗水を流しているアーカイブズの現場から展開するという確信をえたのである。たしかに、その歩みは遅々たるものである。しかし、従来の文字資料としての古文書学とはちがった新しい研究が着実に根をおろしつつあることもまた事実である。そして、おそらくまだ一〇〇年あるいはそれ以上かかるであろうが、いつの日にか、「量の蓄積」は「質の転換」に展開して、従来の価値観が根底から崩れさってしまうことはまちがいない。その日の一日も早からんことを祈るばかりである。

（8）この拙稿「東寺百合文書からアーカイブズ学へ」は、平成十八年（二〇〇六）春の日本アーカイブズ学会の大会に記念講演としてお話させていただいたものである。それを「アーカイブズ学研究」五号（二〇〇六年）に掲載していただいた。このときには、まだ文書の特殊的性格については気づいていなかった。その後、同じく平成十八年（二〇〇六）秋、京都府立総合資料館で、同館の展示「奉書と直状」に関する講演の機会が与えられた。その内容を前記「［未定稿］文書を作成し・伝達し・集積し・保存する」として、私家版の形で刊行した。その序章で「文書の特殊的性格」として、私見を述べた。本書の内容は、この「私家版」を基底にしたものである。したがって、拙稿「東寺百合文書からアーカイブズ学へ」は、前述のように「アーカイブズ学としての中世古文書学」と改題して、前記拙著『中世アーカイブズ学序説』の序章として収めているが、この文書の特殊的性格についてはまだ触れていない。

（9）これは、本書の後編として、これまでほとんど触れられることのなかった文書の「かたち」について詳しく述べたものである。はじめは、本書と同時に刊行を考えて、草稿はできているが、いつ急なことがあっても不思議でない私の年齢を考えて、本書だけをさきに出版することにした。

（10）表1―1「文書の伝来とそのライフサイクル・情報等」と表1―2「アーカイブズとしての文書とその情報」は、早く前記拙稿「東寺百合文書からアーカイブズ学へ」や同「［未定稿］文書を作成し・伝達し・集積し・保存する」（私家版）に掲載、さらに同「国宝東寺百合文書の魅力」にも収載した。そして、拙稿「東寺百合文書と中世アーカイブズ学研究の黎明」にも掲げたが、今回ここに掲載したのは、それらを補訂して、ほぼ最終的な結論というべきものである。

なお、本書では、表・写真の目次は掲載しなかった。しかし、ほぼその所在が確認できるように、表については、序章のものはたとえば「表1―〇」、第一部第一章のものは「表2―〇」、第二部第一章のものは「表7―〇」という番号を付した。写真については、すべて第一部第三章に掲載したので、「写真4―〇」という番号を付している。

（11）この点については、前記拙稿「アーカイブズ学」の序章第一節「アーカイブズの整理原則と研究分野」ですこし詳しく述べているのでご覧いただきたい。

（12）この「文書のライフサイクル」ということについては、安藤正人氏が、「［解説］日本のアーカイブズ論の形成」（全国歴史資料保存利用機関連絡協議会編『日本のアーカイブズ論』（岩田書院　二〇〇三年））で、

記録のライフサイクル論とは、記録が作成されてから最終的に永久保存または廃棄に振り分けられるまでの全生涯を、「現用（活性）記録」「半現用（半活性）記録」「非現用（非活性）記録」の三段階に分けて理解し、これを総合的に管理しようというもので、段階移行にあたっての「評価・選別」の考え方と、半現用段階における「中間保管庫（レコード・センター）」のアイデアがセットになっている。もともとアメリカの記録管理論（レコード・マネジメント）から生まれ、アーカイブズ論と合体したもので、欧米では広く受け入れられているが、日本の文書館界にも一九八〇年代半ば以降よく知られるようになった（同書二五二頁）。

とする。私も、早く拙稿「アーカイブズ学」の序章第一節第四項「中世アーカイブズと「アーカイブズのライフサイクル」」で問題提起し、さらに同第二節「アーカイブズとしての東寺文書」で東寺文書について具体的に述べた。また前記拙稿「国宝東寺百合文書の魅力」の1「「もの」＝アーカイブズとしての文書の特殊的性格」、および同2

「アーカイブズ学としての古文書学」でもうすこし詳しく所見を述べた。いずれにしても、中世文書は現用文書・半現用文書・非現用文書の段階をへて、現在われわれが歴史叙述の史料として利用しているのである。

（13）相田二郎『日本の古文書』は、『日本の古文書　上』（岩波書店　一九四九年）と同『日本の古文書　下』（岩波書店　一九五四年）の二冊からなる。以下、『日本の古文書』としてとくに断らない場合には『日本の古文書　上』のことをいう。

（14）佐藤進一『新版古文書学入門』（法政大学出版局）は一九九七年に刊行されたが、旧版本『古文書学入門』の刊行は一九七一年である。以下では、両者を一括して『古文書学入門』というが、文章の引用、頁数の記載などは、特別の場合をのぞいてすべて『新版古文書学入門』のものである。

（15）相田二郎『日本の古文書』一頁。ただし、前記佐藤進一『古文書学入門』は、後ほど第一部第一章第三節第一項「古文書学の学習書」で詳しくみるが、文献を大きくa古文書、b著述・編纂物・備忘録・日記の類とする。

（16）i経典類にしろ、ii聖教類にしろ、またiii記録類にしろ、現在すべて整理ラベルがはられ、iv古文書と同じくその本質的効力は失われているかのようである。この現状を確認した上で、つぎのような事実を紹介したいと思う。もう二〇年くらいも前のことになるが、東寺長者の交替にあたって、おそらく昭和初め頃から置いてあったと考えられる長者部屋の物置の書籍類の整理をした。そのなかには、明らかに観智院金剛蔵聖教と思われるものが何冊か含まれていた。歴代の長者が必要のため――たとえば後七日御修法の先例をしるため――にとりだしたものが、そのまま残っていたのである。これによって、ほぼ文化財化したかに考えられている観智院金剛蔵の聖教類も「生きている」、すなわち本質的効力は生きていることを実感したことであった。この点から、聖教類は明らかに文書とその概念を異にするものであることが確認できる。なお、すこし付言すると、観智院金剛蔵聖教は現在は整理が終わり、全部ラベルが貼付されているから、こういうことはおこらないと思うが、昭和初期にはまだ整理がおこなわれていなかったので、当時の長者も、用がすんだあとには返却するつもりでいたと思うが、つい忘れてしまってそのままになっていたのだろうと思う。

　すこし長くなるが、もう一つ具体的なことを紹介しよう。東寺では毎年夏に、観智院金剛蔵聖教を特別に研究者に公開している。その最初と最後に、現在では長者砂原秀遍猊下の導師のもと、ご法楽がおこなわれている。これは、昭和四十九年（一九七四）三月の第一回の調査開始から引きつづきおこなわれている行事であって、調査・公開にあたって最初と最後をしめくくる重要な行事であることはいうまでもない。しかし最近になって、私はそれだけではなく、生きた「聖なる書」を学術研究の対象として調査させていただきますという「性根」を抜く意味、そして調査終了とともに改めて「性根」を入れて本来の聖教にもどすという意味がある重要な儀式と考えている。すなわち、現在の観智院金剛蔵聖教は、ラベルがはられ、国の重要文化財に指定されているが、いわば「死んだ」文書類とはちがって、やはり本質的効力のつづいている「生きた」聖教なのだということを確認しておきたいと思う。東寺現存の文献でも、文書と聖教その他の文献類とは、その性格が根本的にちがっていることがはっきりすると思う。

(17) これに関する初期の拙稿として「[講演会報告] 文書のかたちとかたまりについて」(『東京大学史料編纂所報』一六号　一九八二年)がある。その後、いろんな場合に、文書の「かたち」「かたまり」といってきた。

(18) 同じく様式論といっても、本書でいう新しい様式論、すなわちA文字情報とB非文字情報を統一した様式論と、従来のA文字情報のみを対象とした様式論の二つがある。両者は区別した方がよいと思われるので、本書では、新しいものを様式・様式論、従来のものを「様式」「様式論」として、いちおう区別することにした。ただし、一般的に様式論といって、両者を明瞭に区別しがたい場合も多く、また「様式論」が頻出すると煩瑣になる場合がある。たとえば、後ほど第一部第三章第二節第二項「明確な定義抜きの「様式論」」では表題は別として、本文は新旧の区別をせずすべて様式論とした。全体としては統一がとれていないが、とくに従来のものを強調する場合に「様式論」を用いるということで了解いただきたい。

(19) たとえば、富田正弘「中世史料論試論」(同『中世公家政治文書論』(吉川弘文館　二〇一二年)　初出は一九九五年)において、

古文書学には各種の分野があるが、その主なものとしては、様式論・形態論・機能論・伝来論等が挙げられる(同書三〇一頁)。

として、以下でそれぞれについて詳しく説明している。

(20) これは、従来の古文書学の最大の問題点であるが、後ほど第一部第二章第二節第三項「相田二郎氏の古文書の「本質的効力」」、同第四節「古文書の「本質的効力」とは何ぞや」で詳しく述べる。

(21) ただ、ここで問題となるのは文書史の理解である。これは、後ほど第一部第四章第二節「「文書史」とは何ぞや」で詳しく述べるが、同じく文書史といっても、佐藤氏と私では根本的なちがいがあることだけは確認しておかなければならない。

(22) これは、後ほど第一部第一章第一節「新しい文書・古文書と古文書学」でも触れるが、相田二郎氏は、古文書学の内容を、

古文書の性質を分析綜合して定立した知識の大系が古文書学の内容([引用1])。

といい、また佐藤進一氏は、

古文書のもつ複雑な性質を理解し、古文書に関する知識を整理し体系立てるところの学問が必要になる。これが古文書学である([引用3])。

という。そして、本来の古文書学とは、上述のように非常に広汎な内容のものであるはずである。

第一部　新しい中世古文書学

第一章　文書・古文書と中世古文書学

第一節　新しい文書・古文書と古文書学

文書・古文書と古文書学

いま、序章「新しいアーカイブズ学としての中世古文書学」でみたことによって、新しいアーカイブズ学としての中世古文書学については、ほぼ理解いただけたかと思う。そこで、つぎにこの新しい中世古文書学として、文書・古文書そして古文書学をどのように考えるかということについて、すこし詳しく述べてみようと思う。

「文書の一生」を研究の対象とする広汎で豊かな学問

高度で確実で豊かな歴史情報を提供

まず、最初に確認するが、私は古文書学とは、従来のように文字情報のみを対象として、文書の様式や機能だけがすべてである間口の狭い窮屈な学問ではなく、また完全に文字資料に固まってしまった現在のいわゆる史料論のようなものでもなく、広くアーカイブズ学の一分野として、動態の「もの」としての文書の作成から現在にいたるその全過程、すなわち「文書の一生」を研究の対象とする広汎で豊かな学問でなければならないと考えている。すでに述べたように、アーカイブズとは「時代や媒体に関わらずさまざまな個人や組織体が生み出す一次的な記録情報資源」、すなわち「一つしかない生の記録情報資源」とするのが適当である。そして、文書とは、アーカイブズの一つであって、「差出人から受取人にある意思の伝達を目的として「かたち」をととのえて作成された書面」である。これを新しいアーカイブズ学としての古文書学の文書に関する定義としたい。文書は、決してたんなる文字資料として、さらにいうならば歴史叙述の史料として作成されたものではない。そして、「もの」としての古文書学に徹することによって、従来の歴史学の補助学としての古文書学よりも、さらに高度で確実で豊かな歴史情報を提供することができると確信している。

すでに述べたように、一般の文化的創造物は、その作成目的にしたがって使用され保存される。そして、その作成目的が終了したら廃棄される。しかし文書は、その作成目的たる「ある意思の伝達」が終了しても、現在そ

古文書のみにみられる特殊な性格

の多くは歴史叙述の史料などとして利用されている。これは、その本来の作成目的＝本質的効力とはまったく別の、その文書がもっている付随的効力、さらには応用的効力によるものである。それは、古文書のみにみられる特殊な性格であって、この点の確認なくしては文書・古文書の本質にせまることはできない。たしかに、現在の古文書は、その歴史はじまって以来、文字資料としてのみ伝えられ利用されてきた。「もの」として、アーカイブズとして遇せられたことはかつてなかったが、もう一度その本質に立ちかえって、その原点から出発しようではないかというのがアーカイブズ学である。

非常にスケールの大きい学問

アーカイブズ学をこのように規定するとすれば、つぎにアーカイブズ学としての古文書学をどのように考えたらよいのだろうか。アーカイブズとしての文書・古文書は、さきに表1―1「文書の伝来とそのライフサイクル・情報等」でみたように、A作成・B伝達・C集積・D保存という長い伝来の過程をへて現在にいたっている。この過程のすべてを研究の対象にするのがアーカイブズ学としての古文書学であって、非常にスケールの大きいものである。現在の古文書学やいわゆる史料論などのように、そこに書かれた文字情報だけを対象とするものではない。この動態としての文書のA作成・B伝達・C集積・D保存の全過程を研究の対象とするというのは、表1―2「アーカイブズとしての文書とその情報」にみられるように、「個」としての文書、「群」としての文書、「層」としての文書の三相を総体として研究の対象とするということである。

従来の古文書学で完全に欠如していた論点

以上、これまで述べてきたことによって、新しい中世古文書学の文書・古文書については、不十分ながらいちおういうべきことはいったのではないかと思う。このうちでも、とくに重要なのは、古文書の特殊的性格ということであろう。この観点なくしては、文書・古文書の本質を究明することはできないし、しかも従来の古文書学で完全に欠如していた論点でもある。

これらの点を確認した上で、文書・古文書・古文書学についてまとめるとつぎのようになろうか。まず、文書とは、さきにもいったように、アーカイブズの一つであって、「差出人から受取人へある意思の伝達を目的として「かたち」をととのえて作成された書面」である。そして、とくに「「かたち」をととのえて」というのは、文書は「もの」、すなわちアーカイブズであるということをはっきりさせたものである。

それとともに、ここで「差出人・受取人」というのは、たんに個人から個人へというだけではなく、団体や不特定多数の人、さらには社会一般を含む概念であるということを強調しておかなければならない。すなわち、文書は特定の個人の間の意思伝達手段としてはもちろんだが、それだけではなく広く人間の政治・経済・社会生活において、人的あるいは社会的関係に現実の働きかけをし、またはこれらを規制するものであるという観点は不可欠のものである。これが、アーカイブズ学としての文書の規定である。

アーカイブズ学としての文書の規定

これをまとめるならば、文書はたんに文字資料として、すなわち歴史叙述のための史料として作成されたのではない。文書、すなわちたんに個人だけではなく、広く現実の社会関係に働きかけの手段として、固有の物的性格を有する「もの」として作成されているのである。従来、古文書に関してもっとも欠けていたのはこの点の確認である。ただ、今後の本書の叙述においては、いちいちこの点に触れるのは煩雑になるので、文書とは「差出人から受取人へ……」と規定する場合が多いが、いわんとするところは、これらの点を含めての文書であるということを確認しておかなければならない。

文書と古文書

この文書が、そのままで古文書の規定になるのではない。文書・古文書といっても、現実には両者を簡単に区別するのが難しい場合がある。そして、両者を含めて広く文書あるいは古文書という場合が多い[1]。したがって、本書でも、文書というべきところを広く古文書といって、両者を混用している場合もあると思うが、これは読者がご判断いただけるものと思う。しかし、改まって学問的に述べる場合には、両者は厳密に区別して用いるべきであろう。

古文書とは

文書は、その作成目的たる「伝達」という機能が終了した段階で、すなわちその本質的効力が消滅した段階で、もはやたんなる「一紙片」にすぎなくなる。しかし、それに新しい働き（効力）をみいだしたのが古文書で、それは古文書の特殊的性格によるものである。すなわち、新しく付随的効力、さらに応用的効力がみいだされて古文書として利用されることになる。かくして、古文書とは、差出人から受取人へある意思の伝達を目的として「かたち」をととのえて作成された書面——これが文書であるが——の作成目的が終了した後、その付随的効力によって「群」として集積され、さらに応用的効力によって「層」として保存された文書のことをいうと規定するのが適当なのではなかろうか。そして、さきに述べた文書の「個」としての「かたち」だけではなく、さらに「群」としての「かたまり」、「層」としての「かさなり」の三相を総体として把握したのが古文書である。簡単にいえば、表1―1「文書の伝来とそのライフサイクル・情報等」、表1―2「アーカイブズとしての文書とその情報」の全体が広く古文書なのである。

案文について

ここで、どうしても案文について触れておかなければならない。案文については、別に拙著『新しい中世古文書学——アーカイブズとしての古文書——各論編』ですこし詳しく述べたいと思っているが、文書がその本質的効力を完了した後、その控えとして作成されたものである。したがって、その記載内容さえわかればよいので、「かたち」をととのえる必要はない。あくまでもその文書の付随的効力にもとづいて後日になって作成されたものであるから、厳密な意味では古文書であって、文書ではない。自明のことではあるが、ここで確認しておきたい。

古文書学とは

かくして、古文書学とは、動態の「もの」としての文書・古文書の本質を究明して、その成果を整理し体系化することを目的とする学問であるが、具体的には、序章第四節「新しい古文書学の研究分野と機能論」で述べたように、「個」としての文書の形態（かたち）、「群」としての文書の関係（かたまり）、「層」としての文書の構造（かさなり）の三相を総体として研究する学問である。別の言葉でいえば、文書を動態の「もの」としてA作成・B伝達・C集積・D保存の全過程を研究の対象として、その本質を究明するのが古文書学であるといえる。そして、これは後ほど詳しく述べる相田二郎氏の、

古文書の性質を分析綜合して定立した知識の大系が古文書学の内容[2]（［引用1］）。

ということであり、また佐藤進一氏の、

古文書のもつ複雑な性質を理解し、古文書に関する知識を整理し体系立てるところの学問が必要になる。これが古文書学である（［引用3］）。

ということに相当するものでもある。

それぞれのアーカイブズの存在形態におうじた専門的な研究

なお、ここでもう一つ付言しておきたいことがある。本書は『新しい中世古文書学』と題しているが、従来のように古代・中世をつうじた古文書学一般を対象とするものではない。中世古文書学を主として論ずるものである。これについては、後ほど第二部第一章第二節第二項「中世古文書学の現状」で詳しく述べるが、古文書学研究の現状は、私の能力とは別に、非常に精密化・専門化されて、広く古代・中世をつうじて論ずるのは、もはや研究の実態とは一致しないのではなかろうか。古代から現代にいたるまで、文書・古文書は一貫してアーカイブズとして研究の対象とすべきであるということを確認しつつ、古代古文書学・中世古文書学・近世古文書学・近代古文書学・現代古文書学として、それぞれのアーカイブズの存在形態におうじた専門的な研究を進める段階だ

と考えるのである。

第二節　相田二郎『日本の古文書』――「もの」としての古文書――

新しいアーカイブズ学としての古文書学の文書・古文書と古文書学については、前節の説明でいちおう確認できたかと思う。そこで、本節では従来の古文書学において、文書・古文書・古文書学がどのように規定され、どのように論じられてきたかをみることにする。これについては、わが国の本格的な古文書学の創設者ともいうべき黒板勝美氏からはじめるのが本来であるが、叙述が複雑となるので、これについては別に詳しく論ずることとして、主として現在の古文書学に直接影響を与える相田二郎・佐藤進一の両氏を中心に述べることにする。

文書・古文書・古文書学とは何ぞやということに関して、本格的な古文書学の研究書としてとりあげなければならないのは前記相田二郎『日本の古文書』である。氏は、その「序説」の冒頭で、

［引用1］(3)　古文書と云へば、一般世人はその常識に於て、之を漠然と古い書き物の総称であるかの如く思はれるかも知れぬ。然し、古い書き物を仔細に観察して行くと、之を更に細かい精確な意味を持ついくつかの種類に分けることができる。古来伝はつた文献を通観すると、第一に、一定の目的を以て編纂著述したものと、第二に、諸種の事柄に就いて覚として後日に遺す目的を以て記録したものと、第三に、第一人者から第二人者に向つて、その意志を伝達する用具として記載したものと、大体三種類に区別することができよう。右の中第三類に属するものを、学問上文書と云ひ、その過去の時代の史料となるものを、総べて古文書と申してゐるのである。

文書を作成するには、先づ文字文章等に依つて要件を書き表す必要があり、之を書き表すに材料を要する。材料は木材、布帛、紙等種々のものがあつた。此等の点に就いては、前記三種の文献に於て何れも同じことである。然るに文書に於ては、第一人者と第二人者と、即ち授受する者が明瞭に対立する関係から、其の作成の方法、其の材料、其の文章等種々の点に亙つて、他の文献よりも遥かに複雑した性質を具へてゐる。実にこの点は古文書の特色と申して差支ない。尚ほ古文書の性質は時代の変遷に伴ひ、地域の相違に依つて、更に複雑性が加つてゐる。かやうに授受する人の対人関係を中心にして、之に時代と地域との関係が随伴し

て、古文書の性質并にその形態は、他の種類の文献に比較して、何れのものよりも遙かに複雑したものとなつてゐる。

然らばかやうな古文書に、如何なる史料としての価値を認め得るであらうか。第一に、古文書を第一人者と第二人者との間で授受した事実、即ち文書を授受することは、一方から他方へと働きかける事実であつて、この働きを一の史実として認め得る。第二に、文字文章に依つて種々の事柄が記載してある内容に基いて、過去に起つた事実、又授受の当時起りつゝある事実を知ることができる。第三に、古文書の遺物としての意義、物自体が過去の生活上必要な用具であつて、その材料、形態、文字、書風、文章等文書を組立てゝてゐる総べての要素を採つて観察すると、過去の文化、生活の状態を正確に知ることができる。大体上記の如き事項に亙つて古文書に対して史料としての価値を認めることができる。古文書は史料として、かくの如き価値を持つてゐる。而も前述した如く、極めて複雑した性質を具へてゐる。古文書に対する正確なる知識の体得を欲求する念慮の起るのは、蓋し当然のことゝ云はねばならない。この必要に応じて、古文書の性質を分析綜合して定立した知識の大系が古文書学の内容を成すものである。古文書を研究資料として使用するに当り、史料としてその価値を十分に発揮し得る能力を涵養するところに、古文書学を学ぶ目的が存するのである（同書一・二頁）。

という。すこし長くなったが、正確を期して最低必要部分を引用した。

編纂物・記録・文書

この文章自身、考えようによっては、非常に難しい――あるいはいろいろな解釈のできる――ものなのだが、相田氏は、まず文献を、

ⅰ編纂物＝一定の目的を以て編纂著述したもの
ⅱ記録＝諸種の事柄に就いて覚として後日に遺す目的を以て記録したもの
ⅲ文書＝第一人者から第二人者に向つて、その意志を伝達する用具として記載したもの

の三種類にわける。そして、文書については、「文書を作成するには」としてその手続について、

文書とは

文書に於ては、第一人者と第二人者と、即ち授受する者が明瞭に対立する関係から、其の作成の方法、其の材料、其の文章等種々の点に亙つて、他の文献よりも遥かに複雑した性質を具へてゐる。実にこの点は古文書の特色と申して差支ない。尚ほ古文書の性質は時代の変遷に伴ひ、地域の相違に依つて、更に複雑性が

「かたち」をととのえる

佐藤氏と決定的にちがう点

文書と古文書を区別

古文書の遺物としての意義

加つてゐる。かやうに授受する人の対人関係を中心にして、之に時代と地域との関係が随伴して、古文書の性質并にその形態は、他の種類の文献に比較して、何れのものよりも遥かに複雑したものとなつてゐる。

という。これを簡単にいうならば「文書の「かたち」をととのえる」ということに他ならない。iii文書が、i編纂物やii記録という文献とちがうのは、「第一人者から第二人者に向つて、その意志を伝達する」ことにあるが、それだけではなく、というよりはそのために「「かたち」をととのえる」ことが大きな要因だということを強調しているのである。この点は、これまでまったく注目されていないが、文書を論ずるには不可欠の論点である。相田氏が、この点について触れていることはどうしても確認しておかなければならない。さきに、私は文書とは「差出人から受取人にある意思の伝達を目的として「かたち」をととのえて作成された書面」と規定したが、「「かたち」をととのえる」ということは、「もの」としての文書にとって必須の要件なのである。それについては、別に拙著『新しい中世古文書学――アーカイブズとしての古文書――　各論編』の各章で具体的に述べたいと思っている。相田氏は、早くこのことに気づいているのである。そして、これは後ほど触れるが、佐藤進一氏の古文書学と決定的にちがう点でもある。この点は、どうしても強調しておかなければならない。

その上で、相田氏はiii文書を、文書と古文書を区別して、文書とは学問上のよび方で、それに対して「その過去の時代の史料となるものを、総べて」古文書というとする。もうすこしいうと、氏は「学問上の文書」＝「もの」としての文書と、「過去の時代の史料となる古文書」というように、文書と古文書を区別して、古文書を歴史叙述の史料としているのである。この点も、やはり注目しておかなければならない。

さらに、相田氏は「然らばかやうな古文書に、如何なる史料としての価値を認め得るであらうか」として、古文書を史料とした上で、その史料的価値について述べる。その第一・第二の文字による史料としての価値はともかくとして、第三に「古文書の遺物としての意義」を認めて、「その材料、形態、文字、書風、文章等文書を組立てゝてゐる総べての要素を採つて観察すると、過去の文化、生活の状態を正確に知ることができる」としているのは、これもやはり注目すべき言葉である。たんに文書の文字情報だけではなく、「もの」としての文書の非文字情報にも歴史叙述の史料としての価値を認めているのである。いうまでもなく、文書の「もの」としての性格をはっきり確認、それが歴史叙述の史料としても重要だと指摘しているといえる。

これをまとめてみよう。ここでの相田氏の文書・古文書の規定の特徴は、文書と古文書をはっきり区別して、文書をたんに「第一人者から第二人者に向つて、その意志を伝達する用具」としているだけではない。まず第一に、「文書の「かたち」をととのえる」という観点をはっきり打ちだしている。これは、「もの」としての文書を考えるについて重要な視点である。つぎに第二として、「第一人者から第二人者に向つて、その意志を伝達する用具として記載した」「もの」としての文書を学問上の文書として、「史料となる」古文書と明確に区別する。さらに第三として、「古文書の遺物としての意義」を認めて、遺物＝「もの」としての文書に歴史叙述の史料としての価値をみいだしているのである。

「もの」としての文書をはっきり確認

　これをもってみるならば、相田氏は、たんに文字資料としての古文書だけではなく、「もの」としての文書をはっきり確認しているといえる。そして、

> 古文書に対する正確なる知識の体得を欲求する念慮の起るのは、蓋し当然のこと、云はねばならない。この必要に応じて、古文書の性質を分析綜合して定立した知識の大系が古文書学の内容を成すものである（〔引用1〕）。

と古文書学の内容を説明する。たしかに、そのとおりである。古文書学とは「古文書の性質を分析綜合してその知識の大系を定立」する学問といえよう。これこそ、まさに古文書学研究のあるべき姿である。

古文書学研究のあるべき姿

　しかし、いっぽう相田氏は、この言葉につづけて、

> 古文書を研究資料として使用するに当り、史料としてその価値を十分に発揮し得る能力を涵養するところに、古文書学を学ぶ目的が存するのである（〔引用1〕）。

ともいう。古文書学を学習する目的を「史料としてその価値を十分に発揮し得る能力を涵養する」ことという。

古文書学を学習する目的

　ここで、注目しなければならないのは、相田氏は古文書学研究の目的と、古文書学学習の目的をはっきり区別していることである。古文書学研究の目的は、「古文書の性質を分析綜合してその知識の大系を定立」することにある。それに対して、古文書学を学ぶ目的は「史料としてその価値を十分に発揮し得る能力を涵養する」ことである。まさに、そのとおりであって、この指摘は重要である。そして、この目的のちがいによって、叙述の内容がまったくかわってくる。相田氏の『日本の古文書』は、古文書学学習の書ではなく、古文書学の本格的研究書として執筆されているのである。したがって、この『日本の古文書』は「古文書の性質を分析綜合してその知識の大系を定立すること」を目的としたものである。これによって、以後私は古文書学とは「古文書の本質を究

明し、その成果を整理し体系化することを目的とする学問である」ということにする。

第三節　佐藤進一『古文書学入門』——史料としての古文書——

第一項　古文書学の学習書

相田氏の古文書学をうけついで、それをわかりやすく叙述したのが前記佐藤進一『古文書学入門』である。これは、氏の古文書学・中世史研究に関する深い蘊蓄にもとづいて執筆されており、古文書学のまたとない概説書として不動の地位をしめている。いま、相田氏と同様、氏の著書の冒頭の言葉を引用すると、第一章第一節「古文書とは何か」の最初でつぎのようにいう。

［引用2］　古文書学を学習するに当って、最初に問題にしなければならないことは、古文書とは一体何であろうか、そしてつぎに古文書学とは一体どんな学問か、という点であろう。われわれが歴史事実を認識し、歴史知識を構成するには必ずそのよりどころとなる素材がなければならない。この素材を史料という。史料にはどんなものがあるかというと、大きくわけて精神的遺物と物体的遺物とがある。前者には言語・風俗・習慣・伝承・思想などがあり、後者には遺蹟・器物などの狭義の遺物と、文字・文章の記載そのものに史料としての価値の認められるもの、すなわち文献とが含まれる。そして古文書は、文献の中の一部であって、「特定の対象に伝達する意思をもってするところの意思表示の所産」、すなわち甲から乙という特定の者に対して、甲の意思を表明するために作成された意思表示手段、これが古文書である。この特定者に対する意思表示という点が古文書の本質であって、これに対して主格の一方的な意思表示の産物、例えば一般の著述・編纂物・備忘録・日記の類が文書と対立して文献の大きな部分を占める。一般に古文書といえば、紙に書かれたものという常識が支配的であるが、紙に書かれていること自体は決して古文書の本質的要件ではない。いま述べた古文書の本質にかなうものであれば、布でも木でも金属でもかまわない、みな古文書であるといえる。例えば、最近学界をにぎわしている平城宮址、藤原京址等出土の木簡（木の薄片に墨書したもの）には、諸国から送られる貢調物につけられた送状というべきものや、請（物品請求書）、解、移など立派な古文書が

多数見出される（同書一・二頁）。

古文書学の学習書であって研究書ではない

佐藤氏は、この書の冒頭で、まず「古文書学を学習するに当って、最初に問題にしなければならないことは、……」という。これによって、『古文書学入門』の性格がはっきり規定される。すなわち、この佐藤氏の『古文書学入門』は、古文書学の学習書、テキストであって、古文書学の研究書ではない。さきの相田氏の言葉をかりるならば、「史料としてその価値を十分に発揮し得る能力を涵養する」ための書であって、「古文書の性質を分析綜合してその知識の大系を定立」することを目的としたものではない。それが、この佐藤氏の著書の基本的性格である。この点は、しかと確認しておかなければならない。もちろん、これは、氏の古文書学・中世史の関する深い学識にもとづいて執筆されており、たんなる学習書、テキストではないが、「もの」としての文書の本質を研究することを目的としたものではなく、あくまでも「史料」としての文書を学習し、解説することを目的としたものであると氏自身が規定しているのである。

「史料」としての文書の説明

そして、これにつづけて、「われわれが歴史事実を認識し、歴史知識を構成するには必ずそのよりどころとなる素材がなければならない。この素材を史料という」とする。これをうけて、「史料にはどんなものがあるかというと」として、つぎのように分類する。これは、「もの」としての文書ではなく、明らかに「史料」としての文書の説明である。

史料　Ⅰ精神的遺物……言語・風俗・習慣・伝承・思想など
　　　Ⅱ物体的遺物……A遺蹟・器物などの狭義の遺物
　　　　　　　　　　　B文献……文字・文章の記載そのものに史料としての価値の認められるもの
　　　　　　　　　　　　a古文書……甲から乙という特定の者に対して甲の意思を表明するために作成された意思表示手段
　　　　　　　　　　　　b著述・編纂物・備忘録・日記の類……主格の一方的な意思表示の産物

これは、歴史叙述の史料について要領よくまとめられたもので、私も古文書学の講義をするときには、いつも最初に使わせてもらったものである。

ここで、大きな問題がある。この佐藤氏の文章は、何度もなんども読んだものである。はじめは「ああそうか」という程度で読みながしていた。そして長い間、これにしたがって古文書学の講義をしていた。しかし、最

近になって、氏の著書が、「古文書学を学習するに当って………」ではじまり、さらに、それにつづけて、

　われわれが歴史事実を認識し、歴史知識を構成するには必ずそのよりどころとなる素材がなければならない。この素材を史料という。史料にはどんなものがあるかというと、………

という文章であることが気になりだした。氏の著書は、その最初から歴史叙述のための「史料」の説明ではじまっているのである。古文書そのもの――「もの」としての古文書――ではなく、「史料」としての古文書なのである。『古文書学入門』、すなわち古文書学の入門書ではなかったのである。氏の場合は、古文書は歴史叙述の史料の一つであるということが大前提となっている。そこで、改めて相田氏の『日本の古文書』の冒頭の言葉と比べてみた。相田氏はさすがに、「古文書と云へば、………」として、古文書そのものの説明からはじまる。何よりも古文書学の研究書ということを主張しているのである。両者の性格のちがいが、実にはっきりしている。

古文書学の研究書

古文書学の学習書

すなわち、相田氏の『日本の古文書』は古文書学の研究書である。それに対して、佐藤氏の『古文書学入門』は古文書学の学習書なのである。これが、相田二郎氏の『日本の古文書』との基本的な相違点である。

　その後の記述は、両者一見同じようにもみえるが、やはり、実は大きな、あるいは根本的ともいうべきちがいのあることがわかる。相田氏の場合は、文書を文献の一つとして、「学問上の文書」＝「もの」としての文書を確認している。そのためには、さきにもいったように「「かたち」をととのえる」必要性をはっきり主張する。「もの」としての文書を確認した上での叙述である。

冒頭から文書を歴史叙述の史料の一つであると規定

　これに対して、佐藤氏の場合には、冒頭から文書を歴史叙述の史料の一つであると規定して、史料の内容を詳しく説明する。最初に、文書は史料という枠がはめられる。「特定の対象に伝達する意思をもってするところの意思表示の所産」（〔引用2〕）として、「もの」としての文書に注目するが、それは完全に歴史叙述のための史料である。そして、『古文書学入門』全巻をつうじて「もの」としての文書の観点は、まったく触れられていない。相田氏が、文書に「もの」としての文書＝「学問上の文書」と、「史料となる古文書」という二つの性格を確認するのと大きなちがいである。従来、この点については注目されていないが、簡単にいえば相田氏の場合は「もの」としての文書の研究――ただ相田氏についても大きな制約があることは否定できないが――であるが、佐藤氏は文字資料としての文書の概説である。これが、両氏の著書の基本的なちがいであるが、それは冒頭のわずか一〇〇〇字前後の文章にまずみられるということを指摘しておきたい。

両氏の著書の基本的なちがい

第二項　歴史学の補助学としての古文書学——古文書学成立以来の体質——

佐藤氏は、いまみた［引用2］のすぐ後に、

［引用3］　そこでこのような古文書のもつ複雑な性質を理解し、古文書に関する知識を整理し体系立てるところの学問が必要になる。これが古文書学である。古文書学はもちろんそれ自身の目的をもつ学問として存在しうるわけであるが、実際には古文書を歴史の史料として利用する歴史学の立場から、古文書の史料的価値を明確にするための学問として研究され、その成果が利用されているのが現状である。いわば古文書学は歴史学の補助学科であるというのが現状である（同書三頁）。

という。すなわち、氏は、

古文書のもつ複雑な性質を理解し、古文書に関する知識を整理し体系立てるところの学問が必要になる。これが古文書学である。

とする。相田氏と同様、古文書学が「それ自身の目的をもつ学問」たることをはっきり認めている。たしかに、そのとおりである。これが、本来の古文書学のあり方である。

しかし、それにつづけて「実際には」として、「古文書を歴史の史料として利用する歴史学の立場から、古文書の史料的価値を明確にするための学問として研究され、その成果が利用されているのが現状である」といい、「いわば古文書学は歴史学の補助学科であるという現状である」——以下、これを「歴史学の補助学としての古文書学」ということにする——とする。ここでは、「現状」が繰りかえし二度使われているが、この「現状」を容認し、これと妥協したのが、失礼ながら『古文書学入門』であるといわざるをえない。もうすこしいうならば、『古文書学入門』は古文書学の学習書ということから、古文書の本質を究明するという立場からではなく、古文書学は歴史学の補助学であるという立場から執筆されているといわざるをえないのである。

私には、何故にこうなるのかよくわからない。たしかに、現在の各大学の古文書学は歴史学の補助学として位置づけられ、それによる講義がおこなわれている。そのための学習書でありテキストであるといえばそれまでだが、やはり佐藤氏の『古文書学入門』というと、どうしても当然のこととして、それをこえるものが期待されるし要求されるのである。しかし、残念ながら氏の著書にしても、「現状」に妥協したものといわざるをえない。

「古文書学を歴史学の補助学とよぶ誤解」

わが国の近代的な古文書学の成立以来の体質

古文書学固有の研究領域ではない

かくして、佐藤氏の『古文書学入門』にその限界を感ずるのは私一人だけなのだろうか。

ここで注目しなければならないのは、佐藤氏は同書の「結び――古文書学の課題」の冒頭でつぎのようにいう。

> ［引用4］　日本の古文書学は、すでに第一章で述べたように、近代歴史学の輸入の気運のなかで、一つには史料批判のための技術的方法習得のために、また一つには史料編纂のための直接の必要に迫られて、急速に発展した学問であった。古文書学がそれ自身一つの独立した学問とはみなされず、歴史学研究の手段としてのみ意義をもつ学問、したがって歴史学に従属して存在する学問であると考え、そういう意味で、古文書学を歴史学の補助学とよぶ誤解や、また古文書の真偽を鑑定し、難読の古文書を読みこなすことが、古文書学の最も重要な目的であるかのように考える誤解が生まれ、かつ根強く生き続けているのは、以上のことと決して無関係ではない。古文書学が歴史学に対して史料批判の方法を提供するということは、決して古文書学が歴史学に従属することを意味しない。また古文書の真偽鑑別や読解の重要なことは何人も疑うことはできないけれども、それは、いわば古文書を素材とする古文書学にとって自明の前提なのであって、古文書学だけのもつ研究目的でもなければ、古文書学固有の研究領域でもないのである（同書二八三頁）。

まことに玩味すべき言葉である。この文章については、「古文書学を歴史学の補助学とよぶ誤解[4]」なる言葉が突出して、私も何度か引用したことがあるが、よく読んでみると非常に重要なことが指摘されているのである。結論をさきにいうと「古文書学を歴史学の補助学とよぶのは誤解」で、それはわが国の近代的な古文書学の成立以来の体質だといっているのである。

すなわち、佐藤氏は、わが国の近代的な古文書学の成立は、本来の古文書の本質を究明するという純粋に古文書学独自の学問的要請によるものではなく、一つには史料批判のための技術的方法習得のために、また一つには史料編纂のための直接の必要に迫られて、急速に発展した学問であったという。そのため、古文書学がそれ自身一つの独立した学問とはみなされず、歴史学研究の手段としてのみ意義をもつ学問、したがって歴史学に従属して存在する学問であると考え、そういう意味で、古文書学を歴史学の補助学とよぶ誤解が生まれ、かつ根強く生き続けているという。そして、これは古文書学だけのもつ研究目的でもなければ、古文書学固有の研究領域でもないのであるとする。

わが国古文書学の成立とその体質を、これほど明確に指摘したものはあるまい。もう一度いうが、佐藤氏は古

わが国の近代的な古文書学の成立以来の体質

文書学を歴史学の補助学とよぶのは誤解で、それはわが国の近代的な古文書学の成立以来の体質だと明快に指摘しているのである。そして、これは現在のわが国の古文書学にも拭うべからざる決定的な影響を与えているのである。この氏の文章は「古文書学固有の研究領域でもないのである」で終わって、別の話題になるが、問題は本来の古文書学のあり方とはちがった「いわば古文書学は歴史学の補助学科であるという現状」と妥協するのか、この「現状」を打開するために本格的に古文書学のあり方を追究するかどうかだけである。氏の『古文書学入門』は、学習書として執筆されたという制約があるとはいえ、現状と妥協したものといわざるをえないのではなかろうか。

結論としていうならば、佐藤氏のこの『古文書学入門』は、「古文書のもつ複雑な性質を理解し、古文書に関する知識を整理し体系立てるところの」「それ自身の目的をもつ」古文書学を論じたものではない。「歴史学の補助学としての古文書学」という立場から論じられ、「その成果が利用されている」という「現状」の上に立ったものであるといわざるをえないと思う。

古文書学には固有の研究目的がある

ここまで論じてきて、どうしても確認しなければならないことがある。それは、後ほど第二部第四章第一節第二項「佐藤進一「歴史認識の方法についての覚え書」」で詳しく述べるが、佐藤氏は、この『古文書学入門』刊行の一三年前の昭和三十三年（一九五八）に雑誌「思想」に「歴史認識の方法についての覚え書」[5]を執筆している。そして、［引用3］でみた「古文書のもつ複雑な性質を理解し………」よりもさらに純粋な立場から、古文書学には固有の研究目的があると述べている。それが、残念ながら『古文書学入門』では現実と妥協し——古文書学の学習書という制約があるとしても——、その後さらに後退して、史料論化したといわざるをえないのではなかろうか。

明確で開かれたわかりやすい古文書学

わが国古文書学の固有の体質については、一つにはこの「歴史学の補助学」ということがある。そして、もう一つには、後ほど第三章第二節第二項(3)「明確で開かれた古文書学を」で改めて触れるが、「良賈は深く蔵して虚しきが如し」式の深遠で神秘的なベールにつつまれた近づきがたい古文書学ということが指摘される。古文書学本来のあり方としては、古文書学独自の研究目的を明確に確認するとともに、神秘的で近づきがたいものではなく、明確で開かれたわかりやすい古文書学を目ざそうではないか。そして、これは新しい中世古文書学に課された最大の課題というべきであろう。

註

（1）たとえば表1―1「文書の伝来とそのライフサイクル・情報等」、表1―2「アーカイブズとしての文書とその情報」がそれである。これは、文書・古文書全体を一括して述べているのだから、本来は「文書・古文書」というべきだが、「文書」で代表させている。

（2）この［引用1］とつぎの［引用3］については、全文を次節「相田二郎『日本の古文書』」、第三節「佐藤進一『古文書学入門』」で引用する。

（3）相田二郎『日本の古文書』をはじめ、主要な古文書学に関する著書・論文の文章は、以下でたびたび引用することがある。そこで、引用が重複するものには［引用1］［引用2］……の番号を付し、再引用を示すこととする。ただし、重要な文章でも、再引用のない場合にはこれを省略するものとする。

（4）この「古文書学を歴史学の補助学とよぶ誤解」については、まだ述べたいことは多い。まず、荻野三七彦「古文書学の領域」（同『日本古文書学と中世文化史』（吉川弘文館　一九九五年　初出は一九七五年）と、それについて触れた拙稿「荻野三七彦氏とその古文書学」（同前書所収）をご覧いただきたい。ただし、この拙稿は二〇年も前のものであり、本書の考え方と完全に一致するものではない。

（5）この佐藤進一「歴史認識の方法についての覚え書」は、本文で述べたように雑誌「思想」四〇四号（一九五八年）に掲載された。後、同『日本中世史論集』（岩波書店　一九九〇年）に収載されたが、本書ではこの『日本中世史論集』によるものとする。

古文書の伝来・伝来論

古文書学の「骨子」「骨格」となるべきもの

第二章　古文書の伝来・伝来論

第一節　新しい古文書の伝来・伝来論

古文書の伝来・伝来論は、新しい古文書学としては非常に重要な研究分野である。すでに述べたように、「個」としての文書の「かたち」を具体的に論ずるのが形態論であり、「群」としての文書の「かたまり」を論ずるのが関係論であり、「層」としての文書の「かさなり」を論ずるのが構造論である。そして、伝来論といえば、この動態としての古文書の「個・群・層」の三相全体、すなわち「文書の一生」を総括して論ずる学問分野である。このように考えるならば、伝来論は古文書学のもっとも重要な研究分野で、その「骨子」となり「骨格」となるべきものである。

いっぽう、従来の古文書学でも、古文書の伝来・伝来論は、一つの研究分野として論じられてきた。それを、まず前記相田二郎『日本の古文書』と、同じく佐藤進一『古文書学入門』についてみてみよう。相田氏の『日本の古文書　上』は、大きく、

前編　古文書の伝来
中編　古文書の形様

の二編からなっている。相田氏が、古文書そのものを論じた『日本の古文書　上』では、文書の伝来（伝来論）と形様（様式論）の二分野が論じられているのである。そして、それ以外のものは論じられていない。

つぎに、佐藤氏の『古文書学入門』をみると、

第一章　古文書と古文書学
第二章　古文書の伝来

第三章　古文書の様式

文書の伝来論と様式論の二分野のみ

の三章建てである。第一章「古文書と古文書学」は、この著書全体の導入であって、これについては、前章「文書・古文書と中世古文書学」で詳しくみた。佐藤氏が、古文書そのものを具体的に論じたのは、その第二章「古文書の伝来」と第三章「古文書の様式」である。したがって、佐藤氏も相田氏と同じく文書の伝来論と様式論の二分野を、古文書の具体的な研究分野としていることがわかる。

両者の間に有機的な関係はみられない

伝来論は様式論の「お添え物」

　ここで、注目しなければならないのは、両氏ともに古文書の伝来論と様式論の二分野を、古文書学の研究分野としてとりあげるが、それ以外の重要な研究分野である関係論や構造論や機能論、また形態論の個別の分野としての料紙論・封式論その他についてはまったく論及がない。すなわち、相田・佐藤両氏がともに古文書学として論ずるのは伝来論と様式論の二分野だけである。この点は、まずどうしても確認しておかなければならない。しかも、伝来論は伝来論、様式論は様式論とそれぞれ独立しており、両者の間に有機的な関係はみられない。それだけではなく、その論じられる内容、またそれぞれの著書の具体的なボリューム（頁数）を考えてみても、文書の伝来論には力点はなく、たんに「様式論」の「お添え物」といった感じで、「様式論」を論ずるのが古文書学のあるべき姿だという印象が強い。これが、従来のわが国古文書学の伝統で、古文書学が「様式論」と総括される所以でもある。これによって、従来の古文書学では、たしかに「古文書の伝来」が、一つの研究分野としてとりあげられているが、それは主たる研究対象ではない。しかも、主たる研究分野である「様式論」とは有機的な関係はみられず、たんなる「脇役」、あるいは「様式論」の「先払い」にしかすぎないということができると思う。

文書の特殊的性格とそのライフサイクル

　これに対して、アーカイブズ学としての新しい中世古文書学の場合にはどうなのであろうか。最初に簡単に触れたが、新しい古文書学としては、「古文書の伝来」はその「骨子」となり「骨格」となるべきもっとも重要な研究分野である。本書の序章第二節「古文書の特殊的性格とその研究分野・ライフサイクル」では、文書の特殊的性格とそのライフサイクルについて述べた。これは、従来の古文書学ではまったく論じられることはなかったが、文書を真正面から研究しようとした場合には不可欠の研究テーマである。そしてこれは、動態の文書をA作成・B伝達・C集積・D保存という過程の総体としてとらえるということと密接に関連するが、この文書をA作成・B伝達・C集積・D保存の過程を総体としてとらえるということ自身、「古文書の伝来」を論じていること

古文書学とは文書の伝来をトータルに研究する学問

に他ならない。すなわち、文書を「かたち（個）」「かたまり（群）」「かさなり（層）」の三相として研究する新しい古文書学は、別の言葉でいえば、「文書の伝来」をトータルに研究する学問だともいえるのである。

かくして、「古文書の伝来」の研究＝伝来論は、従来の古文書学では、たんに「様式論」の「脇役」あるいは「先払い」としての地位しか与えられていなかったが、新しい古文書学では、いちやく「主役」におどりでている。そして、たんに「主役」というだけではなく、表1—1「文書の伝来とそのライフサイクル・情報等」・表1—2「アーカイブズとしての文書とその情報」にみられるように、新しい古文書学それ自体が「古文書の伝来」そのものであり、文書史[1]である。従来の伝来論とは、その位置づけがまったくちがっていることをまず確認しておかなければならない。

第二節　相田二郎氏の「古文書の伝来」

相田氏の「古文書の伝来」

非常にわかりにくい

これまでのわが国の古文書学の「古文書の伝来」に関する定説といえば、いま述べたように、相田二郎『日本の古文書　上』の前編「古文書の伝来」と、同じく佐藤進一『古文書学入門』の第二章「古文書の伝来」の二つがある。そして、この古文書の伝来論については、両氏ともに、個別具体的な問題は別として、伝来そのものに関するいわば理論的な説明は非常にわかりにくい。何度読んでも伝来論とは何なのか、私には十分に整理して理解することは困難であった[2]。

伝来論はまったく問題にならなかった

これは、私だけではなく、おそらく多くの方が実感したことではなかろうか。というよりは、両氏の伝来論に対しては、真正面からとりくむのではなく、「敬して」まったく触れなかったというのが実態であろう。私自身、長い間そうであった。伝来論などは問題にせず、「様式論」だけを論じ、それを講義しておれば十分通用していた。そして、この伝来論がわかりにくいというのは、「古文書の伝来」は相田・佐藤両氏にしても、わかりやすく叙述しがたいほど複雑で難解な問題だということを意味する。はっきりいわせてもらうならば、はなはだ失礼だが、十分に「熟成した」ものではないとしてよいのではなかろうか。まずこの点は、両氏の伝来論を語るについては、どうしても確認しておかなければならないことである。

古文書の伝来の要因

現存の文書がいかにして伝わったか

第一項　古文書の伝来とは「伝来の素因」だけなのか

従来のわが国の古文書の伝来については、以上の点だけを確認しておいて、相田二郎『日本の古文書　上』の前編「古文書の伝来」の内容を概観しておこう。この前編「古文書の伝来」は、つぎの四章からなる。

第一章　古文書伝来の素因
第二章　本質上の働きに依る古文書の伝来
第三章　応用上の価値に依る古文書の伝来
第四章　古文書伝存の現状

まず、第一章は「古文書伝来の素因」である。「素因」というのはわかりにくいが、「古文書伝来の要因」といってよいと思う。相田氏がここで述べているのは、どのようにして古文書が現在に伝わったのかということである。第二章「本質上の働きに依る古文書の伝来」と第三章「応用上の価値に依る古文書の伝来」は、その伝来の「素因」に関する氏の具体的な説明である。そして、第四章「古文書伝存の現状」は「御物の文書」以下、現存の文書の詳しい説明である。

この第一章「古文書伝来の素因」の冒頭で、氏は、

> 古文書といふものが、現在如何に存在してゐるか、それを知ることは、古文書を研究資料として活用する人にとって、真先きに必要とするところである。現在古文書が多数存在してゐることは事実であるが、それがかくあるには、古文書が古い時から新しい時へと伝はる力があつたからである。この伝来には、種々の経路を通過したことが考へられる。この経路を観察して、始めて古文書の現存状態の意味を知ることができる（同書七頁）。

という。「この伝来には、種々の経路を通過したことが考へられる。この経路を観察して、始めて古文書の現存状態の意味を知ることができる」というように、相田氏の伝来論は、第一に「現在」「多数存在してゐる」古文書――具体的には、氏の第四章「古文書伝存の現状」で述べる「御物の古文書」をはじめとする現存の文書――がいかにして伝わったかということを論じているのである。

つぎに、氏は「古文書といふものが、現在如何に存在してゐるか、それを知ることは、古文書を研究資料とし

古文書を研究資料として活用する

「文書を物自体として立体的に観察」

狭いかぎられた視点からの伝来論

「文書の一生」を総体としてとらえる観点がみられない

て活用する人にとって、真先きに必要とするところである」という。これは、いろいろな意味にとれる文章である。「古文書を研究資料として活用する」ということは、古文書の本質を究明するとも解釈できなくもないが、この氏の伝来論では、第二に「歴史叙述の史料として活用する」という意味と考えられるのである。

というのは、相田氏は同前編第二章第二節「文書の案文とその伝来」の最後で、

> かやうな次第で、数多い同文の案文でも、之を史料の一部と認めて、之が活用を考へることが肝要である。文書の文面のみを平面的に取扱はず、文書を物自体として立体的に観察するところに、自から新しい史実の発見があるものと信ずる（同書五六頁）。

という。ここで氏は、「文書の文面のみを平面的に取扱はず、文書を物自体として立体的に観察する」ことの重要性を述べている。この指摘は、傾聴すべきものである。しかし、ここでは案文も「史料の一部と認め」（傍点は上島）その「活用」を考えることの必要性を述べている。氏の「古文書を研究資料として活用する」の真意がここにあらわれているといえるのではなかろうか。要するに、文書を歴史叙述の史料とみるということである。

かくして、相田氏のこの『日本の古文書』の伝来論は、Ⅰ古文書伝来の素因、すなわち現在ここにある古文書がどのようにして現在に伝来したかという狭いかぎられた視点からの伝来論である。さらに、氏がこの『日本の古文書』で論じている伝来論は、Ⅱ歴史叙述の史料としての文書という観点からの限定された範囲の伝来論である。そして、動態の文書をA作成・B伝達・C集積・D保存という過程、すなわち「文書の一生」を総体としてとらえる——これが古文書の伝来である——という観点がまったくみられないといわざるをえないのである。

以上が、相田氏の「古文書の伝来」にみられる特徴的なことであるが、新しい中世古文書学とは大きくちがっていることがはっきりする。まず、古文書の伝来・伝来論とはⅠ古文書伝来の素因（要因）、すなわちどのようにして古文書が現在に伝わったかという、その「経路」だけを論ずるものではない。いうまでもなく、古文書の伝来とは、「個」としての文書、「群」としての文書、「層」としての文書の諸相を総体として論ずることである。すなわち、表1—1「文書の伝来とそのライフサイクル・情報等」・表1—2「アーカイブズとしての文書とその情報」の文書全体が、まさに古文書の伝来であるはずである。これは、文書の特殊的性格を認めるかどうかということとも関連するが、まず相田氏の伝来論と、新しい古文書学としての伝来論とは、研究の対象がまったくちがっているということを指摘しておかなければならない。

それとともに、Ⅱ文書をたんに歴史叙述の史料としてのみみることが適当なのかどうかという問題がある。これについては、ここで詳しく論ずる必要はあるまい。以下、具体的に相田氏の文書の伝来・伝来論を検討する前提として、この二点を確認しておきたい。そして、これは相田氏だけではなく、現在の古文書学に決定的な影響を与えていることも重要である。

第二項　相田二郎氏の伝来論の概要

以上、同じく古文書の伝来・伝来論といっても、新しい古文書学と相田氏とでは、その基本的な視点に大きなちがいがあることがわかった。この点だけは、まず確認しておかなければならない。

相田氏は、『日本の古文書』の前編「古文書の伝来」の第一章「古文書伝来の素因」の冒頭で、古文書の伝来・伝来論をいまみたように「伝来の素因」だけに限定する。ついで氏は、同第二章第一節「文書の作成」で、文書にはⅰ下書（草・草案）、ⅱ正文、ⅲ複本（控）があったという。そして、ⅰ下書（草・草案）、ⅲ複本（控）を広く案あるいは案文というとする。

何故、この叙述がここに入ってきたのかよくわからない。もちろん、古文書学としては、正文・案文などの文書の種類の説明は重要で、きっちり整理して本格的に述べられるべきものである。しかし、それが伝来論の一節として、ここで述べられるのが伝来論全体の構成から適当なのかどうかよくわからない。私が、古文書学を講義した経験からいえば、はじめに古文書の種類として草稿（土代）・正文・案文はきっちり説明をしたが、伝来論とは関係なく論じたと記憶している。氏の場合、つぎの「案文作成の種々の場合」の説明の前提と考えざるをえないが、これが氏の伝来論をわかりにくくしている一因でもある。ともあれ、相田氏は「案文作成の種々の場合」にあげた第一「文書布達の必要に依る場合」から第五「紛失状と文書の案文」までの案文は、いずれも文書の本質的効力（「本質上の働き」）にもとづいて作成されたものであるということを述べたものと考えられる。

その上で、相田氏は、

［引用5］　又文書は、一旦要件を伝へれば、即ち第一人者と第二人者との間にその授受が済めば、それで差支ないといふもの許りでは無く、授受の済んだ後も、必ず之を永く保存する必要を認めて作る。寧ろこの点に重きを置いて作るものがある。而して又かかる文書は後々まで永く保存されて行く性質を具へてゐる。か

文書の「効力」とはその「働き」である

文書の本質的効力

案文による伝来

正文による伝来

やうに文書には、その授受の当座のみ必要となつたものと、授受の後迄も必要となつたものとの二種に分けて考へることができる。当座の要件を伝へるに過ぎない文書の力を、当座的効力と呼べば、後日迄も保存の必要ありと認めて作り、且つ永く保存すべき文書の力を永続的効力と呼ぶことができるであらう。この効力の相違に依つて、古文書が後日に伝はる過程にも著しい相違が現れて来るものである。

　以上説いた古文書の伝はる素因は、文書を作つたその目的を達する働きの上から生じたものである。即ち文書の本来の性質、文書の本質上の働きから後日に伝はること、なつたのである（同書八頁）。

という。まず、ここで確認しておこう。相田氏の場合、文書の「効力」とはその「働き」である。そして、文書の「働き」といえば文書の機能である。相田氏だけでなく、本書でも「効力」とは文書の「働き」すなわち機能として用いることにする。

　この氏の文章もなかなかわかりにくいのだが、これを整理すると、文書はそのⅠ本質的効力によって伝来するもので、Ⅰ本質的効力には、

　Ａ一時的効力——氏の表現では「当座的効力」——の文書

　Ｂ永続的効力の文書

の二つがあるとする。このうちで、Ａ一時的効力の文書は、伝達が終われば、その効力は消滅するから、「文書の伝来」には関係がない。文書として後世に伝来するのはＢ永続的効力の文書であるという。

　このⅠ文書の本質的効力による伝来については、相田氏はいま問題にしている同第二章「本質上の働きに依る古文書の伝来」の

　第二節　文書の案文とその伝来

　第三節　永続的効力に依る文書の伝来

でさらに具体的に述べる。まず、第二節の「文書の案文とその伝来」では、第一文書布達の必要に依る場合から第五紛失状と文書の案文をあげて、これらの文書がそれぞれの場合に案文として伝来したという。そして、これを古文書の本質上の働きによる伝来の第一の場合とする。

　さらに第三節「永続的効力に依る古文書の伝来」では、京都左京七条一坊十五町内の屋地の売券（一三通）[3]、山内首藤家文書の譲状（一五通）、醍醐寺の報恩院の法流相承文書（一一通）などの手継券文・証文の伝来につい

て詳しく述べる。これらは、第二節の案文による伝来とはちがって正文による伝来である。そして、相田氏はこの第三節の表題を「永続的効力に依る古文書の伝来」とする。これによると、氏はこの正文による伝来だけをとくに「永続的効力に依る古文書の伝来」とするとうけとるのがふつうである。(4) しかし、氏はこの第三節の最初で、

前項に記述した如く、文書の案文を作る動機は、その文書を後々に伝へる必要を認めたところにもあつた。即ち重書案、紛失状の如きはこの例に入る。かゝる案文を作つたのは、そこに文書の永続的効力を認めてゐたからである（同書五六頁）。

という。すなわち、たんにこの「この正文による伝来」だけではなく、はっきり案文にも永続的効力を認めているのである。たびたびいうことだが、この辺が氏の叙述に統一がとれていないという点で、非常にわかりにくいという原因である。それはともかくとして、以上述べてきたことによって、氏のⅠ文書の本質的効力による伝来についてははっきりしたと考える。

応用上の価値による伝来

相田氏は、さきに引用した第一章「古文書伝来の素因」の［引用5］につづけて、

更に文書には、かゝる本質上の働きを離れて、他の観点から、そこに別種の価値を認めることができる。それは文書を作るに当り、案文の必要不必要が如何であらうと、又その効力が如何であらうと、一旦作られた文書そのものに書いてある文字若くは文章に依つて、種々の事柄を知る価値を、又その筆蹟に依つて観賞上の価値を、更に又、その料紙をとつても、物質上の価値を認めることができる。其他かくの如き諸種の点に着目して、各ゝそこに価値を認めることもできるであらう。凡そこれらの価値は文書本来の目的を果す働きから来るものではない。それを離れて、別の目的に之を活用し、即ち応用して始めて認め得るものである。この価値を認めると否とに依つて、又古文書の後代に伝はる過程に著しい相違が現れて来るものである（同書八・九頁）。

という。すなわち、氏はさきのⅠ本質的効力による伝来以外に「別種の価値を認めることができる」として、Ⅱ応用上の価値に依る古文書の伝来——これは、後の第三章の表題である——があるとする。その価値とは、氏は「文書そのものに書いてある文字若くは文章に依つて、種々の事柄を知る価値を、又その筆蹟に依つて観賞上の価値を、更に又、その料紙をとつても、物質上の価値を認めることができる」——これについては、後の第三章の第一節から第四節で詳しく述べられている——とする。

本質的効力による伝来の文書

応用的価値による伝来の文書

以上が、相田氏の前編「古文書の伝来」の第四章「古文書伝存の現状」を除く、氏の伝来論の概要であるが、非常にわかりにくかった。これは、氏の章建てによることが大きい(5)。もし、以上の私の理解が、氏の真意をそのまま伝えているとするならば、氏の「古文書伝来の素因」を私なりにまとめると、

Ⅰ本質的効力による伝来の文書
　A一時的効力の文書（当座の要件を伝えるに過ぎない文書）
　B永続的効力の文書（後日迄も保存の必要ありと認めて作り、且つ永く保存すべき文書）
　　a案文による伝来の文書
　　　(イ)文書布達の必要による場合
　　　(ロ)文書を使用する場合
　　　(ハ)文書を授受する場合　具書案
　　　(ニ)文書の控として保存する場合　重書案
　　　(ホ)紛失状と文書の案文
　　b正文による伝来の文書
　　　(ヘ)京都左京七条一坊十五町内の屋地の売券
　　　(ト)山内首藤家文書の譲状
　　　(チ)醍醐寺の報恩院の法流相承文書など
Ⅱ応用的価値による伝来の文書
　　　(リ)料紙の利用による伝来の文書
　　　(ヌ)墨蹟の尊重による伝来の文書
　　　(ル)典故の資料として活用による伝来の文書
　　　(ヲ)歴史の資料として活用による伝来の文書

ということになる(6)。これが、相田氏の『日本の古文書』、さらには従来の古文書学の「古文書の伝来」に関する基本となるものである。以下、これについて検討することにする。

第三項　相田二郎氏の古文書の「本質的効力」

文書の作成目的

以上で、相田氏の「古文書の伝来」については、その概略は確認できたと思う。ここで、改めて考えてみよう。さきに、本書の序章第二節第一項「古文書の特殊的性格」でみたことであるが、そもそも文書の作成目的——これはいうまでもなく文書の本質的効力であるが——は、たとえば仏像の作成目的が崇拝の対象であるのと同じく、「差出人から受取人へある意思の伝達」である。すなわち、文書は「伝達」を目的として「「かたち」をととのえて」作成されたものであって、文書の本質的効力といえばこの「伝達」という機能以外にはありえない。ここではっきり確認しておこう。「文書の本質的効力」というのは、その機能としては「差出人から受取人へある意思の伝達」である。そして、その具体的な存在形態としては、「「かたち」をととのえて作成された書面」である。これ以外には、「文書の本質的効力」ということはありえない。

文書の本質的効力

このように考えるならば、文書の本質的効力は、その「伝達」の終了とともに消滅する。相田氏は、これを、

一旦要件を伝へれば、即ち第一人者と第二人者との間にその授受が済めば、それで差支ないといふもの

(〔引用5〕)。

といい、「当座の要件を伝へるに過ぎない文書」(同前)としてまったく問題にしないが、実は、これが文書の「本質的効力」なのである。いうまでもなく、「「かたち」をととのえて」作成された書面そのものである[7]。

文書の特殊的性格

「差出人から受取人へある意思の伝達」がすめば、その文書の本質的効力は完了する。これが、従来の古文書学では完全に欠落していた文書の特殊的性格である。残るのは、その文書の記載内容だけである。すなわち、文書に「付随した効力」だけであって、個人的な書状のような一時的な内容の文書はその段階で廃棄される。これは、仏像がその作成目的＝本質的効力が消滅して、崇拝の対象でなくなったら、もはや木のかたまりや金属のかたまりにすぎず、廃棄されるのと同じである。文書のライフサイクルでいえば、現用段階の文書が終了したことになる。

ただし、文書にはその特殊的性格から、たとえば所領安堵の院宣・綸旨や御判御教書などのように、長く公験として用いられる内容のものもある。そして、相田氏は、これを「正文による伝来の文書」として、京都左京七条一坊十五町内の屋地の売券(東寺百合文書)をはじめとする手継券文・証文などをあげる。それだけではなく、

「後日の照合」としての働き

文書に「付随した効力」

文書作成の目的のすべて

厳密な意味の正文

氏は案文による伝来についても「本質的効力による文書の伝来」として、(イ)文書布達の必要による場合、(ロ)文書を使用する場合、(ハ)文書を授受する場合（具書案）、(ニ)文書の控として保存する場合（重書案）、(ホ)紛失状と文書の案文などをあげる。

たしかに、これら多くの文書は、公験その他として末長く大切に保存されることはまちがいがない。そして、これが文書伝来の重要な要因であるとしても、もはやそれは本質的効力によるものではなく、その文書の記載内容の「公験（証拠書類）などとしての効力」、もうすこしいうと「後日の照合」としての働きによるものである。早い話が、この段階では、たとえば書札様文書の場合には本紙・礼紙・封紙と三紙揃った――以下、本紙・礼紙・封紙というときには、「書札様文書の」を省略する場合が多い――完全な文書が必要ではない。必要なのは本紙だけである。それだけでも、この段階ではもはや「本質的」効力などといえないことがはっきりする。証拠書類だから、本紙一紙で十分である。したがって、これは、あくまでももとの「「かたち」をととのえて作成された」正文に「付随した効力」であって、文書の本質的効力は、正文として「伝達」という機能の終了とともに完了しているのである。残るのは、その文書に「付随した効力」だけである。

繰りかえしになるが、もうすこしいうと、文書の本質的効力・本質的機能といえば、その作成目的たる「差出人から受取人へある意思の伝達」以外にはありえない。この点が、従来の古文書学では完全に欠けていたもっとも重要な論点である。相田氏は、

> 一旦要件を伝へれば、即ち第一人者と第二人者との間にその授受が済めば、それで差支ないといふもの（［引用5］）。

といい、また「当座の要件を伝へるに過ぎない文書」（［引用5］）として簡単にすませてしまう。しかし、これが文書作成の目的のすべてであって、これ以外にはありえない。したがって、当然のことながら、「「かたち」をととのえて作成された」正文でなければはたしえない機能であって、案文では代行しえないものである。

それにもかかわらず、相田氏はa案文による伝来の文書、b正文による伝来の文書の両方をB永続的効力の文書すなわちI本質的効力による伝来の文書とする。ただ、このうちのb正文による伝来といっても、これは厳密な意味の正文ではない。厳密な意味の正文といえば、いまみたように、実際に伝達された本紙・礼紙・封紙の三紙が完全に揃ったものでなければならない。しかし、氏のいうb正文による伝来とは、はっきりいって正文のう

付随的効力にしかすぎない

ちの本紙一紙だけで十分で、礼紙・封紙は不要である。これは、たしかに正文の一部、「一紙片」ではあるが、厳密にその機能からいえば、案文とかわりはない。したがって、その効力は本質的効力ではなく付随的効力にしかすぎない。この点は、どうしても確認しておかなければならないことである。

文書の本質的効力の理解の相違

ここではっきりしたのは、文書の本質的効力の理解に関する相田氏と新しい古文書学との見解の決定的な相違である。新しい古文書学では、文書の作成目的たる「ある意思の伝達」を文書の本質的効力として、古文書研究の最重要課題と位置づける。それに対して、相田氏はこの文書の作成目的たる「ある意思の伝達」を「当座的効力」=「一時的効力」として問題にしない。これは、文書の特殊的性格を認めるか、まったく考慮しないかのちがいによるものであるが、新しい古文書学と相田氏のそれとのもっとも重要なちがいであって、文書の特殊的性格こそ文書の本質にせまる鍵というべきであろう。

以上、従来の古文書学とはまったくちがった考え方を述べたが、それを確認しておこう。文書の本質的効力とは、その作成目的以外にはありえない。「ある意思の伝達」である。したがって、相田氏がB永続的効力の文書をI本質的効力による伝来の文書としたのは、新しい古文書学とは完全にちがっている。文書の本質的効力=その作成目的は、「ある意思の伝達」とともに消滅するのである。したがって、これは次項の問題となるが、永続的効力の文書などというものはありえないのではなかろうか。

第四項　相田二郎氏の古文書の「永続的効力」

永続的効力の文書

さきに、本節第二項「相田二郎氏の伝来論の概要」でみたように、相田氏は文書のI本質上の働き=本質的効力がみられるのは、A一時的効力の文書と、B永続的効力の文書だとする。そして、A一時的効力の文書は、「当座の要件を伝へるに過ぎない文書」としてまったく問題にしない。代わって、B永続的効力の文書は、「後日迄も保存の必要ありと認めて作り、且つ永く保存すべき文書」（以上［引用5］）として、あたかもB永続的効力の文書がI本質的効力の文書であるかのような説明である。すなわち、氏はB永続的効力の文書をI本質的効力の文書の一部として、B永続的効力の文書=I本質的効力の文書と考えているといえる。そこで、氏のB永続的効力の文書、すなわち「後日迄も保存の必要ありと認めて作り、且つ永く保存すべき文書」についてすこし詳しく検討してみよう。

永続的効力の文書などというものはありえない

まず、問題となるのは、相田氏のようにＢ永続的効力の文書＝Ｉ本質的効力の文書とすることが適当なのかどうかである。この点については、前項ではっきり確認した。文書の本質的効力とは「ある意思の伝達」である。そして、これは「伝達」の終了とともに消滅する。それ故、Ｉ本質的効力の文書のうちのＢ永続的効力の文書などというものはありえないのである。Ｂ永続的効力の文書については、これで十分だと思うが、それを別の観点からもうすこし検討しておこう。

永続的効力を認めて作成する文書

⑴永続的効力を認めて作成する文書

さきにも引用した言葉だが、相田氏は、

> 授受の済んだ後も、必ず之を永く保存する必要を認めて作る。寧ろこの点に重きを置いて作るものがある（[引用5]）。

という。また、

> 後日迄も保存の必要ありと認めて作り、且つ永く保存すべき文書の力を永続的効力と呼ぶことができるであらう（[引用5]）。

とし、さらに、

> 以上説いた古文書の伝はる素因は、文書を作つたその目的を達する働きの上から生じたものである。即ち文書の本来の性質、文書の本質上の働きから後日に伝はることとなつたのである（[引用5]）。

一時的効力の文書と永続的効力の文書

ともいう。これらのことからしられることは、氏はあらかじめ永続的効力を期待して作成する文書があると考えているのである。これが、相田氏の伝来論の核になる考え方であって、文書の効力に関する現在の古文書学の通説である。そして、私自身も早くからこれにしたがって、多くの古文書学に関する論文では、文書を大きくＡ一時的（時限的）効力の文書、Ｂ永続的効力の文書の二つにわけて、それなりの説明をしてきた。

公験となる文書

たしかに、中世の所領安堵の院宣や御判御教書などは、あらかじめ公験となることを予定してか、公験となる文書としての書式・形状などがととのえられている。書体としては、意識して楷書体に近い行書体が多く用いられ、日付も年月日がきっちり揃った書下年号である。とくに、料紙についてみると、大きくて立派で長く保存にたえる料紙を用いている。Ｂ永続的効力を期待して作成された文書ともいえる。おそらく、相田氏はこの点に注

文字を書いた本紙一紙だけ

「後日迄も保存の必要ありと認めて作った」

「永続的効力の文書」などはありえない

目して「必ず之を永く保存する必要を認めて作る」としたのであろう[8]。

しかし、よく考えてみよう。これは、さきにもいったことだが、氏のいうB永続的効力＝本質的効力を発揮するのは、本紙・礼紙・封紙と三紙揃った完全な院宣や御判御教書ではなく、文字を書いた本紙一紙だけ、すなわち「本紙の一紙片」で足りる。必要な本紙だけを表具した巻物——その本紙も完全なものではなく天地左右も適当に切断して文字だけが読めればよいのだが——の文書がその代表である。これは、たんなる「本紙の一紙片」にしかすぎない。表現は悪いが、もはや「紙屑」であって、本来の「もの」としての完全な文書ではない。厳密に文書といった場合には、あくまでも本紙・礼紙・封紙と三紙揃った「「かたち」をととのえた」ものでなければならない。新しい中世古文書学の厳密な規定でいえば、古文書ではあるがもはや文書ではない。

はっきりいおう。私はこれまで公験になる院宣や御判御教書に、大きくて厚くて立派な料紙を用いるのは、「後日迄も保存の必要ありと認めて作った」からだと考え、そのように説明してきた。そして、これは現在の古文書学界の動かすべからざる常識でもある。もしそうであるならば、その後も、本紙・礼紙・封紙と三紙揃った完全な文書でなければならない。しかし、これらの文書でも、「伝達」という本質的効力の終了した後で、相田氏のいう「永続的効力」を発揮するのは、三紙揃った完全な文書ではなく、本紙一紙だけで、しかも信憑性が保証されれば案文でも問題はない。ということになれば、立派で長く保存にたえる料紙を使うというのは、「伝達」という「もの」としての文書の本質的効力のために必要なだけであって、一義的には「後日迄も保存の必要ありと認めて作った」ものではないということがはっきりする。

このように考えるならば、後ほど第二部第二章第一節「「文書概念の再検討」について」で詳しく触れるが、基本的には「後日迄も保存の必要ありと認めて作り、永く保存すべき文書」——相田氏や佐藤氏のいう「永続的効力の文書」——などというものはありえないのである。そして、さきに相田氏の「古文書伝来の素因」のまとめとしてあげた、B永続的効力の文書のa案文による伝来の文書、b正文による伝来の文書のいずれも、相田氏のいう意味での「後日迄も保存の必要ありと認めて作り、永く保存すべき文書」ではないということがはっきりしたと考える。すなわち、相田氏のいうB永続的効力の文書というのは、特別なものをのぞいて、そのすべてが「永続的効力を期待して作成した文書」ではなく、「伝達」というその本質的効力が終了した後に、「後日の照合」の必要のために集積された付随的効力の文書というべきではなかろうか。

統一的支配のための規範にしたがった文書

堂々として威厳のある文書

「公式令」
『弘安礼節』
「武家書札礼」

(2)統一的支配のための規範にしたがった文書

以上で、相田氏や佐藤氏のいうB永続的効力の文書についてはは十分だと思うが、もうすこし具体的に述べてみよう。後ほど、第三章第三節第二項(4)「武家様文書について」で取りあげるが、

(ヌ)宝徳二年(一四五〇)三月二九日　管領畠山持国下知状(東寺文書　聚英二九七号　写真4―8)

(ル)宝徳二年(一四五〇)三月二九日　管領畠山持国施行状(マ函八六号　写真4―9)(9)

の二通の文書がある。詳しい内容その他は、すべて後ほどの説明にまかせることにする。ただ、ここで確認したいのは、この二通の文書は、同一の内容について、同一の奉行人(執筆者)が、おそらく同時に書いたものと考えられる。しかし、その書式・形状すべてをとってみても、同じものはまったくみられない。ことに、その料紙についていうと、(ヌ)の管領下知状は、大型で厚い堂々とした第Ⅲ類(檀紙)を使っており、まさに「永く保存する必要を認めて作った」文書そのものである。これに対して、(ル)の管領施行状の料紙は、中世の公家・武家をとおして一般的な公文書によく使われたふつうの第Ⅳ類の料紙である。

ここでは、一例を(ヌ)(ル)の二通についてみてきたが、(ヌ)の管領下知状は「永く保存する必要を認めて作った」文書というよりは、室町幕府が、その統一的支配の必要のために定めた文書の規範――書式・形状――にしたがって、堂々として威厳のある文書として作成したものである。その中に「永く保存する必要を認めて作る」ということが考慮されていたとしても、それはあくまでも副次的なもので、基本的な文書作成の目的は室町幕府の最高の権威のある文書として、その規範にしたがったものというべきであろう。

早く律令制の確立期には、「公式令」が制定されて公文書の書式その他について細かく規定されている。中世の院政の確立期には、勅撰として『弘安礼節』が、また室町幕府の公武統一政権としての性格がはっきりした段階では、足利義満の命で「武家書札礼」が作られたといわれている。これほどはっきりしたものではなかったとしても、朝廷・幕府では、それぞれ文書作成の規範が定められていたと考えるのが当然であろう。それに則って作成されたのが、大型で厚い公験になる院宣や御判御教書であるといえよう。前にもいったが、私自身長い間、この相田氏の「永く保存する必要を認めて作った」文書ということにしたがって、中世文書を論じてきたが、それは一義的には、朝廷や幕府がその統一的支配実現のための公家あるいは武家の「書札礼」による文書と考えるのが適当であろう。

室町時代の御判御教書

なお、ここで一言しておかなければならないことがある。私は、これまで室町時代の御判御教書を一様に書札様文書として論じてきた。そして、それの書式・形状を規定したものを「武家書札礼」としてきた。しかし、さきに拙著『中世アーカイブズ学序説』で明らかにしたように、室町時代の御判御教書には、厳密に古文書学的にいうと、書札様文書の系統のものだけではなく、下文様文書の系統のものもある。それを含んだ上で、当時の用法にしたがって、書札様文書として論じていることを確認しておく。

「後日の照合」のために集積・保存されてきた文書

以上、またたいへん面倒なことをいってきたようだが、まちがっているとは思わない。相田氏が永続的効力の文書というのは、正文であろうと案文であろうと、必要なのは確実な記載内容＝文字情報だけである。そして、それは「後日の照合」――これには、当然のこととして公験としての役割が含まれるが――のためなのである。「伝達」という文書の本質的効力は完了して、それとはまったく別の「後日の照合」のために集積し、保存されているものである。すなわち、従来の古文書学で、永続的効力の文書＝本質的効力の文書といわれてきたものは、決して特別な文書でも何でもなく、実は「後日の照合」のために集積・保存されてきた文書であって、それは信憑性さえ保証されれば案文でも代用できる働き＝機能のものなのである。

その文書に「付随した効力」

このようにみてくると、相田氏のいうB永続的効力の文書というのは考えなおしてみる必要があるのではなかろうか。それは、新しい中世古文書学の表1―1「文書の伝来とそのライフサイクル・情報等」で、本質的効力が終了した後の付随的効力の文書に他ならない。はっきりいおう。相田氏のいう永続的効力また本質的効力は、永続的効力でもなければ、また本質的効力でもないといってまちがいではないと思う。「もの」としての文書の本質的効力が終了した後の、その文書に「付随した効力」にすぎないと考えるのである。

ここではっきりすることは、文書をいかに考えるかということである。ここでの相田氏のいう文書とは、文字資料としての文書すなわち歴史叙述の史料としての文書である。やはり、文書の本質をしるには、「もの」として文書を研究の対象とすることがどうしても必要なのではなかろうか。

第五項　相田二郎氏の古文書の「応用的価値」

文書の「応用的価値」

相田氏は、これまでみてきたI文書の本質的効力による伝来に対して、もう一つの「伝来の素因」として、II文書の応用的価値による伝来をあげる。そして、それには、

(リ)料紙の利用による場合
(ヌ)墨蹟の尊重による場合
(ル)典故の資料として活用による場合
(ヲ)歴史の資料として活用による場合

があるという。これは、表1―1「文書の伝来とそのライフサイクル・情報等」の非現用段階の文書であって、新しい古文書学では「応用的効力」とするものである。

応用的効力の文書

すでに、何度も述べたことであるが、文書は「ある意思の伝達」を目的として、「一かたち」をととのえた」正文として作成される。そして、この「伝達」という機能の終了とともに、その本質的効力は完了する。一般の文化的創造物はここで廃棄される。文書にも、この段階で廃棄されるものも一部にみられる。しかし文書は、公験その他の「後日の照合」という新しい機能がみいだされて、引きつづき利用される。従来の古文書学では、これが文書の永続的効力＝本質的効力だとして、ここに文書の最大の効力を認めてきた。しかし、これは本質的効力でも永続的効力でもなく、その文書に付随した付随的効力であることは前項で詳しくみた。

従来の古文書学の明らかな誤解

これは、一般の文化的創造物とはちがった、文書のみにみられるその特殊的性格によるものである。そして、これはもはやその文書に付随した効力であって、文書の本質的効力は「ある意思の伝達」とともに完了・消滅しているのである。それ故、ここに文書の本質的効力を認めるのは、従来の古文書学の根本的な問題点、明らかな誤解――先学にははなはだ失礼であるが、これを「誤解」といわせていただく――であるといわなければならない。そして、現在の古文書学にも大きな影響を与えているものであることをもう一度確認しておく。

この付随的効力の文書も、いつまでもつづくものではない。中世文書でいえば、太閤検地を境にして、従来の庄園制の崩壊、新しい近世の知行体系の確立とともに、その付随的効力も消滅する。この付随的効力の文書もふたたび「紙屑」と化するのである。したがって、この段階で廃棄されるものも多数みられる。ときどき、古い寺社の屏風や襖の「下張り」から、中世文書が発見されたことがマスコミで報道されるが、それはこの段階に廃棄されたものである。

しかし、このような大きな変動をくぐりぬけて保存された文書もある。東寺百合文書をはじめとする現存の中世文書である。ここでは、もはや付随的効力も失われている。しかし、新しい効力がみいだされる。それが相田氏のいう(リ)料紙の利用であり、また(ヌ)墨蹟の尊重による利用、(ル)典故の資料として活用、(ヲ)歴史の資料として活用である。これらはその応用的効力による利用である。

ここで問題は、相田氏はこれを「応用的価値」とするが、新しい古文書学では「応用的効力」とするというちがいがみられるのである。簡単にいえば、相田氏はⅠ文書の本質的効力は「効力」だが、Ⅱ文書の応用的価値による伝来は「価値」として、「価値」と「効力」を区別するのである。言葉の問題として「価値」と「効力」のちがいを詮索することに意味があるのかどうかわからないが、さきにも述べたように相田氏自身、「効力」といえば「働き」と規定する。この(ヲ)歴史の資料として活用などは、立派な「働き」であって、たんなる「価値」ではない。応用的効力とするのが適当であろう。

以上は、あくまでも文字情報だけを問題にした場合であるが、「もの」としての文書、アーカイブズとしての文書には、まだまだ未知ではあるがどのような「効力」が秘められているかわからない。すべては今後の課題であるが、これらを含めて、非現用文書に秘せられた働きは、たんなる「価値」ではなく、広く「応用的効力」とするのが適当であろう。

第三節　佐藤進一氏の「古文書の伝来」

以上、古文書の伝来に関して、相田二郎『日本の古文書』についてすこし詳しく検討してきた。しかし、現在広く一般に利用されて、ほぼ完全な定説になっているという点からすれば、佐藤進一『古文書学入門』をとりあげるべきである。相田氏の『日本の古文書』を前節のように整理すること自体、私にとってはたいへん難しいことであった。そして、佐藤氏の『古文書学入門』の第二章「古文書の伝来」の構成全体をわかりやすく説明するのは、相田氏と同様になかなか困難なことであるが、ともあれ氏の所論をみることにしよう。

まず、氏の第二章「古文書の伝来」の目次を示すと、

第一節　伝来の素因
　一　草案・土代
　二　案文

A法令・命令の布達
B訴訟の証拠文書
C所領の分割移転
D後日の控
E紛失状の作成
三　本質的効力による伝来
四　付随的応用的価値による伝来
A施政上その他の参考資料
B徴古資料
C紙の利用
D墨蹟の尊重

である。そして、つぎの第二節は「伝来の状態」で、正倉院文書他の現存の多数の文書についての現状を丹念に述べたものであるから、氏の古文書の伝来論としては、この第一節「伝来の素因」がすべてである。まず、第一節のいちばん最初の「書出し」を引用すると、

　古文書が今日まで伝えられて来た経路は種々様々であるが、いま、これを文書の作成される時間的順序に従って考えてみると、文書の草案・下書きとして作られたものが今日に伝わる場合と、実際に相手方に送られて所期の働きをなした文書の原文（これを正文という）そのものが伝わる場合と、さらに後日原本を写した控が伝わる場合とがあり、それぞれに伝来の素因を異にする。また文書の時間的効力を問題にすれば、元来、長期間の効力を有すべきものとして作成され、したがってそれ自身に伝来の力を備えたものと、一時的効力しか有しないものとがある。さらにかかる文書そのものの効力ではなくして、なんらか非本質的な価値が認められることによって、その文書が後に伝わる場合がある（同書一二三頁）。

という。ここには、大きく二つのことが述べられている。まず、㈠文書の種類別の伝来――氏はこれを「時間的順序」というが――としては、ⅰ草案・下書き、ⅱ正文、ⅲ案文があり、それぞれの形で伝来する。とくに、ⅲ案文については、それがどのような場合に作られて現在に伝えられるかというと、上記のA法令・命令の布達か

文書の効力による伝来

本質的効力による伝来

付随的応用的価値の文書

ら、Ｅ紛失状の作成までの五つの場合があったとする。この文書の種類別の伝来ということについては、基本的には問題はなかろう。ただ、一言するならば、これは「伝来の素因」としてではなく、はっきり「文書の種類」として独立して説明した方がわかりやすい問題である。

ついで、もう一つの問題として、㈡文書の効力による伝来がある。氏は、これを「時間的効力」というが、いうまでもなく文書の効力による伝来である。そして、三「本質的効力による伝来」の最初で、

文書伝来の素因を文書の時間的効力の点から考えるならば、大体一時的効力と永続的効力とにわけることができる。そして文書がその本質的効力によって伝来するのはもっぱら後者に属するものであって、前者すなわちその当座で用をはたした文書は多くそのまま廃棄されてしまう。それが後世に伝わる素因についてはつぎに述べることにして、いま永続的効力の点を問題にするならば、……（同書二一〇頁）。

という。これと、さきの文章を総合するならば、氏の㈡文書の効力による伝来は、

Ⅰ本質的効力による伝来

Ａ一時的効力の文書

当座で用をはたした文書は多くそのまま廃棄されてしまう。

Ｂ永続的効力の文書

長期間の効力を有すべきものとして作成され、したがってそれ自身に伝来の力を備えたもの。文書がその本質的効力によって伝来するのはもっぱら後者（永続的効力）に属する。

Ⅱ付随的応用的価値の文書

非本質的な価値が認められた文書。文書そのものの効力ではなくして、なんらか非本質的な価値が認められることによって、後に伝わることになった文書。

と整理することができよう。これは、私の不明によるものだと思うが、はなはだ難解な文章であった。早くから、何度読んでもよくわからなかったのだが、最近になって、どうやらこのように整理することができた。

これによると、Ⅱ応用的価値の文書（相田氏）とするか、Ⅱ付随的応用的価値の文書（佐藤氏）とするかのちがいがあるとはいえ、基本的な内容は相田・佐藤両氏はほとんど同じだといってよい。すなわち、文書の効力による伝来、ことにＢ永続的効力の文書に本質的効力を認める点では、両者の見解は完全に一致するといえる。そ

して、佐藤氏はこのB永続的効力の文書＝本質的効力によって伝来する文書の第一に、長期間法的な拘束力をもつ公文書として法令・命令・土地台帳・戸籍台帳などをあげる。また、その第二に土地財産に関する文書として、さきの東寺百合文書の京都左京七条一坊十五町内の屋地の売券などをあげる。

文書伝来の素因

それほどわかりやすい文章ではなかった

以上、佐藤氏の『古文書学入門』の第二章「古文書の伝来」の第一節「伝来の素因」をみてきた。この第一節は、わずか一五頁程度で、しかも個別具体的な説明をのぞくと、数頁の内容ということになるが、私にとっては、それほどわかりやすい文章ではなかった。誤解のないようにつとめたつもりだが、私の力不足で、氏の真意をそのまま伝ええたかというと自信はない。それはともかくとして、全体としては、相田氏をほぼ継承する考え方として誤りはないといえるのではなかろうか。

このようにみてくると、佐藤氏が文書の伝来として述べているのは、その第二節「伝来の状態」を別にするならば、第一節の表題にみられるように、文書の「伝来の素因」、すなわち文書伝来の要因——氏の言葉を借りるならば「古文書が今日まで伝えられて来た経路」——について、㈠文書の種類別の伝来、㈡文書の時間的効力による伝来の二つを述べただけである。しかし、文書の伝来といった場合には、たんに文書伝来の要因だけではなく、他に論ずべき課題が多数あるはずであるということはどうしても指摘しておかなければならない。

第四節　古文書の「本質的効力」とは何ぞや——従来の古文書学の根本的な問題点——

文書の「本質的効力」とは何か

以上、従来の古文書学の「古文書の伝来」について、相田二郎氏の『日本の古文書』と佐藤進一氏の『古文書学入門』の内容を私なりにまとめてみた。この両氏の伝来論をつうじて、最大の問題は文書の「本質的効力とは何ぞや」ということであろう。これは、たんに伝来論だけではなく、古文書学全体に関係するもっとも根本的で重要な問題だと考える。

文書の本質的効力とは「ある意思の伝達」以外にはありえない

文書とは、何度もいうことだがアーカイブズの一つとして「差出人から受取人にある意思の伝達を目的として「かたち」をととのえて作成された書面」であって、その「伝達」という機能が文書の本質的効力、すなわち本質的な働きである。これは、誰がみても、そしてどのような立場から古文書を論じようともまちがいがないこととして承認されることにちがいない。文書の本質的効力、すなわちその作成目的は「ある意思の伝達」以外にはありえない。
　しかし、わが国の近代的な古文書学を担ってきた相田・佐藤両氏は、かつて正文であったものの「一紙片」――書札様文書でいうならば、本紙・礼紙・封紙の三紙が揃って本来の文書であるが、その本紙一紙だけ――に、そしてまた文書布達の必要などのために作成した案文などに本質的効力をみいだして、それにもとづいて古文書学が論じられているのである。はたして、これでよいのだろうか。
　はっきりいうと、相田氏は――佐藤氏もほぼ同じなので、以下では相田氏ということで説明することにする――文書の本質的効力による伝来を永続的効力の文書にもとめる。そして、氏の永続的効力の文書というのは、さきにも引用したが「授受の済んだ後も、必ず之を永く保存する必要を認めて作る。寧ろこの点に重きを置いて作るものがある」「後日迄も保存の必要ありと認めて作り、且つ永く保存すべき文書の力を永続的効力と呼ぶことができるであらう」という。そして、さらに、「以上説いた古文書の伝はる素因は、文書を作つたその目的を達する働きの上から生じたものである。即ち文書の本来の性質、文書の本質上の働きから後日に伝はることとなつたのである」（以上［引用5］）とする。しかし、この点については、すでに第二節第四項「相田二郎氏の古文書の「永続的効力」」とその註で詳しく述べたように、氏のいうこの永続的効力の文書というのは、本紙・礼紙・封紙と三紙揃った厳密な意味の書札様文書ではない。ここで必要なのは、そのうちの本紙一紙だけであって、もとの正文の「一紙片」にすぎず、またそれに準ずる案文にすぎないのである。もはや、これは第一章第一節「新しい文書・古文書と古文書学」で規定したように、古文書ではあるとしても厳密な意味の文書ではない。当然のことながら、これは文書の本質的効力ではない。古文書としての付随的効力にしかすぎないのである。

従来の古文書学の根本的な誤解

　以上のように考えると、従来の古文書学には重大な問題、さらには根本的な誤解――ここでも誤解といわせていただく――があったことがわかる。すなわち、文書の本来の作成目的＝本質的効力たる「ある意思の伝達」が終わって、たんなる「一紙片」になったり、正文とは別に控えなどのために作成した案文を永続的効力の文書として、それに本質的効力を認め、文書として最大の「効力」をみいだしているのである。

その文書に付随した効力

　しかし、文書とは「差出人から受取人にある意思の伝達」のために作成したもので、それが文書の本質的効力であることは、実に明白な事実である。そして、公験などの働き＝機能は、その「伝達」という本質的効力が終了した後、改めてみいだされたもので、その文書に付随した効力である。それにもかかわらず、従来の古文書学

従来の伝来論は根本的な再検討が必要

では、これを永続的効力の文書として、それに本質的効力を認めるが、これはあくまでも付随的効力なのである。どうしても、従来の古文書学の誤りといわなければならないだろう。そして、これにもとづいて、伝来論が展開される。したがって、従来の伝来論自身、根本的な再検討が必要だと考えるのである。さらにその後、佐藤進一氏の機能論の提唱と結びついて「文書概念の再検討」という現在の古文書学あるいは史料論の最大の検討課題が提起されることになるが、この点については後ほど第二部第二章第一節「「文書概念の再検討」について」で詳しく検討する。

ここで、どうしても付言しておかなければならないのは、相田氏といえば、すでに詳しくみたように、「もの」としての文書を真剣に考えていた研究者である。私自身、現在の考え方に到達するには、相田氏から学んだことが非常に多い。その相田氏にして、公験などの本来は付随的効力の文書を永続的効力の文書として、広く本質的効力の文書とする誤りをおかしているのである。文字資料としての文書、歴史叙述のための史料という考え方の根強さと時代的制約の大きさを痛感するものである。

時代的制約の大きさ

このようなことをいうと、わが国の古文書学をここまで進めてきた相田・佐藤両氏に対しては、はなはだ失礼なことになって申し訳がないが、やはりこれは完全な誤りというべきではないのだろうか。きわめて初歩的で基本的な誤りである。どうみても、文書は「ある意思の伝達」を目的として作成されたのである。したがって、文書の本質的効力、本質的な働きといえば、「ある意思の伝達」であって、それ以外にはありえない。そのために、わざわざ「「かたち」をととのえて作成」されるのである。「「かたち」をととのえて作成」するということの重みをもう一度玩味してもらいたい。そして、これを外したら、古文書・古文書学は成立しえない。そして、これは古文書学の根本に関する問題だと考えるのである。

文書を「もの」とみるか文字資料とみるかの相違

以上述べてきたことは、現在の古文書学からすれば、まったく常識外れのこととして一蹴されるにちがいない。私自身、現在の古文書学の研究段階としては、そう簡単にうけいれられるなどと甘い考え方はしていない。これまでと同じく完全無視がよいところで、場合によっては「異端」として大きな反発は覚悟しなければならないだろう。そのよってきたるところは、文書を「もの」とみるか、文字資料とみるかの相違によるものであって、これは従来の古文書学の全体系に関係するものである。そしてまた、文書の特殊的性格を認めるかどうかという問題でもあるということだけは確認しておかなければならない。

伝来論の位置づけ

均衡と調和のある研究

伝来論とは何ぞや

「文書の一生」を論ずること

第五節　新しい伝来論のまとめ

以上で、従来の古文書学の「古文書の伝来」に関して、私のいいたいことはほぼ終わった。そこで、これにもとづいて、新しい中世古文書学の立場から、本章で述べたことを全体としてまとめておく。

まず第一に、本章の最大の課題は、「古文書の伝来」=伝来論をどのように位置づけるかということである。これまでの古文書学では、その研究分野としては、最近機能論が新しく問題提起されたのを別とすれば、「様式論」と伝来論の二つであった。それ以外は、研究分野としては、まったく取りあげられていない[10]。しかも、「様式論」を古文書学研究の「骨骼」とし、「文書の伝来」はわずかにその「脇役」「先払い」としての地位が与えられていたにすぎない。そして、「様式論」と伝来論=「古文書の伝来」の二つは、それぞれに独立した研究テーマであって、その間に古文書学として有機的な関係はまったくみられなかった。

これに対して、アーカイブズ学としての新しい中世古文書学の研究分野は、Ⅰ形態論・Ⅱ関係論・Ⅲ構造論・Ⅳ伝来論・Ⅴ機能論としている。この場合、様式論（形態論）や機能論だけが突出したり、伝来論が「様式論」の「脇役」や「先払い」であったりするのではなく、それぞれが独自の研究分野として均衡と調和を保って研究が進められるのが、本来の学問としての古文書学のあり方であろうと考える。

新しい中世古文書学として、伝来論を以上のように位置づけて、つぎに第二として、伝来論とは何ぞやということを規定しなければならない。従来の古文書学では、相田氏の『日本の古文書』にしても、佐藤氏の『古文書学入門』にしても、文書の伝来=伝来論は文書の「伝来の素因」を論ずるだけであった。すなわち、文書がいかにして現在に伝わったかというきわめて限定された論点だけが問題とされたにすぎなかった。

しかし、新しい中世古文書学は、「もの」としての文書のA作成・B伝達・C集積・D保存の諸過程を包括的に論ずる学問である。これは、「文書の一生」を論ずることであって、文書の伝来そのものであり、また文書史でもある。さきに掲げた表1―1「文書の伝来とそのライフサイクル・情報等」や表1―2「アーカイブズとしての文書とその情報」にみられるように、これら全体が文書の伝来そのものなのである。それ故、文書の伝来は、新しい古文書学の存在意義そのものであって、古文書学研究の「骨子」「骨格」だということができるのである。

古文書学とは伝来論そのもの

文書の本質的効力とは何ぞや

差出人から受取人へある意思の伝達

永続的効力による文書

かくして、文書の伝来ということについては、従来の古文書学では、わずかに「伝来の素因」をさぐるものにしかすぎなかったが、新しい古文書学では、古文書学とは伝来論そのものなのである。新しい中世古文書学と従来の古文書学の両者とでは、その出発点から根本的にちがっていることがはっきりする。

文書の伝来を以上のように考えるならば、つぎに第三として、文書の本質的効力とは何ぞや、文書の本質的効力をどのように理解するかという問題がある。これは、現在の古文書学・史料論全体に直接関係する根本的な問題である。そこで、前節「古文書の「本質的効力」とは何ぞや」として、わざわざ一節を立てて詳しく検討した。その結論だけをいうとつぎのようである。

文書の本質的効力といえば、文書の作成目的である。文書の作成目的といえば、いうまでもなく「差出人から受取人へある意思の伝達」である。これ以外にはありえない。そのためには、「「かたち」をととのえる」ことが必要となる。そして、「伝達」という機能の終了とともに、本質的効力は完全に消滅するのである。これは、従来の古文書学にまったく欠けていた論点である。しかし、文書はその特殊的性格の故に、本質的効力が終了しても廃棄されるのではなく、新たに付随的効力、さらには応用的効力がみいだされて集積・保存される。ここでは、以上の点だけを確認しておいて、詳しくはつぎの永続的効力についてで述べることにする。

いま触れた文書の本質的効力と関連して、第四として従来の古文書学のいわゆる永続的効力による文書なる理解も問題である。相田氏はＩ本質的効力の文書をＡ一時的効力の文書とＢ永続的効力の文書とするが、このようなことはありえないのではなかろうか。いまみたように文書の本質的効力は、「ある意思の伝達」とともに終了する。しかし、文書は「紙屑」になるのではなく、別の新しい効力がみいだされる。これが相田氏のいう永続的効力である。しかし、それは氏のいうように本質的効力としての永続的効力ではなく、本質的効力が完全に消滅した後の、その文書に付随した新しい効力＝付随的効力であり、文書の本質効力と直接関係するものではない。

これらの点については、前節「古文書の「本質的効力」とは何ぞや」で詳しく述べた。ただ、従来の古文書学では、いわゆる「永続的効力」の文書に本質的効力を認め、これを中心に古文書学が論じられてきた。これによって従来の古文書学の方向を大きく誤らせ、さらに佐藤進一氏の「文書と記録の間」の提唱の根底をなすもので、現在の中世史料論に大きな影響を与えていることだけは指摘しておかなければならない。

以上述べたことは、文書を「もの」としてみるか、文字資料としてとらえるかのちがいで、また文書の特殊的性格を認めるかどうかのちがいでもある。やはり、アーカイブズ学としての新しい古文書学と従来の古文書学とは、その基本的な観点に根本的な相違点があるといわなければならない。

文書の効力＝働き

　このようにみてくると第五として、文書の効力＝働きについても新しい古文書学と従来の古文書学では、これも決定的なちがいがあることがわかる。従来の古文書学では、さきに述べたように、Ⅰ本質的効力の文書（A一時的効力の文書、B永続的効力の文書）、Ⅱ応用的価値の文書――これは相田氏の分類である、佐藤氏の場合もこれと同じとして問題はない――とする。これに対して、新しい古文書学では、Ⅰ本質的効力の文書、Ⅱ付随的効力の文書、Ⅲ応用的効力の文書とする。これは、後ほど第四章「古文書の機能・機能論」で詳しく論ずることにして、問題点だけを指摘しておく。

新しい古文書学と従来の古文書学は根本的に相違

史料主義からの離脱・脱却

　以上、「文書の伝来」を中心に、従来の古文書学とアーカイブズ学としての新しい古文書学とのちがいをすこし細かく検討してみた。いうまでもなく、根本的な相違がみられる。というよりは、文書の作成目的＝本質的効力は「ある意思の伝達」であることは誰がみても明らかである。それを、従来の古文書学では、一時的効力の文書で、本質的効力の文書とは別であるとする。これは、端的にいえば、文書を文字資料＝歴史叙述の史料とみていることに起因するものである。「文書の本質的効力」一つをとってみても、従来の古文書学は抜本的に再検討の必要があると思うがいかがなものだろうか。これを一言でいうならば、従来の古文書学は、文書を文字資料とみて、その静態において個別的・並列的にとらえてきたといえる。簡単にいえば史料主義である。そして、新しい中世古文書学は、この史料主義からの離脱・脱却からはじまる。文書を「もの」としてみて、その動態において包括的・時系列的にとらえるといえる。根本的なちがいといってよいのではなかろうか。

註

（1）文書史といえば、後ほど引用する佐藤進一氏の「端的にいって、古文書学とは文書史である」（「引用9」）がまず頭にうかぶ。しかし、新しい古文書学の文書史と佐藤氏の文書史とはまったく別である。これについては、第四章第二節「「文書史」とは何ぞや」で詳しく述べる。

（2）以下で詳しく述べるように、相田氏の場合、前編第四章「古文書伝存の現状」の第一節第一項「御物の文書」以下の、現存の文書に関する説明はわかりやすい。しかし、同第一章「古文書伝来の素因」、ことに第二章「本質上の働きに依る古文書の伝来」の叙述はたいへんわかりにくい。私の不敏のいたすところであろうが、十分には理解できなかった。そのため、本書のこの第二章「古文書の伝来・伝来論」は、本当に何度もなんども書きかえて、やっと現在の理解に到達することができたのである。

（3） この二三通というのは、相田氏が、

延喜十二年から文応元年迄三百四十八年間に、二十三通の証文が作成されて次々に伝はつて来た（『日本の古文書　上』五八頁）。

としていることによった。

（4） はっきりいうと、私自身これによって長い間、氏の意図がどうなのか、混乱して整理がつかなかった。このように明確に第三節「永続的効力に依る古文書の伝来」として、京都左京七条一坊十五町内の屋地の売券などの正文をならべて説明されると、相田氏はこれら正文だけを「永続的効力に依る古文書の伝来」としているとうけとるのがふつうではなかろうか。しかし、最近になって、つぎに述べる「前項に記述した如く、文書の案文を作る動機は、……」という文章が第三節の冒頭にあることがわかって、氏の意図が了解できたのである。私の不明といえばそれまでだが、やはりこのような誤解のおこらないように整理した文章にしてほしいものである。

（5） 相田氏のこの「古文書の伝来」がわかりにくいのは、一つはその説明の仕方、すなわち章建てによるものでもある。そこで、以下の本文のまとめと重複する点もあるが、私なりにその章建てを考えるとつぎのようになろうか。

前編　古文書の伝来
　第一章　古文書伝来の素因
　第二章　本質上の働きに依る古文書の伝来
　　第一節　当座的効力に依る文書の伝来
　　第二節　永続的効力に依る文書の伝来
　　　第一項　案文に依る文書の伝来
　　　　第一　文書布達の必要に依る場合
　　　　第二　文書を使用する場合
　　　　第三　文書を授受する場合　具書案
　　　　第四　文書の控として保存する場合　重書案
　　　　第五　紛失状と文書の案文
　　　第二項　正文に依る文書の伝来
　　　　第一　手継券文の伝来
　　　　第二　証文の移動
第三章　応用上の価値に依る古文書の伝来

これだったら、ほぼ氏のいわんとするところ――もし、私の理解がまちがっていないとするならば――を表現しえたのではないかと思う。ただ、第二章第一節「当座的効力に依る文書の伝来」は重要な論点なのだが、氏の所論によるかぎりは、まったく不要の項目であるかもしれない。

（内容省略）

第四章　古文書伝存の現状

（内容省略）

（6）さきにもいったが、この「古文書の伝来」については、相田氏にしろ、つぎの佐藤氏にしろ非常にわかりにくい。相田氏の考え方をこのようにまとめるについては、私自身何度もこの文章を書きなおした。しかし、これで氏の考え方を正確に整理しえたかというと自信はない。あるいは異論がでるかもしれない。もし、異論がでるようならば、それは私の不明のいたすところだが、一端の責任は相田氏の文章にもあるといわざるをえないのではないかと考える。つぎに述べる佐藤進一氏の場合も同じであるが、この「古文書の伝来」についてはとにかくわかりにくい。古文書学とは、本来きわめて具体的な学問である。以下、たびたび確認するが、開かれたわかりやすいものであることが、切に望まれる。

（7）ここで注意しなければならないのは、新しい古文書学では、この「一旦要件を伝へれば、………」を「「かたち」をととのえて作成された」書面全体をさすものと考える。すなわち、「「かたち」をととのえて作成された」書面全体が、伝達の終了とともに、その「本質的効力」は完了するのである。しかし、相田氏のこの文章を読むと、そのうちの書状のように「差出人から受取人へある意思の伝達」がすめば完全に廃棄されるものだけをさしているようにも考えられる。そして、それ以外のものが、「永続的効力」の文書になるのである。同じく「一時的効力の文書」「当座的効力の文書」といっても、新しい古文書学と相田氏とでは具体的な内容がまったくちがっていることを確認しておかなければならない。

そして、相田氏の意図をいまみたように考えるとしても、文書の本質的効力とは「伝達」という作成目的だけであって、「伝達」の終了とともに、その本質的効力は消滅することはまちがいがない。これが、相田二郎・佐藤進一両氏の伝来論と新しい中世古文書学との決定的な相違点である。

（8）私自身、この相田氏の考え方にしたがって、早くからA時限的（一時的）な効力しか有しない文書、B永続的効力を有する文書の二つがあるとして、その書式・形状がちがっているといってきた。すこし具体的にいうと、東寺関係の文書には、南北朝初期の東寺と小槻家の備中国新見庄をめぐる相論に関して一二通の光厳上皇院宣がある。たしかに、B公験として永く保存されるべき院宣には、大きくて厚く立派な料紙を用いている。いっぽう、A簡単な一時的な連絡に用いられる院宣には、小さくて薄いありふれた料紙が用いられている。これについては、拙稿「公家文書の料紙の使い方――古文書の料紙について㈡――」（『古文書研究』二八号　一九八七年）で述べ、さらに拙著『中世日本の紙――アーカイブズ学としての料紙研究――』（日本史史料研究会　二〇一一年）の本論第四章第五節「光厳上皇院宣の料紙――文書の機能と料紙の使いわけ――」でそれを補訂しているが、ここではA時限的な効力の文書、B永続的な効力の文書としている。

また、拙稿「近世の領知判物・朱印状と公帖――室町時代の御判御教書との関連で――」（前記拙著『中世アーカイブズ学序説』の第三章として所収　初出は一九九〇年）においては、

足利将軍の初代尊氏・二代義詮および三代義満の前半期には下文・下知状の下文様文書も幕府の公文書として用いられ、恩賞給付・所領の安堵・訴訟の裁許などの永続的な効力を有する事柄はこれらの文書で伝達された。したがって、御判御教書は主として軍勢催促・感状・祈祷命令をはじめとする時限的な効力しか有しない一般的な手続文書として用いられた（同書一八八頁）。

として、ここでも相田氏にしたがって、御判御教書を大きくA時限的な効力しか有しない文書、B永続的効力を有する二種類の文書にわけてそれなりの説明をしてきた。しかし、今回、はたしてB永続的効力の文書というものがあるのかどうか考えてみようというのである。

（9）　ここにみえる(ヌ)・(ル)の符号、写真4―8・写真4―9の番号は、後ほど具体的に述べる第三章第三節第二項(4)「武家様文書について」のものである。また、後にいう「第Ⅲ類（檀紙）」などについても、詳しいことはそこをご覧いただきたい。

（10）　ただ、これは相田二郎『日本の古文書』と佐藤進一『古文書学入門』についてであって、伊木壽一『大日本史講座第十三巻　日本古文書学』（雄山閣　一九三〇年）、勝峯月渓『古文書学概論』（目黒書店　一九三〇年）、中村直勝『日本古文書学　上中下』（角川書店　一九七一～七七年）などでは、料紙・自署・花押・印章・字体などは十分に古文書学の課題として整理されたとはいえないが、それなりにとりあげられている。これら、多くの研究分野のうちでも、とくに封式の研究の貧弱なことが注目される。

第三章　古文書の様式・様式論

第一節　新しい古文書の様式・様式論

第一項　新しい様式論

古文書学即様式論

　これまで、わが国の古文書学の重要な研究分野としてとりあげられてきたのは古文書の様式・様式論である。すでにみたように、新しい古文書学では、もっとも重要な研究分野である伝来論などは、たんなる様式論の「お添え物」にしかすぎなかった。したがって、様式論は、重要な研究分野というよりは、古文書学即様式論というように、唯一の研究分野であったといってよいと思う。古文書学といえば古文書の様式が論じられるだけで、特別な場合をのぞいて他の分野はまったく触れられることはなかった。そして、各大学の古文書学といえば、様式論が講義されるだけで、他は問題にされなかったというような状態であった。

新しい古文書学の様式・様式論

　そうしたら、新しい中世古文書学としては、古文書の様式・様式論をどのように規定したらよいのであろうか。さきに述べたが、表1―1「文書の伝来とそのライフサイクル・情報等」と、とくに表1―2「アーカイブズとしての文書とその情報」にみられるように、「個」としての文書の形態（「かたち」）の具体的表現が様式であって、その書式・形状（すがた）を同じくするものを一つの様式と考えることができよう。したがって、A文字情報としての(a)書式論と、B非文字情報としての(2)料紙論・(3)封式論・(4)署名（花押）論・(5)筆跡論・(6)書体論・(7)紙面の飾り方などの(b)形状論を含めた全体の研究分野を様式論というのが適当であろう。

非常に広汎な研究分野

　このように、新しいアーカイブズ学としての中世古文書学の研究分野は非常に広汎なものである。これまでの古文書学のように、文書に書かれた文字情報だけを対象とするという狭い範囲のものではない。動態としての文書のA作成・B伝達・C集積・D保存という全過程を対象とする学問である。これを別の言葉でいえば、「個」としての文書、「群」としての文書、「層」としての文書の三相を総体として研究するという非常に規模壮大なものである。そして、「個」としての文書に関しては形態論、また「群」としての文書に関しては関係論、「層」としての文書に関しては構造論が、それぞれの研究分野としてあげられる。しかし、これまでの古文書学が、「様式論」に「特化」していたという関係から、「群」としての文書に関する関係論、「層」としての文書に関する構造論についての研究は、まったくといってよいほどおこなわれていなかった。したがって、これに関する蓄積などは皆無といってよく、すべては今後の研究にまかさざるをえない。

このうちで、「個」としての文書の研究は、その「かたち」の研究であって形態論というのが適当である。そして、この新しい研究分野としての形態論には、静態としての文書の研究と、動態としての文書の研究があるが、静態における研究が新しい様式論である。様式論についても、これまでの「様式論」といえば、「個」としての文書の「かたち」などという観点はまったくなく、文書をたんに文字資料、歴史叙述の史料として、もっぱら文字情報＝書式のみが「様式論」として論じられてきたにすぎない。しかし、新しい様式論は、文字情報＝書式だけではなく、その「形状（すがた）」も含めた広汎なものである。そして、この様式の研究は、動態として「個」としての文書の作成とも密接に関連する——これが形態論である——が、現在では作成・伝達の過程を含めて形態そのものを論ずることができるような段階ではないので、ここでは静態としての様式・様式論を中心に述べるのが精一杯である。

第二項　新しい様式論の情報

以上で、新しい古文書学としての様式論については、ほぼご理解をいただけたかと思う。ここで、「個」としての文書の「かたち」＝形態に関してその様式論として検討すべき情報を具体的にあげるとつぎのようになる。これについては、表1—2「アーカイブズとしての文書とその情報」も参照していただきたい。

A文字情報（a）書式論（「様式論」）

(1)書式

a文書の書き方・構成（ⅰ書出し　ⅱ本文　ⅲ書止め　ⅳ日付　ⅴ差出書　ⅵ位署書　ⅶ宛書）

文字情報

非文字情報

b文体（i漢文体　ii候文　iiiかな文）

c用語など

B非文字情報（(b)形状論（すがた））

(2)料紙

a料紙の種類（紙質）

b料紙の形状（i竪紙　ii折紙　iii続紙など）

c料紙の大きさ・厚さ

(3)封式（料紙の構成　折りたたみ方　封の仕方など）

a基本の封式（i正式の封式　ii略式の封式　iii竪ノ中折封）

bそれ以外の封式

(4)署名・花押（i自署　ii草名　iii花押　iv印章）とその署名の仕方

(5)筆跡・墨色

(6)書体（i楷書体　ii行書体　iii草書体　ivかな文字）

(7)紙面の飾り方

これが、新しい様式論としてとりあげなければならない具体的な研究内容である。その細かい点については、なかなか十分には説明しきれないと思うが、ごく概略だけを述べておく。

まず、「個」としての文書のもつ情報の様式に関するものとしては、大きくA文字情報とB非文字情報の二つにわけられる。A文字情報というのは、従来「様式論」とよばれていた研究分野で、簡単にいえば現文書――「もの」としての文書――による必要はなく、影写本や刊本でも研究が可能な分野をいうことにする。具体的には、A文字情報の(1)書式で、それにはa文書の書き方・構成、b文体、c用語などが含まれており、研究分野としては(a)書式論といったらよいと思う。

つぎに、B非文字情報というのは、直接現文書――「もの」としての文書――によらなければ、しることのできない情報で、これを全体として形状（すがた）とよぶことにする。(2)料紙以下の各項目については、十分ではないが、本書の後編にあたる拙著『新しい中世古文書学――アーカイブズとしての古文書――　各論編』の各章

文字情報・非文字情報を含むすべての情報

「個」としての文書の形態論

新しい様式論

の叙述にまかせることとするが、一つだけ注意しておきたいのは、(6)書体である。これは、文字に関する情報であるが、刊本ではしることができず、最低影写本によらざるをえないということでB非文字情報に含めた。ともあれ、これまで「様式論」として論じられてきたのは、A文字情報に関するものだけであった。それ以外に、まだまだどのような貴重な情報がえられるのかまったく未知ではあるが、広汎なB非文字情報が研究を待っているということだけはまちがいはない。

以上、「個」としての文書の静態におけるA文字情報・B非文字情報を含むすべての情報が、新しい古文書学の様式を構成する要素である。したがって、従来「様式論」といえば、A文字情報、すなわち(a)書式論だけが研究の対象にすぎなかったが、それだけではなく、文書のB非文字情報、すなわち「すがた」=(b)形状論の(2)料紙論、(3)封式論、(4)署名（花押）論、(5)筆跡論、(6)書体論、(7)紙面の飾り方などの全体を総合的に研究するのが新しい古文書学の様式論である。

改めて確認するが、「個」としての文書、「群」としての文書、「層」としての文書の三相の文書を総体として研究の対象とするのが新しい古文書学である。この場合、その基本あるいは出発点となるのは「個」としての文書である。これを除いては古文書の研究など成立しえない。そして、この「個」としての文書の形態論の研究の中核になるのは新しい様式論である。

最近の古文書学界をみていると、もはや様式論は陳腐だといわんばかりに、やれ機能論だのやれ文書体系論だのという文字情報のみを対象とした言葉がみうけられる。しかし、新しいというか、本来の様式論は、従来のように文字情報=書式だけを論ずるものではない。A文字情報（書式）・B非文字情報（形状）を含めた新しい様式論は、依然新しい古文書学にとってその基本というか、その出発点になる研究分野であって、とくにB非文字情報の研究は今後本格的にとりくむべき重要な課題だということを確認しておきたい。もうすこしいうならば、新しい中世古文書学は、従来の様式論研究の基礎の上に、大きく視野を拡げて成立したもので、長い様式論研究の成果があったからこそ、それを発展的に吸収しえたのだといわなければならない。

以上、新しいアーカイブズ学としての中世古文書学の様式・様式論の規定、その位置づけがはっきりしたと考える。この点を確認した上で、次節以下で古文書の様式・様式論についてさらに詳しく述べることにする。

第二節　従来の古文書の「様式・様式論」

第一項　「様式論」中心の古文書学

すでにたびたび述べたことであるが、従来の中世古文書学研究では、古文書学といえば「様式論」で、古文書学即「様式論」というような状態であった。これについては、佐藤進一氏の的確な指摘がある。氏は同『古文書学入門』の最初に「古文書研究の歴史」を述べて、

〔引用6〕　しかし概していえば、これまでの古文書学は様式論中心であって、古文書の機能とか分布状態とかの問題はまだあまり研究されていない。また古文書学における形態論とよばれる部門、すなわち古文書の紙・書風・文字・文章・花押・印章など個々の要素についても、相田二郎の印章の研究を除けば、ほとんどまだ本格的な研究は現われていない。さらに重要なことは従来の古文書学が対象としたものの多くが古代と中世とくに中世文書に限られたという点であって、この点からいえば、従来の古文書学は中世古文書学だったといって過言ではない。江戸時代以降の厖大な古文書はほとんどその研究対象からはずされてきた。これでは完全な意味では日本古文書学ではない（同書八頁）。

という。ここに「これまでの古文書学」の問題点がほぼ出揃っているのだが、佐藤氏はまず「これまでの古文書学は様式論中心であった」という。そして、「古文書の機能とか分布状態とかの問題はまだあまり研究されていない」、さらに「形態論とよばれる部門も、………まだ本格的な研究は現われていない」としている。これまでの古文書学の問題点として、はっきり「様式論中心」であったといっている。そして、これは「これまでの古文書学」の問題点であるだけではなく、氏の著書の旧版本刊行以後、ほぼ半世紀たった現在でもまったく同じ状態である。

そもそも、古文書の様式・様式論は、はやく黒板勝美氏が、本格的なわが国古文書学の出発点ともなった同「日本古文書様式論」（同『虚心文集　第六』（吉川弘文館　一九四〇年））において、

古文書の骨子たる様式（同書九頁）。

徹底した古文書の様式分類

といい、また、

蓋し様式は古文書に於ける骨骼にして、様式論は内的研究の中心たり（同書二一頁）。

としたのにはじまる。[1]

ついで、相田二郎氏は同『日本の古文書』において、徹底してわが国の古文書の様式分類をおこなった。現在でも、さらにおそらく今後も、これをこえる様式分類は望みうべくもないであろう。私も、現在でも細かい文書の様式・形式については、氏の著書のお世話になっているというのが実情である。ただし、相田氏は「様式」という言葉はほとんどまったくといってもよいほど使っていない。氏が古文書の様式を論じたのはその「中編」で、「古文書の形様」であって、「古文書の様式」ではない。この点については、次項(1)「相田二郎氏の「様式論」の定義」ですこし詳しく触れる。

この相田氏の古文書学をうけついで、それをわかりやすく、われわれの身近なものとして紹介をしたのが佐藤進一氏の『古文書学入門』である。ここでは、その中心課題たる第三章「古文書の様式」の冒頭で、「古文書の様式」についてつぎのように述べる。

［引用7］　これより古文書の様式の説明に入るわけであるが、総じて古文書の様式というのは古文書の形状・骨組のことである。そして本来文書というものは、差出者と受取者との政治的ないし社会経済的な関係によって、また地域により年代によって千差万別の働きをするものであるが、その働き＝効力は一般に文書の表面に表わされる。その場合、個々の文書における具体的な用件ではなくして、その用件を成立させる条件としての上記のような諸関係を文面に表わすところのもの、これが文書の形状であり様式である。つまり文書の様式を正確に理解することは、その文書の働きを正しく理解する途であるといえる。すなわち一般に古文書学の様式論とよばれるものの意義は、このように古文書の効力という古文書学における中心的問題を理解するための前提である点にある。一般に考えられるように、様式論の知識を真偽鑑定の武器として用いることは、そもそも様式論本来の意義をはなれた副次的効果といってよい。

さて、古文書の様式を総合的・概括的にどのように把握するかは困難な問題であって、差出者・受取者間の上下関係を中心として、すなわち上から下に出す文書、下から上に出す文書というふうにわける見方もあり（これは中国の法制に由来する）、また公文書と私文書にわける見方もある（これは西欧の古文書学の影響による）が、前者は文書様式の時代的な特徴を無視する嫌いがあり、後者は、例えば中世の幕府文書のように初めは私的な者の発する文書であっても、差出者が政治的支配者の地位に立つこととなった結果、同じ様式の文書が公的性格を帯びてくる場合を十分統一的に説明し難い難点がある。すなわち、これらはいずれも歴史の発展にともなっていろいろの変化をとげた古文書の様式の歴史的性格をとらえ得ないと思われる。そこで古文書の様式の歴史的発達という点に着目して、㈠公式様、㈡公家様、㈢武家様という三段の様式変化を考え、時代の推移にもかかわらず比較的変化発展の乏しかった非政治的な文書を別に㈣上申文書、㈤証文、㈥帳簿類と三大別して、合わせて六様式に分かつのが適当である。本書では、紙数の都合もあって㈠から㈤までを概略説明するにとどめる（同書五三・五四頁）。

古文書の形状・骨組のこと

古文書学における中心的問題を理解するための前提

すこし引用が長くなったが、後の叙述との関係もあって、氏の第三章「古文書の様式」の最初の文章の前半三分の二ほどをそのまま引用した。すなわち、氏は様式というのは「古文書の形状・骨組のことである」といい、「様式論」は「古文書学における中心的問題を理解するための前提」であるとして、その後約二五〇頁にわたって古文書の様式とその関連事項を詳しく論じているのである。そして、これを引きつぐ新しい中世古文書学はまったくないままに現在におよんでいるというのが実情である。

第二項　明確な定義抜きの「様式論」

明確な定義抜きの「様式論」

以上、ごく簡単に現在の古文書学研究における様式論について眺めてみた。黒板勝美・相田二郎・佐藤進一の三氏の古文書学は一般に様式論といわれ、それが完全に様式論中心として定着しているのが現状である。これについては、私は観点をかえて、現在の伝来論は様式論のたんなる「脇役」にしかすぎないといった。しかし、この従来の様式論については論ずべき点は多々ある。不思議なことに、黒板氏はともかくとして、相田・佐藤両氏ともに、もっとも重要な「古文書の様式とは」「様式とは何ぞや」ということを真正面から端的に定義しないまま――もちろん、いま［引用7］でみたように、様式に関する細かい説明はあるが――、個々の文書の様式・形式が論じられているのである。以下、その模様をすこし詳しくみてみよう。

「自らの意図を明確に語らない人」

外的研究と内的研究がある

「様式は古文書に於ける骨骼」

内的研究の「書式の型」に限定

「様式」ではなく「形様」

(1)相田二郎氏の「様式論」の定義――「自らの意図を明瞭に語らない人」――

わが国の近代的な本格的な古文書学の確立者といわれ、また様式論の最初の提唱者でもある黒板勝美氏の前記『日本古文書様式論』は、わが国古文書学の原点ともいうべきものであって、氏は文書を「もの」とみて、古文書学の研究分野に外的研究と内的研究があるという。まさに文書の本質をついた指摘である。そして、様式・様式論については、さきにも触れたが、

蓋し様式は古文書に於ける骨骼にして、様式論は内的研究の中心たり（同書二一頁）。

という。たしかに、従来は「様式は古文書に於ける骨骼」であるといわれてきたことはまちがいはない。そして、文書の様式といえば、外的研究・内的研究を含めた文書の「かたち」全体が研究の対象となるべきである。それでこそ「文書の様式」である。しかし氏は、せっかく古文書学の研究分野に外的研究と内的研究があるということを指摘しながら、「様式論は内的研究の中心たり」として、内的研究に限定してしまう。そして、様式の具体的な説明としては、「古文書の雛形に於ける方式」といい、また「書式の型」という。簡単にいえば、「もの」としての文書全体の「骨格」たるべき様式を、内的研究の「書式の型」に限定してしまったのである。これが、今後の様式論の性格を大きく規定することになる。

黒板氏をついで、本格的に様式論を確立したのは相田二郎氏である。たしかに、相田氏はその著書『日本の古文書　上』の中編「古文書の形様」で、約四六〇頁にわたって公式様文書・平安時代以来の公文書・書札様文書をはじめ印判状その他について、実に精細に具体的に述べている。しかし、相田氏の場合、その表題の中編「古文書の形様」にみられるように「様式」ではなく「形様」である。一般には相田氏といえば様式論、様式論といえばまず相田氏といわれている。それを、「古文書の様式」を詳述した中編の表題が「古文書の形様」である。これまでまったく問題になっていないが、これについては、まず第一にどうしても明確な説明のほしい問題である。しかも、老耄のため、あるいは見落としがあるかもしれないが、一〇〇〇頁近い浩瀚な『日本の古文書　上』で、「形様」はこの中編の表題だけで他にはみられないのではなかろうか[2]。また、「様式」なる言葉も、全巻をつうじて何度かみられる程度ではなかろうか[3]。

したがって、当然「様式とは何ぞや」という明確な定義はみられない。まして、「形様」については、まったく不明である。もっともしりたいのは、相田氏が『日本の古文書　上』の中編の表題を「古文書の形様」とした

ことである。したがって、「形様」と「様式」とはどうちがうのかということだが、それについてはいっさい説明がない。こういえば、世の学者からは、それなりの解釈が提示されるかもしれない。しかし、それはあくまでもその人の解釈であって、別の解釈も可能である。相田氏自身が明確に定義されるべき問題だと考える。これが学問というものであろう。古文書の「形様」とは何ぞや、「様式」とは何ぞやということに関する端的で明確な定義がみられないまま、『日本の古文書』では、「形様」が語られ、「様式」が論じられているのである。はっきりいうならば、わが国の様式論の確立者たる相田氏は、「様式とは何ぞや」という根本命題を端的で明確に定義しないまま様式論を講じているということになる。これでは、様式論だけではなく、古文書学全体がわかりにくく近よりがたい学問となるのはやむをえないことといえよう。

これについては、すこし付言すべきことがある。もう三〇年以上も前に読んだものだが、なるほどそうだったのかということで記憶に残っていた彌永貞三氏の言葉に、

著者が「古文書学」といわずに単に「古文書」という表題を掲げた意図は「古文書学全般について記述する余裕はないから、（中略）およそ古文書とはいかなるものであるか、その複雑した性質の片鱗を紹介する」（一六頁）という著者自らの言葉によって察せられるであろう。もちろん著者は、古文書学の体系や理論に関心がなかったのではない。というより、自らの古文書学の体系を樹立することを人一倍心懸けた人であったと思われるが、具体的な箇別研究を踏まえることなくして体系を語っても、意味がないと考えて居られたように見える。おそらくそのため、古文書学の理論や体系について、ありきたりのことを物語らないという態度をとって居られたように思えるのである。著者は平素から不言実行型で、自らの意図を明瞭に語らない人であったが、その片鱗のようなものが著者の口の端に上ったころには、既に実行に移され、いつの間にか実現していた、ということは著者に接した者がしばしば経験したことであった[4]。

がある。

これに関して、もうすこし詳しく説明すると、戦前版の『岩波講座　日本歴史』の一冊に相田二郎『古文書』（一九三四年）がある。これが、後の『日本の古文書』のもとになったものである。それを前記『日本古文書学の諸問題　相田二郎著作集1』に収録するについて、彌永貞三氏が執筆した「解説」の文章である。この間の事情をしるため、すこし長くなるが彌永氏の言葉をさらに引用すると、

相田氏の人となり

私事にわたるが、筆者が著者の古文書学の講義を聞くようになったのは、本書が公刊された翌々年度のことである。必須単位となっていた為めでもあろうが、聴講者は三十人を越していたと思う。著者は古文書に関する多くの参考書を列挙されたのち、「これは杜撰なものですが」といって、聴講者に一部づつ本書を配布された。大学の先生とはこういうものかと、大変恐縮して頂戴したのを思い出す。そのためか、筆者も学生時代に本書を二、三回繰り返して読んだが、その時は面白いが難かしいといった程度のことしか理解できなかったように思う。このたびあらためて読みなおす機会を得たが、余りにも充実した内容に驚歎するほかない。本書の叙述は、多くあの尨大な『日本の古文書』に吸収されているが、或る意味ではそれ以上に相田古文書学の真髄が直接読者に伝わってくるのを覚えるのである（同書四五一・四五三頁）。

という。これで、だいたい相田氏の人となりがわかったのではないのだろうか。

「様式とは何ぞや」ということを真正面から規定しなかった

　私は早くから、相田氏の『日本の古文書』なる書名にひっかかっていた。なぜ、『日本の古文書』で、たとえば『日本古文書学』あるいは『日本古文書学の研究』などではないのだろうかと。これは、戦前版が『古文書』――これにも何となく違和感を感じていた――で、『古文書学』としなかったのと同じで、相田氏の非常に慎重な人柄によるものであることをはじめてしった。公式様文書・平安時代以来の公文書・書札様文書の個々の説明は細微にわたっているが、相田氏がついに「形様とは何ぞや」「様式とは何ぞや」ということを真正面から規定しなかったのは、実は「具体的な箇別研究を踏まえることなくして体系を語っても、意味がないと考え」「自らの意図を明瞭に語らない」非常に学問にきびしい人柄によるものであったといえよう。そして、「具体的な箇別研究」をおこなったのが『日本の古文書』で、古文書学として「体系を語る」のは氏のつぎの課題であったのである。

学問に対する謙虚なしかもきびしい態度

　これによって、相田氏のいかにも学問に対する謙虚なしかもきびしい態度がうかがわれる。それは、『日本の古文書』全体ににじみでて、われわれが直接感ずるところである。『日本の古文書』を手にするごとに、姿勢を正して学問のきびしさを実感させられるのは、私一人だけではないだろう。しかし、学問の問題として冷静に考えた場合、これでよいのだろうかという疑問をどうしてもぬぐうことができない。さきにみたように、相田氏の場合、古文書・古文書学についてはそれなりに氏の見解を示しているのである。それにもかかわらず、氏が「形様とは何ぞや」「様式とは何ぞや」を端的に明確に規定しなかったのは、わが国古文書学の大きなというよりは、決定的な体質の問題としてはっきりさせておかなければならない。

佐藤進一氏の「様式論」

⑵佐藤進一氏の「様式論」の定義

つぎに、佐藤進一氏の『古文書学入門』についてみてみよう。氏は、この書の第三章「古文書の様式」において、約二五〇頁にわたって公式様文書・公家様文書・武家様文書・上申書文書・証文類・帳簿類のそれぞれについて詳しく述べている。これに関しては、まず同書第三章の表題は「古文書の様式」である。これは、氏が同書の主要部分たる第三章で様式を論じている何よりの証拠である。さらに、

　そこで古文書の様式の歴史的発達という点に着目して、㈠公式様、㈡公家様、㈢武家様という三段の様式変化を考え〔引用7〕、

といっている。佐藤氏は、まちがいなく公式様文書・公家様文書・武家様文書を様式として論じているのである。

端的で明快な説明はない

そこで、佐藤氏の様式・様式論に対する説明をみると、第三章「古文書の様式」の冒頭で、さきに〔引用7〕として掲げた長い詳しい説明がおこなわれる。ここには、「様式」「様式論」という言葉はいくつかみられるが、残念ながらこれで「様式とは何ぞや」「様式論とは何ぞや」が端的に明快に説明されているとはいえない。相田氏の場合には、まったく「様式」に関する説明はなかった。それに対して、佐藤氏は〔引用7〕にみられるようにそれなりに詳しい説明はおこなわれる。しかし、一言で「様式とは何ぞや」が語られていないのも事実である。(5)

こういうと、早速一部の人からは、かならずこの『古文書学入門』を読めばわかるはずだという反論が提起されるであろう。しかし、歴史学の研究者が片手間に古文書学の講義を担当しているという「現状」で、自信をもって学生に「様式とは何ぞや」を講義できる人はそれ程はいないと思う。かくして、佐藤氏の場合も「様式とは何ぞや」という端的で明快な定義がなされていないということだけははっきりさせておかなければならない。

「発給主体別の分類を意識的に採用している」

ここで、すこし横道にそれるが、どうしても確認しておきたいことがある。後ほど第二部第三章第一節「政治体制論・国家論を意図した発給者別分類なのか」で詳しく述べるが、最近富田正弘氏は、この佐藤氏の分類について、「佐藤氏は発給主体別に文書をグループ分けすることを優先させた」とか、「発給主体別の分類を意識的に採用している」などといっている。たしかに公家様文書・武家様文書は発給者別の分類であるが、それは『古文書学入門』が刊行されてから後になってはっきりしたことで、佐藤氏の執筆段階では「意識的に」公式様文書・

「様式とは何ぞや」をわかりやすく明快に定義しているとはいえない

深遠で神秘的なベールにつつまれた近づきがたい存在

わが国古文書学の抜きがたい体質

公家様文書・武家様文書を様式分類として論じているのはまちがいない。佐藤氏が「発給主体別の分類を意識的に採用」しておきながら、同書第三章の表題を「古文書の様式」とし、「そこで古文書の様式の歴史的発達という点に着目して……」などというはずはない。まったく根拠のない、ためにするロジックだということだけははっきりさせておきたい。そして、このような見えすいた技巧を弄すること自身、これまでみてきたように学問にきわめて厳密でまた謙虚な相田氏や佐藤氏の古文書学を冒涜するものであるということも確認しておかなければならない。

⑶明確で開かれた古文書学を

以上、様式・様式論の定義という点に限定して、黒板氏以来のわが国の古文書学をながめてきた。黒板氏の場合についてはともかくとして、現在のわが国の様式論の確立者といわれる相田氏の『日本の古文書』にしても、また佐藤氏の『古文書学入門』にしても、「様式とは何ぞや」をわかりやすく明快に定義しているとはいえない(6)。相田氏の学問に対するきびしさについてはすでに彌永氏の言葉として触れたが、佐藤氏も同じである。氏も、相田氏と同じく、学問には人一倍きびしい方だと私は理解している。その両氏にして、様式・様式論については上記の程度のことしかいえないのである。かくして、一般に様式論といわれる相田・佐藤の両氏ともに、それほど厳密に「様式とは何ぞや」を定義せず——失礼だが、定義できないままといったのが適当かもしれないが——、様式を論じてきたといえるのではなかろうか。したがって、多くの大学の日本史学科では、「様式とは何ぞや」というもっとも重要なことを端的に明快に定義することなく、様式論として公式様文書・公家様文書・武家様文書が講義されているということになるのではないのだろうか。これでは、古文書学の問題が本格的に議論にならず、何かしら深遠で神秘的なベールにつつまれた近づきがたい存在として、「敬して遠ざけ」られてきたのは無理からぬことといわねばならない。

ともあれ、わが国の近代的な古文書学の発展には、非常に慎重で学問にきびしい相田・佐藤両氏の大きな貢献を抜きにして語ることはできない。両氏の真摯な研究・著作があったからこそ、現在の精細な古文書学が成立しえたのである。しかしそれ故に、両氏のすぐれた学識と学問に対するきびしさと謙虚さの余り、「自らの意図を明瞭に語らない」という一種近よりがたい神秘性とでもいうべき影を落とし、それがわが国古文書学の根本的な抜きがたい体質となったことも事実である。その貴重な「具体的な箇別研究」という基礎の上にたって、今後は「自らの意図を大胆明瞭に語って」、重要なことは一つひとつ明確に確認しつつ、大きく開かれた議論をして、ぼつぼつ古文書学の本格的な体系化をめざす時期ではないのだろうか。そのためには、「良賈は深く蔵して虚しきが如し」式の深遠で神秘的なベールにつつまれた古文書学ではなく、明快でわかりやすい開かれた古文書学を目ざそうではないか。私は、それは新しいアーカイブズ学としての古文書学以外にはありえないと考えている。

(4) 「様式論中心」から「様式論に特化」

ここまで論じてきて、最後にどうしても確認しておかなければならないことがある。現在の古文書学は、よく様式論中心・様式論一辺倒だといわれる。それを象徴する言葉として、現在の古文書学は「様式論に特化している」というのがある。これについては、富田正弘氏が、

[引用8] 黒板は古文書料紙論の方法と目的を明確に指摘しているにもかかわらず、他方で、原本調査の困難さを指摘し、原本調査ができない場合は、写真の画像、写真が無理なら影写本で満足しなければならないとする。そうなると、外的研究としては、料紙研究は無理であり、字体・書風の研究に留まることになるのである。黒板の古文書学研究の系譜を引く、相田二郎・佐藤進一の研究が様式論に特化していく要因は、既に黒板のこの姿勢に胚胎していたのである。(7)

といっている。ふつうの研究者ならば、黒板氏など三氏の研究を様式論とするのはとくに不思議ではない。しかし、「相田二郎・佐藤進一の研究が様式論に特化していく」とまでいうのはさすが事情につうじた論者だと感心したことである。ここ四・五〇年の間のことであるが、わが国の古文書学は完全に「様式論に特化してしまった」ことは、まぎれもない事実である。そして、これは佐藤氏の『古文書学入門』の刊行によるところが大きいこともまた周知の事実である。

『古文書学入門』刊行以前のわが国の古文書学というのは、本節第一項「「様式論」中心の古文書学」で述べたように、たしかに「様式論中心」であった。黒板氏・相田氏とうけつがれた古文書学はまさに様式論であり、古文書学研究の本流であった。しかし、相田氏の『日本の古文書』となると、余りにも高度すぎて近づきがたいものであった。それ故、相田氏以降の古文書学界は全体としていえば、それ程学問として整理され、体系化された

私の実際の経験
教案作りがたいへんだった
伊木壽一『大日本史講座第十三巻　日本古文書学』
勝峯月溪『古文書概論』
中村直勝『国史講座　日本古文書学』
佐藤進一『古文書学入門』の刊行

ものではなかった。

それは、私の実際の経験がよい例となる。私がはじめて大学の日本史専攻の非常勤講師として古文書学の講義を担当するようになったのは、ちょうど百合文書の整理のはじまった昭和四十二年（一九六七）であった。百合文書の整理を担当するのだから、古文書学をしっかり勉強をせよということだったかと思う。それまで、中世史の勉強はある程度してきたが、古文書学となるとまったくの素人といってよい状態だったから、教案作りがたいへんだった。

当時、佐藤進一『古文書学入門』はまだ刊行されておらず、いちばん権威のあったのは相田二郎『日本の古文書』であったと思うが、これなどは、いまいったように高度すぎて講義の参考にできるようなものではなかった。そのうちで、本当に頼りになったのは前記伊木壽一『大日本史講座第十三巻　日本古文書学』であり、同じく勝峯月溪『古文書概論』であった。ことに、伊木氏の『日本古文書学』は、内容がそれなりに整理されていて手頃なものであった。また、中村直勝『国史講座　日本古文書学』（受験講座刊行会　一九三〇年）は、簡略で要をえたものであったから、教案作りには本当に有難かった[8]。また、これ以外の関係書物も手当たり次第読んだが、なかなか満足のいくような講義はできなかったことをおぼえている。そして、これらの書物では「様式・様式論」などという言葉はほとんどみられない。古文書学とはいえ、まったくといってもよいくらい体系のない、その場あたりの講義であった。

このような状況のところに、昭和四十六年（一九七一）に佐藤氏の『古文書学入門』が刊行された。簡単にいえば、相田二郎『日本の古文書』をわかりやすく、大学の古文書学のテキストとして叙述したものである。もちろん、相田氏の著書と同じではないが、著者佐藤氏の中世史に関する学識によって豊かな内容となっており、よく体系化されている。しかもこれは、さきにもいったことだが、「古文書のもつ複雑な性質を理解し、古文書に関する知識を整理し体系立てる」（[引用3]）という純粋に古文書学研究の立場からではなく、「古文書を歴史の史料として利用する」（[引用3]）という古文書学の学習書＝テキストの立場から叙述されている。そのため、本業が文献史学の歴史研究者である――当時は私もそうだったが――多くの古文書学の講義の担当者にはわかりやすく、まさに「干天の慈雨」とでもいうべき状態であった。私自身も、いつの間にか、かつての講義内容などすっかり忘れてしまって、長い間、公式様文書・公家様文書・武家様文書と講義して、やっと古文書学らしい講

古文書学即様式論というのは正常な古文書学ではない

義ができたと満足していたものである。これは、私だけではない。学界全体が様式論に「特化」してしまったのである。現在の状態は様式論中心というよりも、まさに様式論に「特化」したというのが実態であろう。

以上のことでわかるように、様式論一辺倒の古文書学といい、よく黒板・相田・佐藤三氏の様式論といわれるが、それはせいぜいここ四・五〇年の間のことで、良きにせよ悪しきにせよ、それは佐藤氏の『古文書学入門』によるところが大きいことがはっきりしたと思う。そして、古文書学即様式論というのは、正常な形の古文書学ではなく、「もの」としての文書の本質を究明して、その成果を整理し体系化するのが本来の古文書学だということを確認しておかなければならない。

第三節　古文書の様式分類

以上で、従来の古文書学では、様式論がほとんど唯一最大の研究課題であることがわかった。まさに「様式論に特化した」のが古文書学界の現状である。これを前提にして、つぎに相田・佐藤両氏の様式分類の具体的内容をみることにする。様式論・様式分類といえば、まず黒板勝美氏からはじめるのがふつうであるが、これは別に論ずることとして、ここでは現在の古文書学に直接関係のある相田氏と佐藤氏をとりあげることにする。

第一項　相田二郎氏の様式分類

相田氏の様式分類

同じく様式分類といっても、相田氏と佐藤氏とでは根本的ともいうべきちがいがみられる。相田氏は、『日本の古文書　上』の中編「古文書の形様」で、

第一部　公式様文書
第二部　平安時代以来の公文書
第三部　書札様文書
第四部　印判状
第五部　上申文書
第六部　神仏に奉る文書

書式・形状を同じくするものを一つの様式と考える

公式様文書

平安時代以来の公文書

第七部　諸証文

と、大きく七分類する。このうちで、様式分類としてとくに重要なのは、公文書としての第一部「公式様文書」、第二部「平安時代以来の公文書」、第三部「書札様文書」である。もし、文書の様式を表1—2「アーカイブズとしての文書とその情報」にみられるように、「個」としての文書の形態（「かたち」）の具体的表現が様式であって、その書式・形状を同じくするものを一つの様式と考えるというように規定するならば——これはすでに述べたように新しい古文書学というよりは本来の様式の規定である——、相田氏の分類はまさに様式に徹した分類である。

　ここで、氏の公文書の分類である公式様文書、平安時代以来の公文書、書札様文書の内容についてもうすこし詳しくみてみよう。氏は、まず第一部「公式様文書」として、

公式様文書……詔書・宣命・勅書・位記・勅符・符・移・牒・奏・解

をあげる。宣命以外は公式令に定めるもので、全体として公式様文書として総括できる。

　また、氏は第二部として「平安時代以来の公文書」をあげる。氏の分類は様式・形式を中心に精細なまでに細かいものなので、それを私なりに大まかに整理すると[9]、

平安時代以来の公文書

　Ⅰ公家文書……宣旨・官宣旨・大宰府庁宣・国司庁宣・院庁下文・検非違使下文・検非違使庁下文・諸家寺社政所下文

　Ⅱ武家文書……武家下文・武家袖判下文・武家下知状

ということになろうか。氏の分類は様式・形式に徹した分類である。したがって、公家文書・武家文書を問わず、同一の様式のものを「平安時代以来の公文書」として一括して論じているのが特徴である。

表4—1　書札様文書の分類

		公家文書	武家文書
直状	自筆	宸筆書状 自筆御教書 自筆書状	自筆御内書 自筆書状
直状	右筆書		御判御教書　御内書 管領（執事）内書 守護等書下
奉書	右筆書	院宣　綸旨 令旨　御教書 国宣　長者宣等	関東御教書 六波羅御教書 管領（執事）奉書 引付（禅律方）頭人奉書 奉行人奉書

書札様文書

直状と奉書の二つがある

下文様文書

佐藤氏の様式分類

公式様文書
公家様文書
武家様文書

つぎに、氏は第三部として「書札様文書」について述べる。これについては、さらに複雑である。氏は、第二部「平安時代以来の公文書」と同様、公家文書・武家文書を含めて同一の書札様文書とする。そして、これを第一類自筆、第二類奉書、第三類直状の三つにわける。これも、私なりに整理をすると表4―1「書札様文書の分類」のようになる。書札様文書の場合、もっとも大きな特徴は、直状と奉書の二つがあるということである。本人が直接その意向を伝えるのが直状で、それには自ら筆をとって直接その意向を伝える自筆文書と、右筆が本人に代わって執筆するが、本人の直接の意向であることを示すために自署あるいは花押を据えた右筆書がある。また、右筆その他の侍者が貴人の仰せを奉じてその意向を伝えるのは奉書である。細かい点についてはまだ述べなければならないことが多いが、いちおう表4―1「書札様文書の分類」のようにまとめてみた。

この相田氏のｉ公式様文書、ⅱ平安時代以来の公文書、ⅲ書札様文書の分類は、それぞれ書式・形状すなわち様式を同じくするもので、まさに様式分類そのものである。ただ、「平安時代以来の公文書」という名称は適当だとはいえないのではなかろうか。ⅲ書札様文書の院宣・綸旨・御判御教書などは、まちがいなく「平安時代以来の公文書」ではあるが、氏のⅱ「平安時代以来の公文書」の分類に入るものではなく、ⅲ書札様文書に分類すべきもので、氏もそのように分類している。したがって、ｉ公式様文書、ⅲ書札様文書に対してⅱ「平安時代以来の公文書」ではなく、ⅱ下文様文書というのが適当であろう[10]。

第二項　佐藤進一氏の様式分類

(1)『古文書学入門』の様式分類

これに対して、現在広く学界の定説としておこなわれているのが佐藤進一『古文書学入門』にみられる分類である。氏は、その第三章「古文書の様式」において、「これより古文書の様式の説明に入るわけであるが」として、

第一節　公式様文書
第二節　公家様文書
第三節　武家様文書
第四節　上申文書

第五節　証文類

という五つに分類する。このうちで、とくに公式様文書・公家様文書・武家様文書という公文書の分類は、早くわが国の近代的な古文書学の確立に先駆的な役割をはたした黒板勝美氏にはじまり、その後、文書様式に関するもっとも有力な考え方として現在におよんでいる。

非文字情報は触れられない

この『古文書学入門』で、佐藤氏が様式として論じているのは、もっぱら文書の文字情報＝書式であって、文書の非文字情報＝形状（「すがた」）にはまったく触れていない。全体として、書式というのが適当であろう。そして、現在古文書の様式論として論じられ講義されている内容は、このような「文書の書き方」の範囲＝文字情報にとどまり、それ以外の広汎な非文字情報はまったく触れられることはない。

文書の「すがた」＝形状全体が様式

しかし、文書の様式といった場合には、「文書の書き方」＝書式だけではないはずである。すでにたびたびいっているように、文書は書式をととのえるというだけではなく、形状＝「すがた」をととのえることが必要である。書式だけでは、たんに土代（草稿）の作成の段階にしかすぎない。形状をととのえてこそ本当の意味の文書を作成したことになり、これが本来の古文書学の対象となるべきであろう。「文書の書き方」＝書式はもちろん、それを含めて広く文書の「すがた」＝形状を同じくするものを一つの様式と考えるべきであろう。いうまでもなく、政府の重要な決定を伝える公文書には、それにおうじた書式が定められているだけではなく、大きくて厚く立派な料紙を使い、風格のある文書が作られる。決して、日常的なふつうの料紙で、一般庶民が用いるようなありふれた料紙ではない。当然のことながら、書式だけではなく、料紙をはじめとして文書の「すがた」＝形状全体が様式であり、それを同じくするものが同一の様式の文書ということになる。

佐藤氏の公文書の各分類の具体的内容をみると、

Ⅰ公式様文書＝詔書・勅旨（勅書）・符・移・解………

Ⅱ公家様文書＝宣旨・官宣旨・院宣・綸旨……

Ⅲ武家様文書＝下文・下知状・御教書・奉書……

などが、それぞれの代表的な文書としてあげられている。これをみるならば、Ⅰ公式様文書はともかくとして、宣旨・官宣旨・院宣・綸旨……などを一つの様式としてⅡ公家様文書とし、また下文・下知状・御教書・奉書……などを同一の様式としてⅢ武家様文書と一括する論拠はまったくない。たとえば、Ⅱ公家様文書といわれる

公家（朝廷）の発給文書というだけ

武家の発給文書というだけ

宣旨・官宣旨と院宣・綸旨をとりあげてみよう。これらは、後ほど漸次明らかにするように、「書き方」＝書式だけをとってみても共通するものではない。まして「すがた」＝形状を含めた場合には共通するものは何もない。共通するものといえば、公家（朝廷）の発給文書というだけである。Ⅲ武家様文書の場合も同様である。下文・下知状と御教書・奉書とには、書式だけではなく形状をみても共通する点はない。これらは、武家の発給文書というだけで、発給者を同じくするというだけである。

拙稿「古文書の様式について」で指摘

発給者別の分類

　これらの点については、さきの相田氏の「平安時代以来の公文書」とともに、前記拙稿「古文書の様式について」で指摘したところである。かくして、佐藤氏が様式として論じているのは、はっきりいって「古文書の様式」の分類ではなく、発給者別の分類といわなければならない。たとい、文書の「すがた」＝形状、すなわち非文字情報を別にして、書式すなわち文字情報だけをとってみても、官宣旨と院宣・綸旨はたんに公家という発給者を同じくするだけで、書式・形状を考えた場合には同一の分類とはいえない。これが、相田氏と佐藤氏の決定的なちがいである。

公式様文書について

⑵公式様文書について

佐藤氏の『古文書学入門』の様式分類については、以上のことだけを確認しておいて、さらにそれぞれの様式について検討することにする。まず、Ⅰ公式様文書についてみると、Ⅰ公式様文書というのは、早く古代の公式令に規定された文書で、古代律令制を運用するための基本的な文書様式である。最近の古代文書の研究では、このような定形の文書以外に多数の非定形の文書があったことが指摘されている。それはともかくとして、Ⅰ公式様文書として一括される文書は、様式を同じくする文書としてよいと思う。以下、すこし具体的に検討することにする。

　Ⅰ公式様文書は、主として古く奈良時代から平安時代初期にかけて実効のあった文書であることもあって、完全な「かたち」で残るものは非常にすくない。ここでは、東寺宝物館所蔵の東寺文書から、その代表として、

⑴元慶　七年（八八三）　三月　四日　太政官牒（東寺文書　聚英一四号　写真4―1）[11]

⑵天平勝宝三年（七五一）　七月二七日　近江国甲可郡司解（東寺文書　聚英八号　写真4―2）

の二通をとりあげる。太政官牒というのは、公式令の移式を転用した文書で、太政官・治部省などの俗官官司と

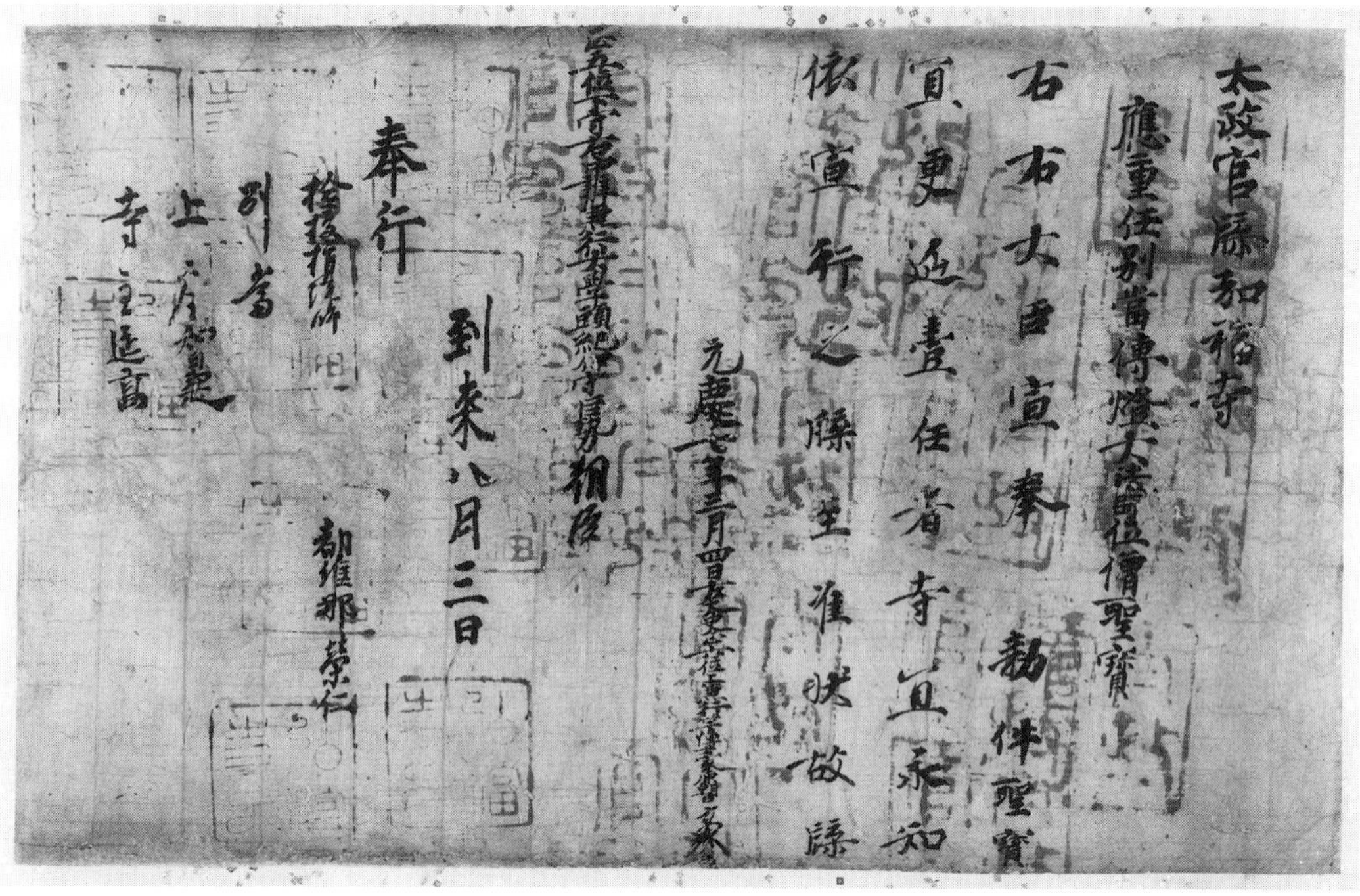

写真４－Ｉ　太政官牒

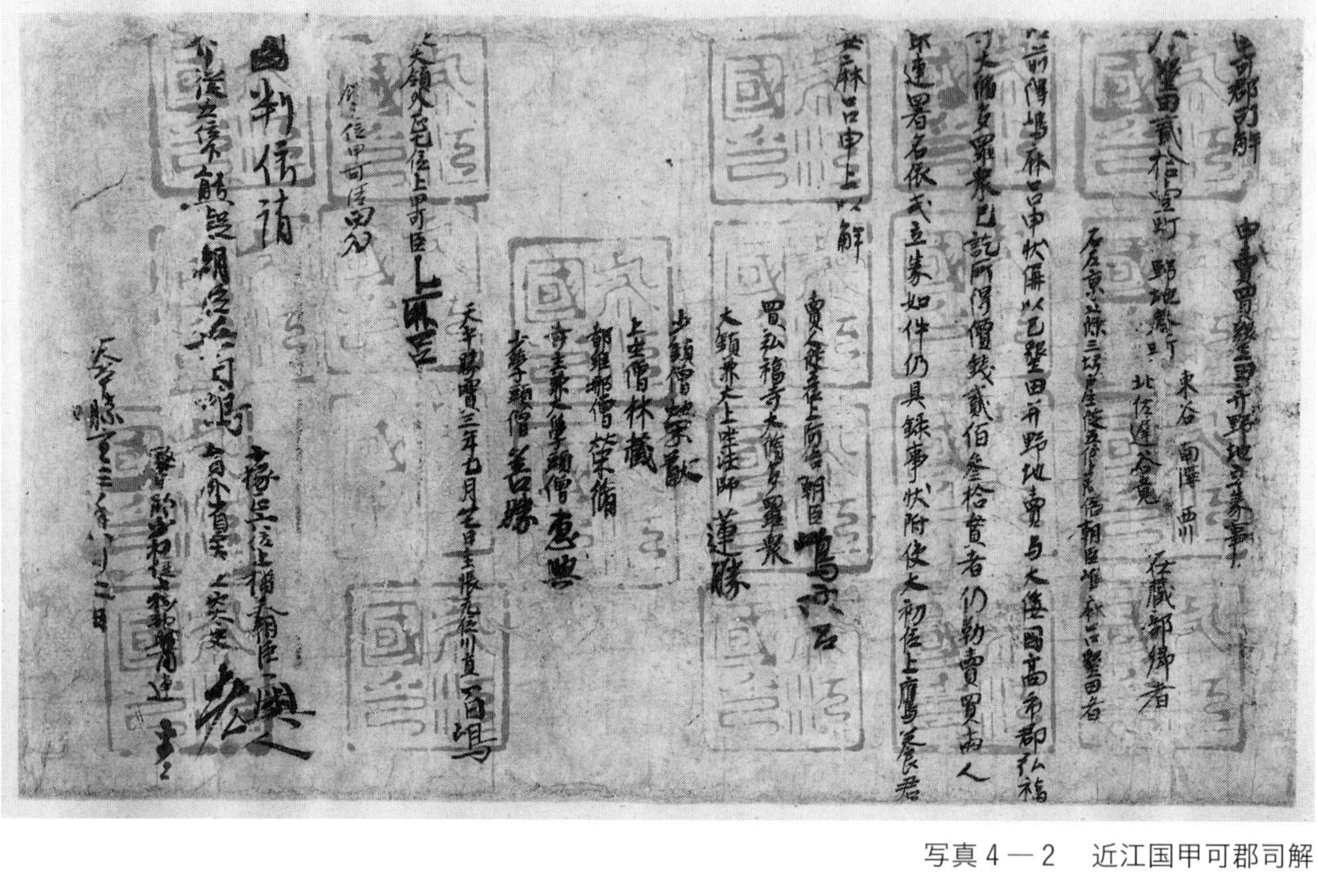

写真４－２　近江国甲可郡司解

僧綱・寺家三綱との間に交わす文書である。(イ)太政官牒は、太政官が弘福寺に宛てて聖宝の弘福寺別当の重任を命じたものである。また、(ロ)近江国甲可郡司解は、甲可郡司が近江国に上申した文書の形式をとっているが、墾田の売買を承認してほしいという内容である。具体的には、土地の売券である。

これらの文書は、公式令に規定された文書であるから、基本的に様式を同じくする文書であることはいうまでもない。ここでは、(イ)太政官牒を中心にして、公式様文書の特徴をあげるとつぎのようになる。

① (1)書式としては、まず最初の行に「太政官牒弘福寺」のように、ａⅴ差出書・ａⅶ宛書を記す。公式様文書にあっては組織から組織に宛てる（以下、(1)(2)(3)……などは、さきに第一節第二項「新しい様式論の情報」であげた項目の番号と一致する）。

② (1)ａⅵ位署書は、官位氏姓名を兼官も含めてすべて記す。

③ (1)ｂ文体は、ｉ漢文体。

④ (2)料紙のｂ形状は、書札様文書のように、本紙・礼紙・封紙が必要なのではなく、本紙のみ。文章が長いときには糊継ぎをして、かならずⅲ続紙の形で使う。この場合、紙継目裏には継目印を捺す。

⑤ (4)署名は、楷書体のｉ自署。

⑥ (6)書体は、きっちりとしたｉ楷書体。

⑦ (7)紙面に官司印（この場合には「太政官印」）を捺す。

これが、Ⅰ公式様文書以外の様式にはみられない特徴である。

その他、まだまだ述べたいことは多くあるが、ここではⅠ公式様文書は、公式令に規定された文書であるから、基本的な様式（書式・形状）は同じである。すなわち、様式を同じくする文書であるということを確認すればそれでよい。

(3)公家様文書について

つぎに、佐藤氏の『古文書学入門』で、Ⅱ公家様文書と分類する文書について考えてみる。これは、前節第二項(2)「佐藤進一氏の「様式論」の定義」で述べたように、公家の発給にかかる文書である。『古文書学入門』ではこの分類として、

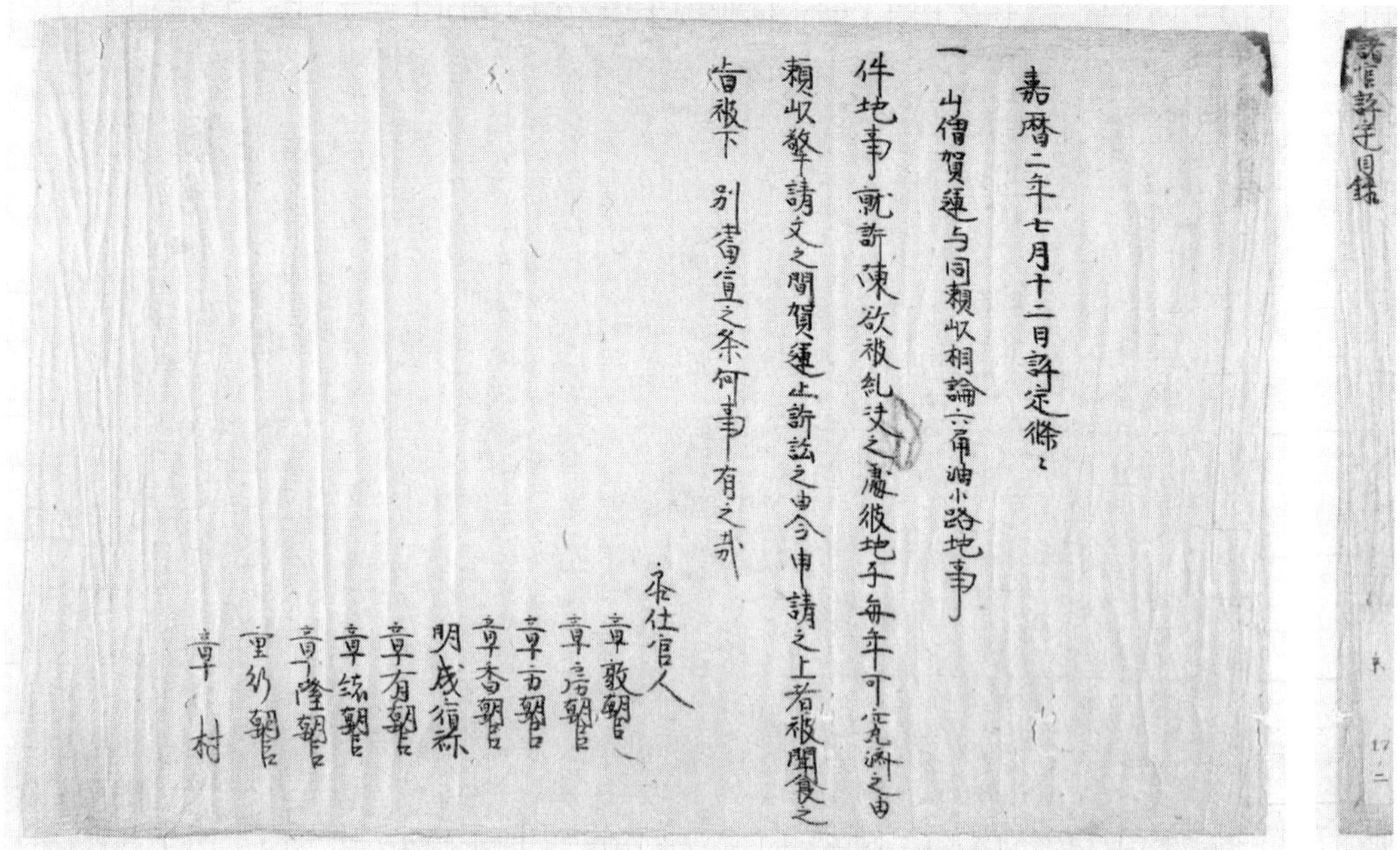

写真４－３　検非違使庁諸官評定文

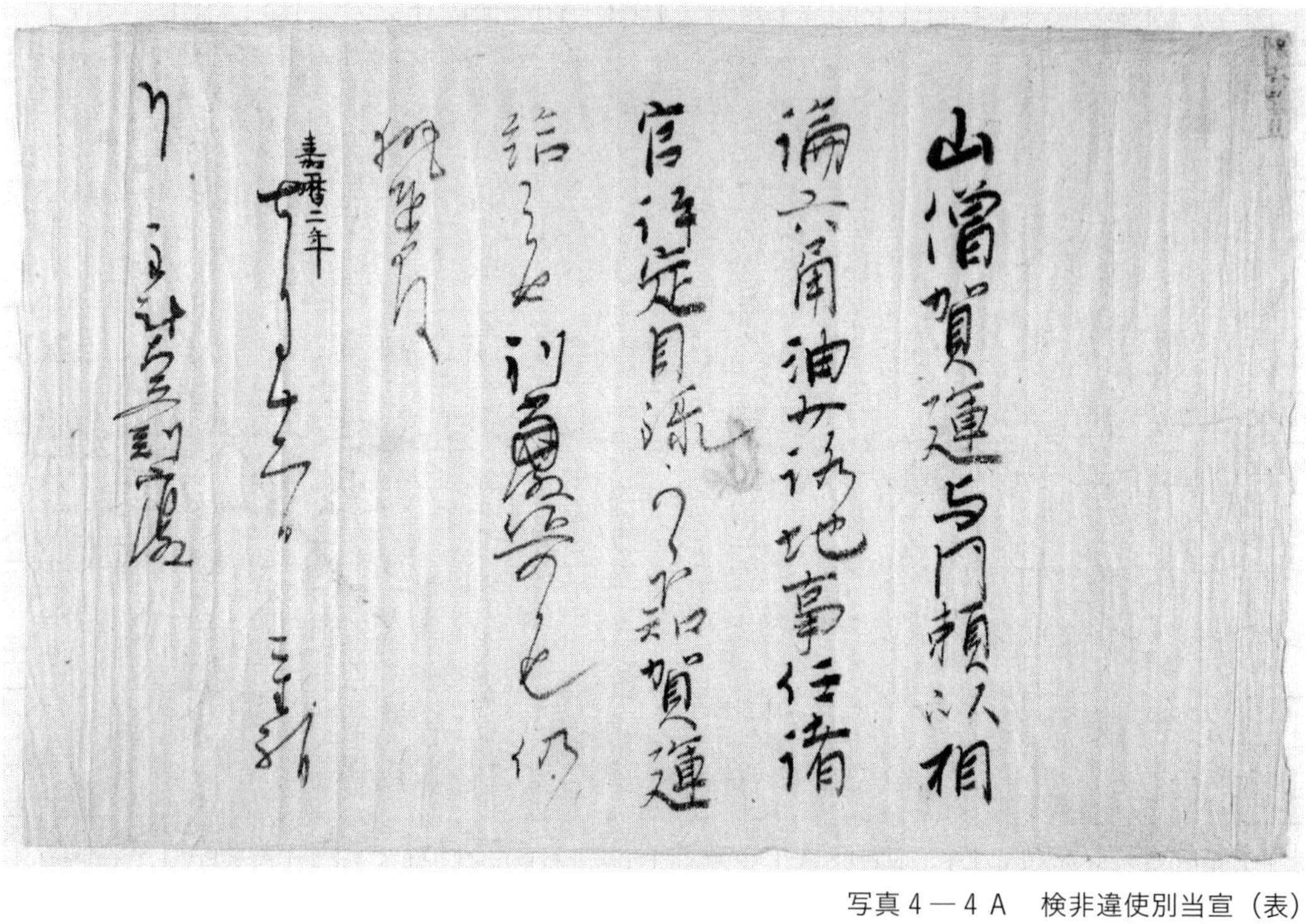

写真４－４Ａ　検非違使別当宣（表）

写真４―４Ｂ　検非違使別当宣（裏）

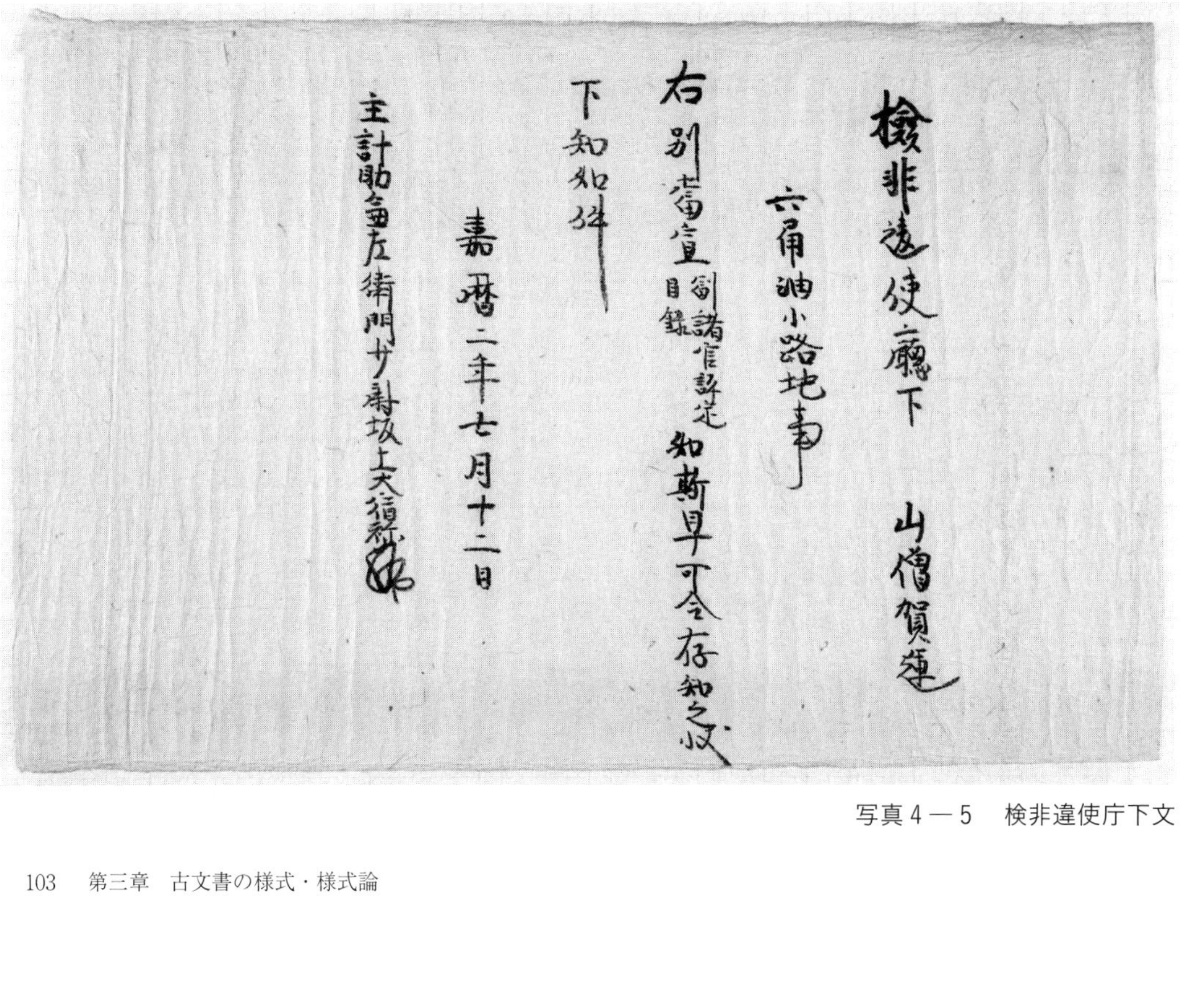

写真４―５　検非違使庁下文

Ⅱ公家様文書＝宣旨・官宣旨・院宣・綸旨……

があげられるが、ここでは説明の便宜上、公家発給の一連の文書として、

(ハ)（年　月　日　未　詳）　山僧賀運申状（京函三六号一）[12]

(ニ)嘉暦二年（一三二七）七月一二日　検非違使庁諸官評定文（京函三六号二　写真4―3）

(ホ)嘉暦二年（一三二七）七月一二日　検非違使別当宣（京函三六号三　写真4―4）

(ヘ)嘉暦二年（一三二七）七月一二日　検非違使庁下文（京函三六号四　写真4―5）

(ト)嘉暦二年（一三二七）七月一一日　山僧頼以重請文（京函三六号五）

文書は「かたまり」として機能する

の五通の文書をとりあげることとする。それは、Ⅱ公家様文書の様式についてだけではなく、幸い五通のひとかたまりの文書があるので、あわせて文書は「かたまり」として機能するということも説明しておこうと思う。なお、本書では、文書は「個」として、すなわち「差出人から受取人に対する意思伝達手段」としてだけではなく、「群」＝「かたまり」として機能するという観点が重要だということから、後ほど第四章第五節「文書はふつう「かたまり」として機能する」で詳しく論ずることにするが、これもその一例としてあげたものである。

検非違使関係文書

まず、最初に全体の文書を簡単に説明しておく。検非違使庁は、洛中の裁判を司る役所であった。山僧賀運は、頼以が六角油小路の地の地子を納めないと訴えたので（(ハ)山僧賀運申状）、使庁での裁判がはじまることになる。しかし、頼以は毎年地子を納める旨の請文をだしたので（(ト)山僧頼以重請文）、その訴訟を取り下げたいと賀運が申しでた。それを承認する手続の文書が、(ニ)検非違使庁諸官評定文・(ホ)検非違使別当宣・(ヘ)検非違使庁下文の三通である。

使庁では、まず官人が評定をおこなって、賀運の申請を認める旨の判決原案を作成した。これが、(ニ)検非違使庁諸官評定文である。この諸官評定文は、使別当に上申される。それを認めた使別当は、この(ニ)諸官評定文を副えて、それにもとづいて判決を下すように担当の官人に命じる。これが、(ホ)検非違使別当宣である。この(ホ)別当宣の指示にもとづいて、担当官人坂上明成が(ヘ)検非違使庁下文を下す。これが、検非違使庁の最終判決である。このように、文書は一通だけで、その作成目的たる「ある意思」の伝達ということをはたすのではなく、何通かが寄りあつまって、「かたまり（群）」として一つの目的をはたすことになる。この一連の文書がその代表的な例だということだけを確認しておきたい。

この一連の文書は、すべて検非違使庁の関係文書、すなわち公家（朝廷）の発給文書である。ここでは、とくに写真に掲載した、

(ホ)嘉暦二年（一三二七）七月一二日　検非違使別当宣（京函三六号三　写真4―4）

(ヘ)嘉暦二年（一三二七）七月一二日　検非違使庁下文（京函三六号四　写真4―5）

の二通について、その「かたち」を考えてみることにする。

様式上多くの相違点

これら二通の文書は、従来の分類ではいずれもⅡ公家様文書として、同一の様式に分類されているものであるが、様式上で多くの相違点を指摘することができる。まず、(1)書式が全然ちがっている。(ヘ)使庁下文は、最初に「検非違使庁下　山僧賀運」というように、ａｖ差出書とａvii宛書を書く。それに対して、(ホ)別当宣のａｖ差出書・ａvii宛書は最後に記載されている。基本的な書式が全然ちがっている。それに、(1)ｂ文体もちがっている。(ヘ)使庁下文はｉ漢文体であるが、(ホ)別当宣はii候文である。また(6)書体もちがっている。(ヘ)使庁下文はｉ楷書体であるが、(ホ)別当宣はすこし崩れていてii行書体である。その他、まだいくつか指摘しなければならない点があるが、同じくⅡ公家様文書とはいえ、(ヘ)使庁下文と(ホ)別当宣とでは、(1)書式を含めてその形状（「すがた」）全体がまったくちがっていることがはっきりする。すなわち、従来のⅡ公家様文書という一つの文書様式は成立しえないといわざるをえないのである。まず、この点はどうしても確認しておかなければならない。

公家様文書という一つの文書様式は成立しえない

なお、(ニ)諸官評定文（写真4―3）・(ホ)別当宣（写真4―4）・(ト)頼以重請文の三通の端裏には文字が書かれている。このうち(ホ)別当宣（写真4―4Ａ）の裏は、写真4―4Ｂにみられるごとくである。ここには、「別当宣」と書かれている。また、(ニ)諸官評定文（写真4―3）には、その写真のいちばん右側にみられるように「諸官評定目録」とある。そして、(ト)頼以重請文には「頼以請文」という文字がみえる。これらは、いずれも同一筆跡で、(ヘ)使庁下文を執筆した坂上明成のものである。すなわち、坂上明成が(ヘ)使庁下文に「別当宣副諸官評定目録如斯」と書いたときに、(ホ)別当宣と(ニ)諸官評定文（頼以請文も含む）は、まちがいなくこれであるという意味で書いたもので、これは一般にいわれる端裏書ではない。文書を同定するという意味で端裏銘である。[13] さらに、この三通の

端裏銘

裏には、写真4―4Ｂにみられるものと同じ花押が据えられている。これも、いずれも同じで、(ヘ)使庁下文を執筆した坂上明成が、まちがいないことを証明するために据えたものである。さらにいうと、(ホ)別当宣の「嘉暦二年」という年紀がある。これも本文とは別筆で、坂上明成の筆であることが確認できる。すなわち、これも同定

表４―２　各様式の文書の特徴（公家文書）

		公式様文書 （太政官牒）	下文様文書 （官宣旨）	書札様文書 （院宣・綸旨）
書式（文字情報）	文　体	漢　文　体	漢　文　体	候　　文
	差出書	最初の行（組織）	最初の行（組織）	日付の下（個人）
	宛　書	最初の行（組織）	①最初の行（組織）［建前］ 文中（個人）［実際］ ②最初の行（組織）［当事者］	最後の行（個人）
	位署書	官位氏姓名（兼官も） （差出書とは別）	官氏姓名（本官のみ） （差出書とは別）	官　　名 （差出書と一致）
	署　名	自署（楷書体）	花　　押	自署（行書体）・花押
	典　拠	公　式　令	故　実　書	書　札　礼
形状（非文字情報）	書　体	きっちりした楷書体	やや崩れた楷書体	行　書　体
	紙面の抑揚	官印を捺して紙面に抑揚	花押・上大下小の文字で紙面に抑揚	能筆・墨継ぎ・文字の配置・薄墨で紙面に抑揚
	料紙の使い方	①必要なのは本紙（本紙一紙の場合には裏紙を添える） ②本紙二紙以上は糊継ぎ ③白紙に包む	①必要なのは本紙（本紙一紙の場合には裏紙を添える） ②本紙二紙以上は糊継ぎ ③白紙に包む	①本紙・礼紙を背中合わせにして奥から折る ②本紙・礼紙は糊継ぎせず ③封紙に収める
	紙継目の固定	紙継目印で固定	紙継目花押（押縫）で固定	な　し
遵行手続		職権主義	①職権主義［建前］ 当事者主義［実際］ ②当事者主義	当事者主義

銘年号

の役割をするもので、銘年号というのが適当であろう。

以上、すこし煩瑣な説明をしたが、中世では裁判関係の文書は、これほど複雑な手続をへて作成されているということが確認できたと思う。それとともに、「差出人から受取人への意思の伝達」というように、たんに一通だけで機能が完結するものはごくわずかで、大部分の文書は、これほど複雑ではないとしても、「かたまり」として機能するのがふつうであったということもどうしてもはっきりさせておかなければならない(14)。

官宣旨と院宣

まず、Ⅱ公家様文書の検討の前提として、以上の点だけを確認しておいて、別の文書でさらに具体的にみることにする。さきにもすこし触れたように、現在の古文書学の概説書でⅡ公家様文書と分類されるのは、具体的には宣旨・官宣旨と院宣・綸旨などの文書である。ここでは、官宣旨と院宣を例として、

(チ)嘉禎二年(一二三六) 八月 二日 官宣旨(東寺文書 聚英六六号 写真4―6)

(リ)正和四年(一三一五) 一一月二四日 後宇多上皇院宣(せ函南朝文書一号 写真4―7)

をとりあげて、この二通の文書の「かたち」を、表4―2「各様式の文書の特徴(公家文書)(15)」を参考にしながら、すこし細かく比較してみよう。(チ)官宣旨は、東寺の潅頂院御影供の仏供米・菓子などの供料の負担は大きかったが、それを自宗の綱維のものの巡役としてつとめさせることにしたものである。また、(リ)後宇多上皇院宣は、山城国上野庄の田地に対する行覚法師の濫妨を停めるように命じたものである。

書式について

最初に、(1)書式についてみると、両者のちがいは実にはっきりしている。これについてはすでに述べたが、(チ)官宣旨は最初に「左弁官下東寺」というように、文書の冒頭にａⅴ差出書とａⅶ宛書を記し、つぎに事書さらに本文(事実書)となっていて、いかにも公文書としての形式と威厳を示している。これは、Ⅰ公式様文書以来の公文書の書式を踏襲したものである。いっぽう、(リ)院宣は、直接本文を書き、最後にａⅴ差出書とａⅶ宛書を記している。一般の書状と同じ書式で、上品で柔らかい感じがする。さらに、ａⅵ位署書(署名の仕方)についても両者は完全にちがっている。(チ)官宣旨は、たとえば「右中弁藤原朝臣(花押)」となっている。「官(右中弁)・氏(藤原)・姓(朝臣)・名(花押)」を書いていて、いかにも格式ばっている。これに対して、(リ)院宣の場合には「宣房」という自署だけである。一見して両方の感じはまったくちがっている。(チ)官宣旨は、いかにも公文書の固い感じだが、(リ)院宣は柔らかい親しみのある文書である。また、(1)ｂ文体についてみると、(チ)官宣旨は固いⅰ漢文体であるが、(リ)院宣は柔らかいⅱ候文であるというように、(チ)官宣旨・(リ)院宣それぞれにちがっている。

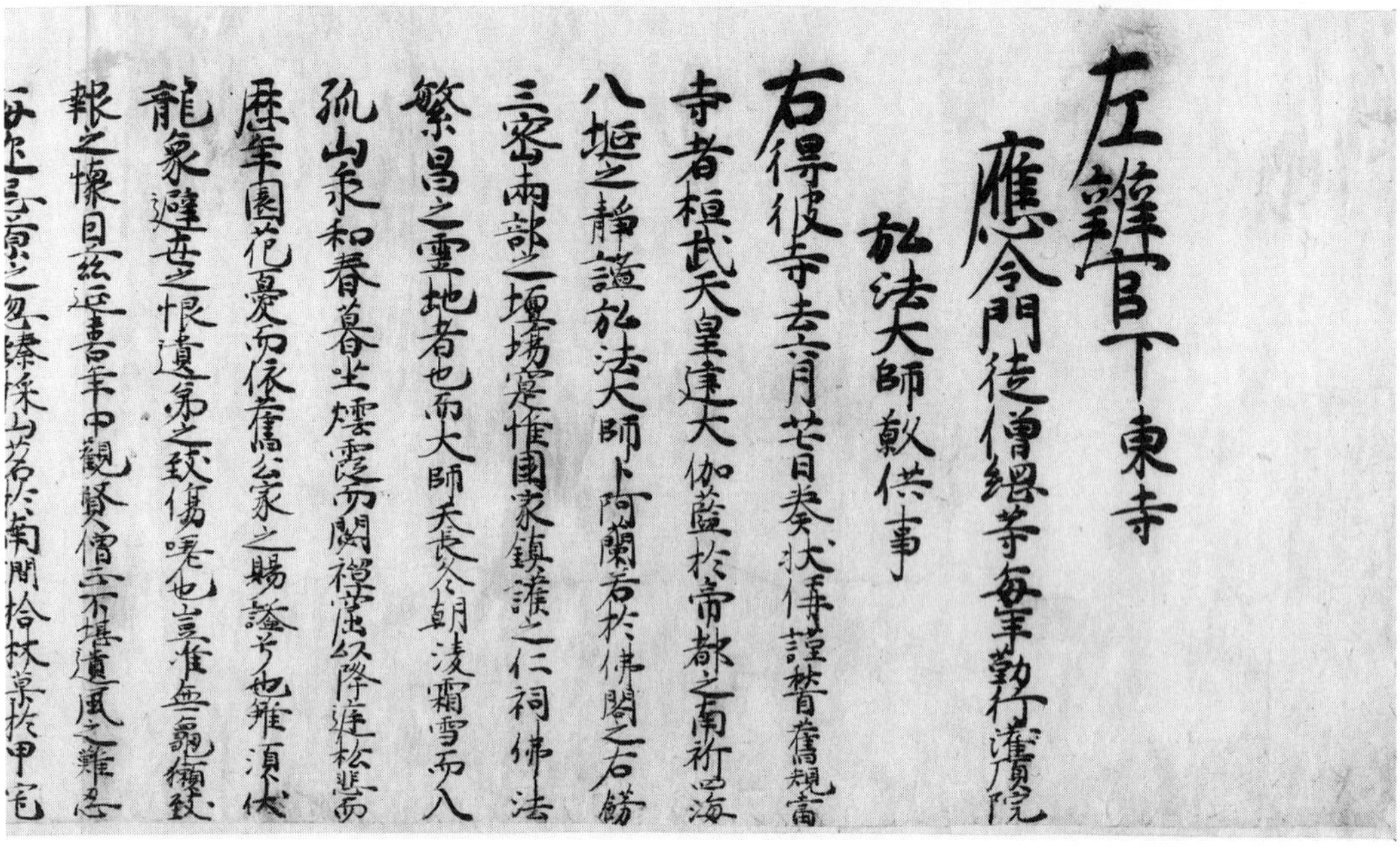

左辨官下東寺
應令門徒僧綱等毎年勤行灌頂院
弘法大師敷供事
右得彼寺去六月廿日奏状偁、謹檢舊規、當
寺者桓武天皇建大伽藍於帝都之南、祈四海
八埏之静謐、弘法大師卜[illegible]於佛閣之右、餝
三密兩部之壇場、寔惟國家鎭護之仁祠、佛法
繁昌之靈地者也、而大師[illegible]朝凌霜雪而入
孤山、承和春暮出煙霞而閑禪窟、以降[illegible]
歴年、園花夏而依舊、公家之賜謚号也、雖須伏
龍象避世之恨、遺弟之致傷嗟也、豈唯無[illegible]
報之懐、因茲延喜年中觀賢僧正不堪遺風之難忍

写真４—６　官宣旨（１）

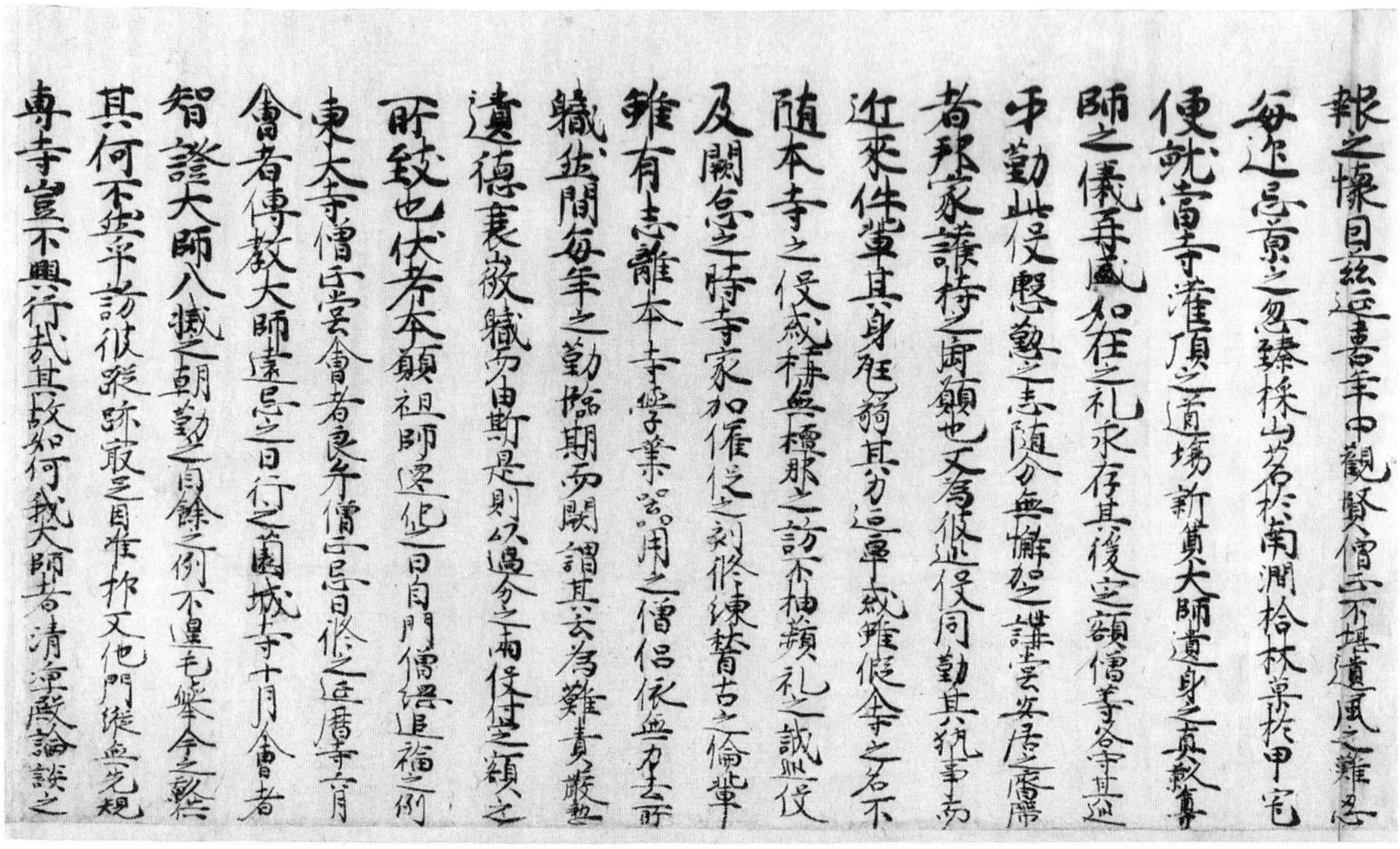

報之懐、因茲延喜年中觀賢僧正不堪遺風之難忍
毎逢忌前之忽臻、採山花於南澗、拾林菓於甲宅
便就當寺灌頂之道場、新奠大師遺身之眞影、[illegible]
師之儀、尋威如在之礼、永存其後定額僧等各守其迹
手勤此役、慇懃之志、隨分無懈怠之謹、安居之[illegible]
者那家護持之[illegible]、願也、又為後延役同勤其執事而
近來件當其身[illegible]、雖假令之名不
随本寺之役、[illegible]之誠、與役
及闕怠之時、寺家加催促之刻、依[illegible]之倫、輩
雖有志離本寺之業、[illegible]用之僧侶依無力[illegible]
職、茲間毎年之勤臨期而闕、謂其云為難[illegible]
遺徳衰微、[illegible]由斯、是則以過分之兩[illegible]之頭[illegible]之
所致也、伏尋本願祖師遷化之日、自門僧綱追福之例
東大寺[illegible]會者良弁僧正忌日修之、延暦寺[illegible]
會者傳教大師遠忌之日行之、園城寺十月會者
智證大師入滅之朝勤之、自餘之例、不遑毛擧、[illegible]
其何不然乎、訪彼蹤跡、[illegible]又他門猶無先規
專寺宣不興行哉、其故如何、我大師者清涼殿論談之

写真４—６　官宣旨（２）

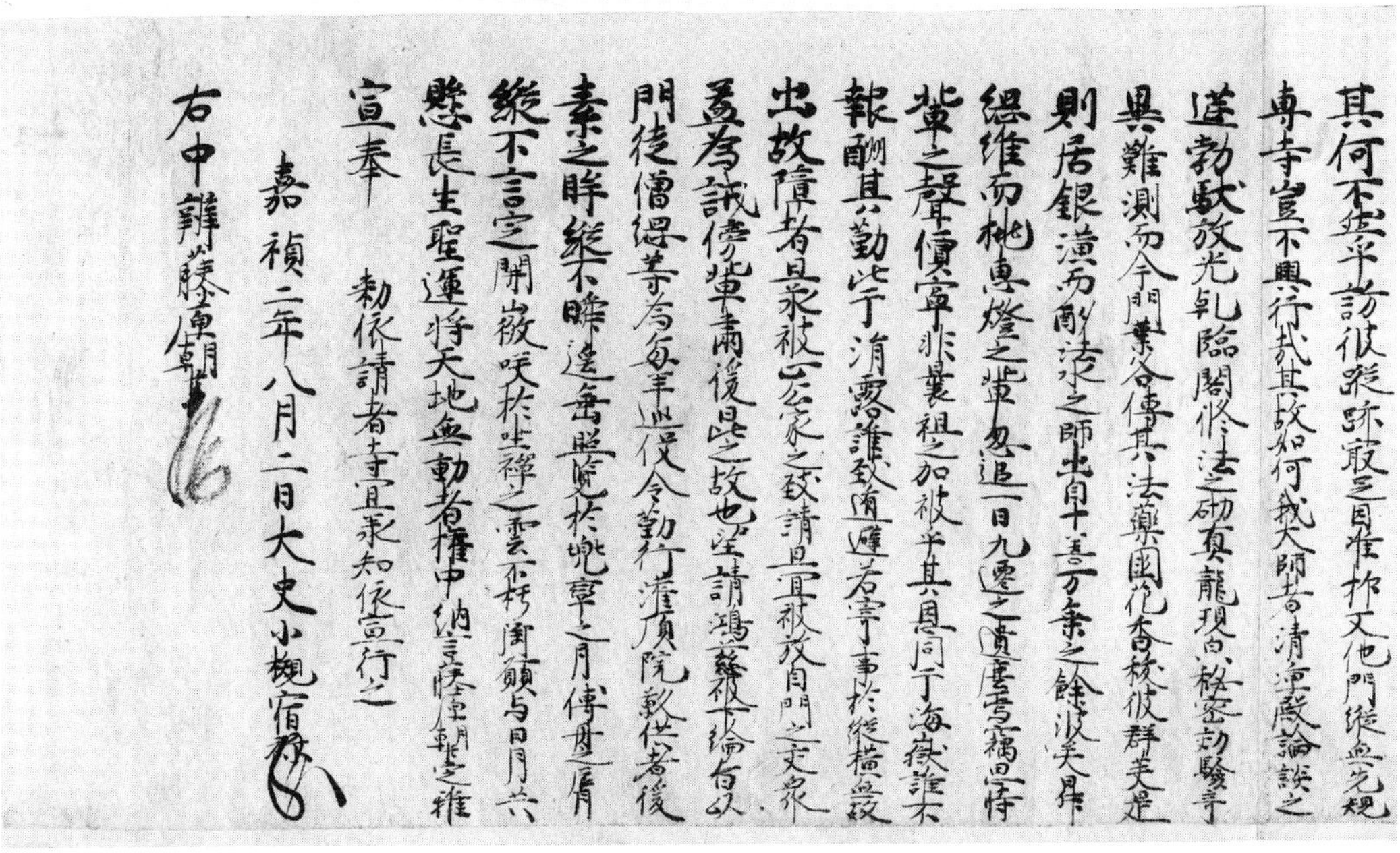

写真４－６　官宣旨（３）

写真４－７　後宇多上皇院宣（封紙）

写真４－７　後宇多上皇院宣（本紙）

写真４－７　後宇多上皇院宣（礼紙）

料紙について

つぎに、⑵料紙について考えることにする。⑵料紙についても、たいへんわかりやすいこととしてb料紙の形状をみると、(チ)官宣旨、(リ)院宣ともに、その料紙は三紙からなっている。しかし、(チ)官宣旨はⅲ続紙であって、三紙とも糊づけされている。第一紙と第二紙の継ぎ目は、一二行目の「報之懐……」であるが、文字が第一紙と第二紙にまたがって書かれており、あらかじめ糊継ぎをしたうえで文字が書かれたことがはっきりする。第二紙・第三紙の場合も同じである。これに対して、(リ)院宣も、同じく三紙からなっているが、その形状はまったく異なっている。三紙ともに糊づけせずに、封紙・本紙・礼紙のそれぞれが独立している。かくして、料紙の使い方としては、(チ)官宣旨はそれぞれの料紙が糊づけしてⅲ続紙の形をしているが、(リ)院宣は三紙それぞれがⅰ竪紙の形で独立している。すなわち、(チ)(リ)は同じくⅡ公家様文書とはいうものの料紙の使い方は、まったく別であるということだけを確認しておきたい。

封式について

つぎに、大きな問題として⑶封式の問題がある。⑶封式というのは、拙著『新しい中世古文書学――アーカイブズとしての古文書―― 各論編』で詳しく触れるが、現在私たちが日常的に使っている書簡を封筒に納めて相手にとどける方法と同じだと考えたらよい。中世でも書状から出発した書札様文書は、封をして相手方にとどける。その文書を折りたたんで封紙に納める方法を封式という。さきに⑵b料紙の形状で、(リ)院宣は本紙・礼紙・封紙の三紙からなり、それぞれがⅰ竪紙の形で独立しているといった。すなわち、本紙・礼紙を背中合わせにして奥から折りたたみ、それを封紙に包み、ウワ書を加えて相手方にとどける。これが、(リ)院宣などの文書のあるべき「すがた」である。かくして、すでに明らかなように、(リ)院宣は正式の⑶封式をとっている。しかし、(チ)官宣旨は三紙が糊づけされたまま、奥から折りたたんでいるだけで、また封紙をともなわない。おそらく、本文を書いたのと同じ料紙に包んで、場合によっては文箱などに納めて相手方にとどけたものと思われるが、必要なのは本文を書いた三紙だけである。簡単にいうと、(3)封式をとらない。すなわち、(リ)院宣は⑶封式をとるが、(チ)官宣旨は⑶封式とは関係がなく、三紙を糊づけにしただけということになる。かくして、⑶封式についても、(チ)官宣旨と(リ)院宣の両方に共通する点は認められないということがはっきりしたと考える。さらに、⑹書体もちがっている。(チ)官宣旨はきっちりとしたⅰ楷書体で書かれている。これに対して、(リ)院宣は柔らかなⅱ行書体である。ここでも、両者のちがいは実にはっきりしている。

書体について

以上、また、たいへん煩雑なことを述べてきたが、(チ)官宣旨と(リ)院宣は同じくⅡ公家様文書と一括されているが、⑴書式、⑴b文体、⑵b料紙の形状、⑶封式、⑹書体などの点をとってみても、両者に共通するものはないということがはっきりしたと考える。すなわち、Ⅱ公家様文書という様式は成立しえないといわざるをえない。両者共通する点は、ただ公家の発給文書というだけである。したがって、これらはⅡ公家様文書ではなく、公家文書と総称すべきものだといってまちがいではないと思う。

武家様文書について

⑷武家様文書について

いま、従来のⅡ公家様文書という文書様式は成立しえないということを明らかにしたが、Ⅲ武家様文書についても同じである。Ⅲ武家様文書については、鎌倉時代の文書の方が、相違点ははっきりしている。しかし、様式によるちがいの比較に好例となるものとして、室町時代の東寺関係の文書ではあるが、

⒩宝徳二年（一四五〇）三月二九日　管領畠山持国下知状（東寺文書　聚英二九七号　写真4―8）

⒭宝徳二年（一四五〇）三月二九日　管領畠山持国施行状（マ函八六号　写真4―9）

の二通をあげてみる。室町時代になると、いわゆる下文様文書の書札様文書化が進み、両者が均一化していくので、比較しにくい点もあるが、それを前提にして、この二通をえらんでみた。

管領下知状と管領施行状

最初の⒩管領下知状は、東寺境内を含む諸国の東寺領庄園に、段銭や臨時の課役の賦課の免除を認めた文書である。このような課役免除の権限は、室町時代には、本来は足利将軍に属し、御判御教書が用いられるべきものであるが、このとき将軍義政はまだ幼少であったので、管領畠山持国が代わって下知状で将軍の権限を代行した。この⒩管領下知状を、同じく管領畠山持国が関係の諸国の守護に伝えるが、⒭管領施行状はこの命令を、若狭国太良庄について実行するように、若狭国の守護武田信賢に命じたものである。ここで注意しなければならないのは、⒩⒭二通は同一日付で、しかも二通とも管領畠山持国の発給文書であるということである。それだけではない。この二通の筆跡をよくみると、同一の筆跡であることが確認できる。すなわち、同一の書記役＝奉行人が書いた同一日付の同一人の命令である。これだけ条件が揃えば、この二通はまったく同じ「かたち」をしているのが当然である。しかし、いろいろと相違点がみられる。

同一の奉行人による同一日付の同一人の命令

まず、⑴書式について考えてみよう。これに関しては、a･i書出しが最初に問題となる。両方ともにその書出しは「東寺雑掌申……」となっていて同じようにみえる。しかし、⒩管領下知状についていうと、本来はさきに

書式について

差出書と位署書のちがい

みた、

　(ヘ)嘉暦二年（一三二七）　七月二日　検非違使庁下文（京函三六号四　写真4—5）

と同一の様式である。それが、鎌倉時代の武家の下知状、たとえば後ほど詳しく検討する、

　(ヲ)乾元二年（一三〇三）閏四月二三日　関東下知状（ヒ函一八号　写真4—10）

のように変化し、さらに室町時代には、いまいった下文様文書の書札様文書化ということによって大きく変化したものである。

　したがって、この(ヌ)管領下知状のa i書出しは「東寺雑掌申……」となっているが、本来は(ヘ)使庁下文のようになっていたのである。その「痕跡」として残っているのが、a vi位署書（署判）の位置である。このa vi位署書（署判）の位置について、まず(ヌ)管領下知状と(ル)管領施行状を比べてみよう。(ヌ)管領下知状では、日付の一行左下（これを奥下という）に「沙弥（花押）」と記されているが、(ル)管領施行状では、日付の下（これを日下という）に「沙弥（花押）」、そして最後の行に「山名右衛門督入道殿」とa vii宛書が記されている。この(ル)管領施行状の場合には、ふつうの書状と同じくa v差出書とa vii宛書であるが、(ヌ)管領下知状の「沙弥（花押）」はa v差出書ではない。本来は、さきにみた(ヘ)使庁下文のように、冒頭におかれるべきa v差出書・a vii宛書が省略されてしまったのである。したがって、(ヌ)管領下知状の「沙弥（花押）」はa v差出書ではなく、さきの(ヘ)使庁下文の「主計助兼左衛門少尉坂上大宿祢（花押）」や(チ)官宣旨の「右中弁藤原朝臣（花押）」「大史小槻宿祢（花押）」と同じく、この文書に責任をもちますというa vi位署書（署判）である。これで、同じく文末にある「沙弥（花押）」も、(ル)管領施行状ではa v差出書であるが、(ヌ)管領下知状では(1)a v差出書ではなく、a vi位署書（署判）であるというちがいがあることがはっきりしたと思う。

　さらに細かいことになるが、(ヌ)管領下知状・(ル)管領施行状ともに「沙弥（花押）」となっている。それは、このとき管領畠山持国は入道していたので、両方とも「沙弥（花押）」となっているだけで、俗人の場合には(ヌ)の形式の管領下知状と、(ル)の管領施行状では署判の仕方がちがう。たとえば、(ヌ)に相当する、

　嘉吉元年（一四四一）一二月二六日　管領細川持之下知状（東寺文書　聚英三七九号）

では奥下に「右京大夫源朝臣（花押）」、すなわち「官（右京大夫）・氏（源）・姓（朝臣）・名（花押）」と署している。これは、さきにみた(チ)官宣旨の署判と同じである。しかし、これをうけた(ル)管領施行状に相当する、

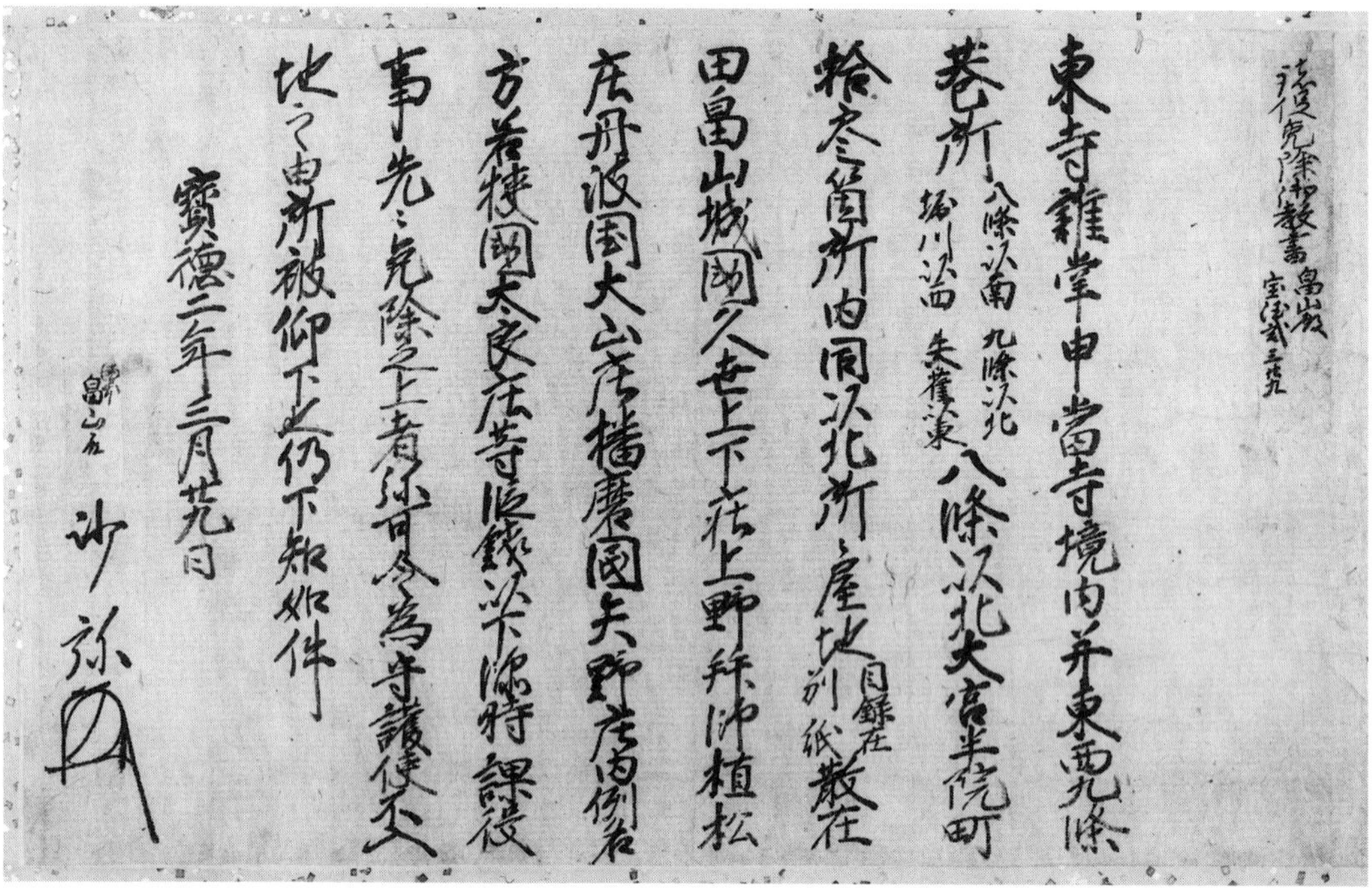

写真４—８　管領畠山持国下知状

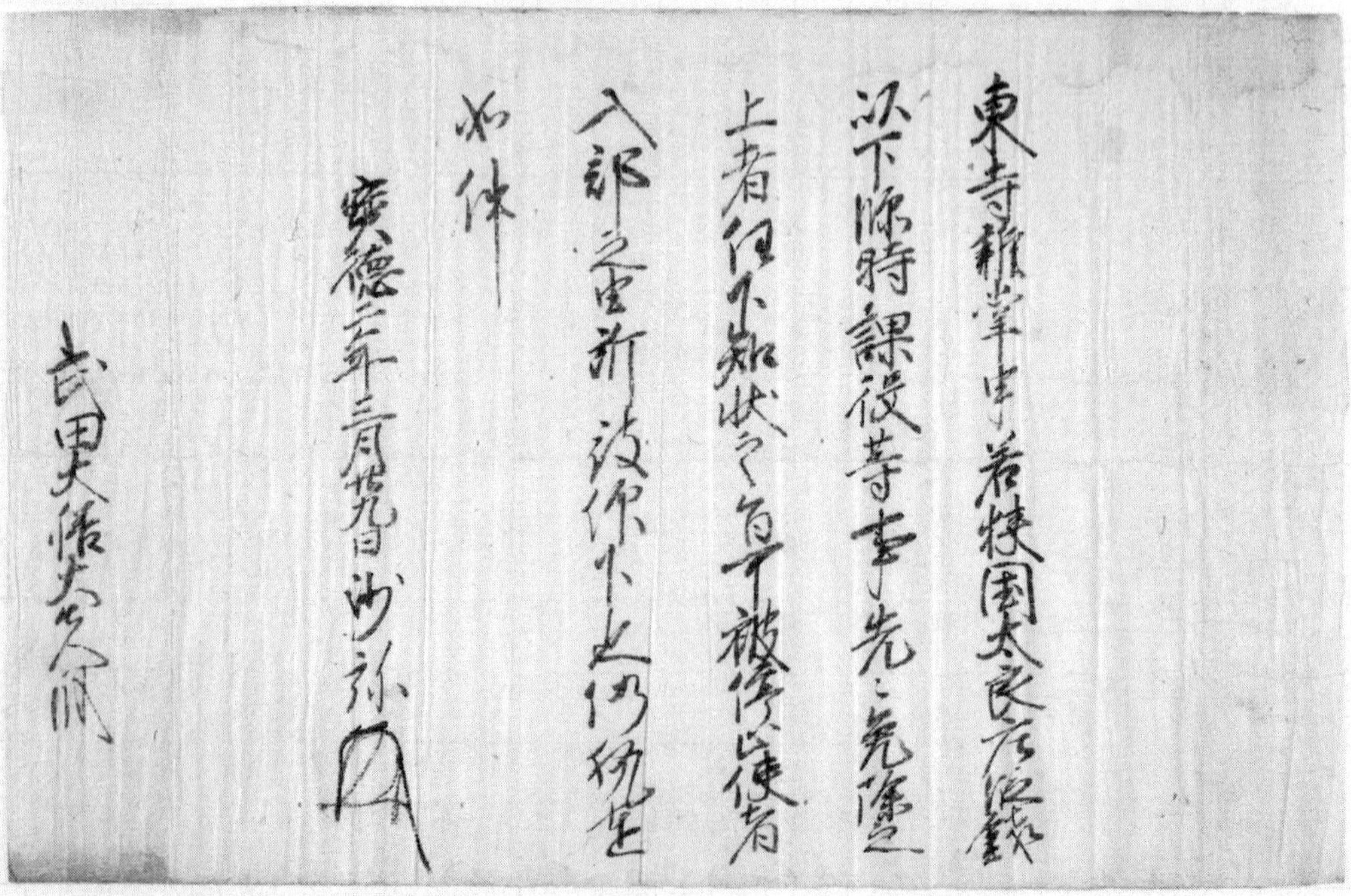

写真４—９　管領畠山持国施行状

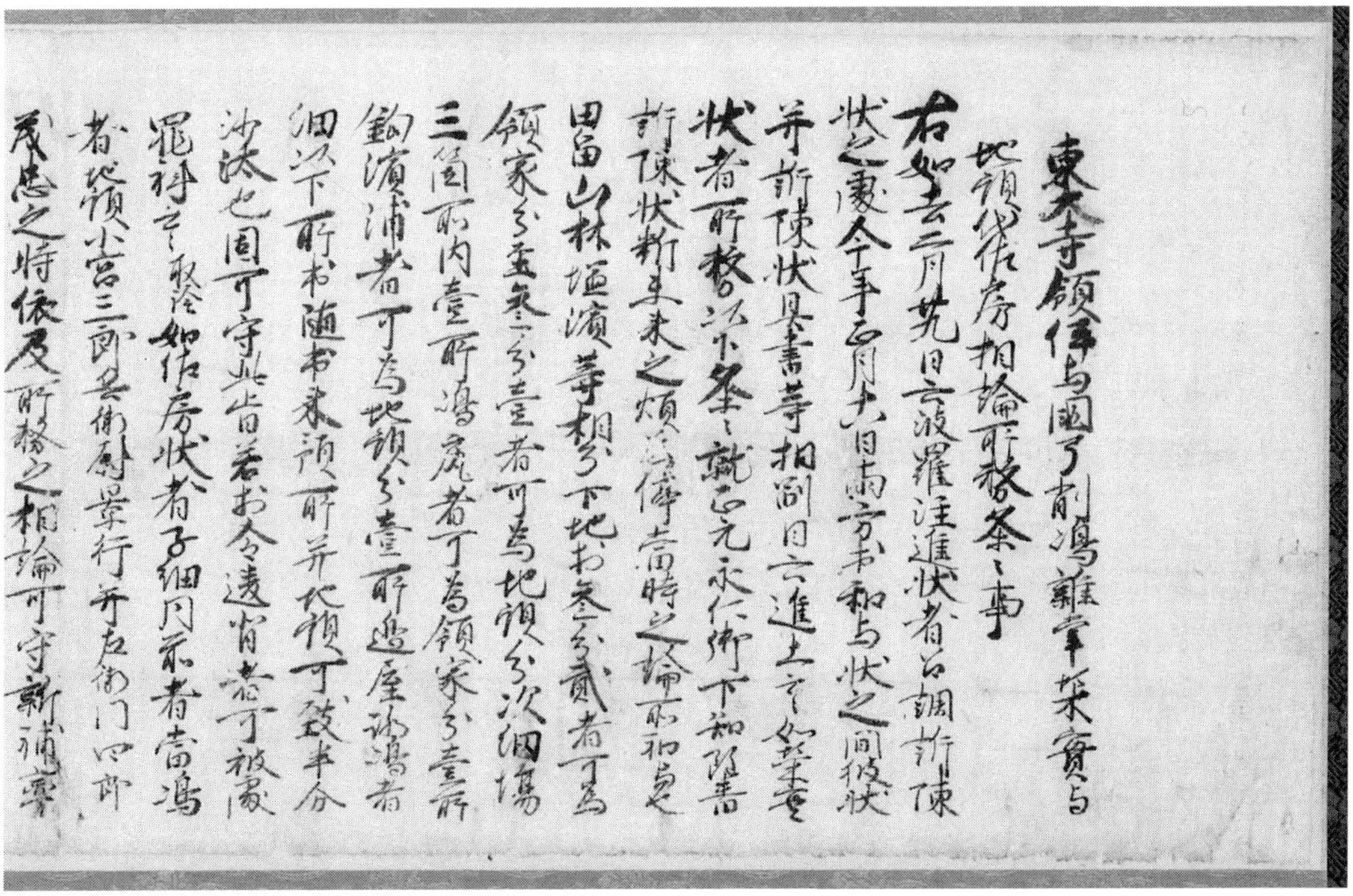

写真４―10　関東下知状（１）

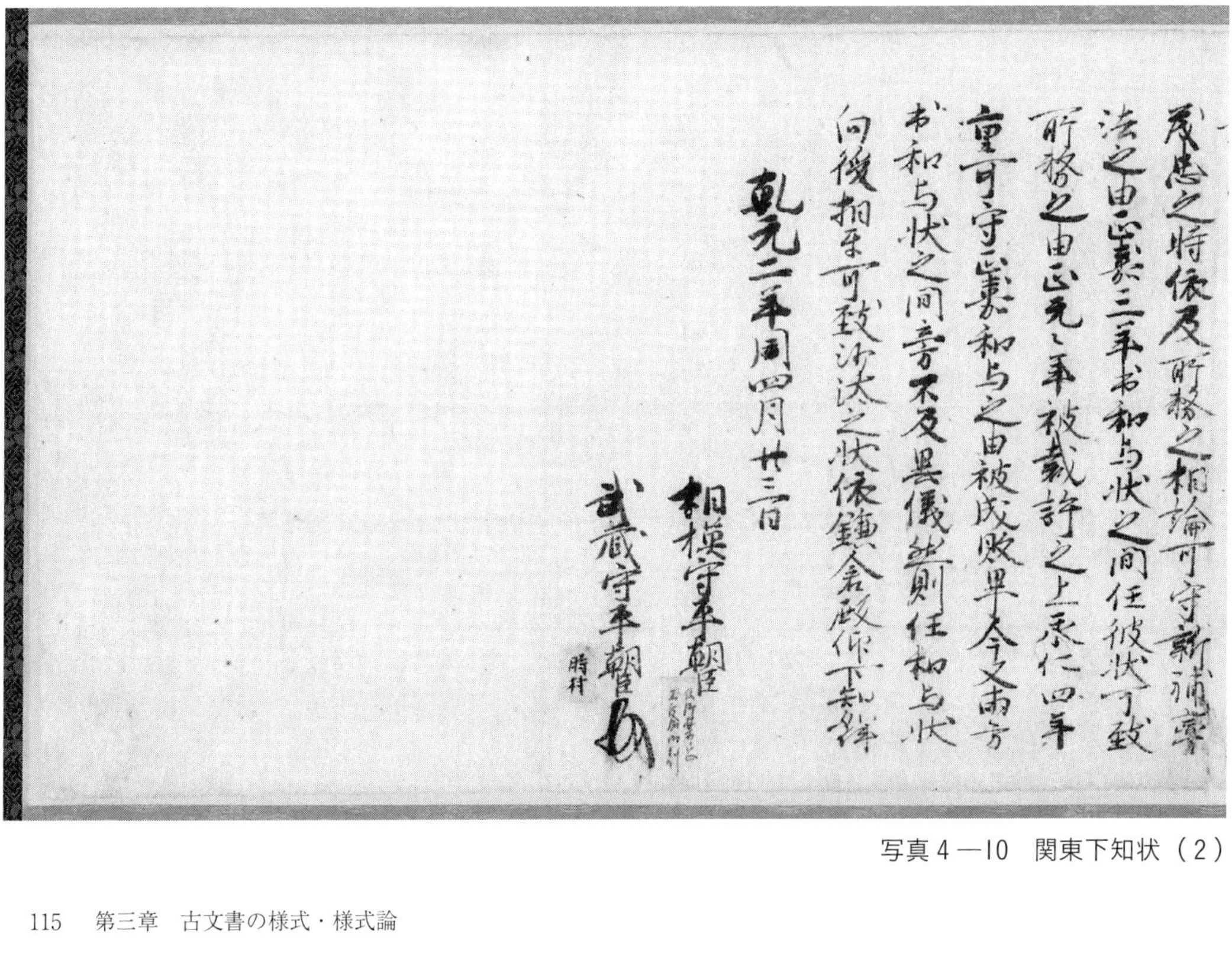

写真４―10　関東下知状（２）

嘉吉元年（一四四一）一二月二九日　管領細川持之施行状（り函八一号）

では、日下に「右京大夫（花押）」と署しており、(ヌ)管領下知状と(ル)管領施行状では署判の仕方がちがうことが確認できる。

料紙について

つぎに、(2)a料紙の紙質についてみてみると、(ヌ)管領下知状は、写真4―8では鮮明ではないが、これとは別に『聚英』一一九七号の写真を拡大鏡でみていただきたい。横に粗い簀の目がみえる。それが、この文書の料紙である第Ⅲ類（檀紙）[16]のわかりやすい大きな特徴である。この文書は、すでに巻子に表装されているためにかならずしも正確とはいえないが、色は白ではなく黄茶色味をおび、繊維は粗く、荒々しい感じのなかにも一種おかしがたい風格を備えている。これに対して、(ル)管領施行状は、(ヌ)管領下知状に比べて色は白く繊維のこなれもよく、中世の公家・武家をとおして一般的な公文書によく使われたふつうの料紙で、第Ⅳ類と分類する料紙である。ともかくも、料紙の質がちがうことは、両者を比べてみたら一見してわかる。[17]これは、さらに客観的な数字であらわすことのできるc料紙の大きさをみるとはっきりする。すなわち、

(ヌ)管領下知状　三一・四×五二・〇（竪×横　以下同じ）センチメートル

(ル)管領施行状　二九・六×四八・四センチメートル

である。すなわち、(ヌ)が大きくて、(ル)が小さいこともはっきりする。同一人が同じときに書いた文書であっても、(ヌ)と(ル)では料紙がこれほどちがっているのである。これは偶然ではなく、意識して使いわけたのである。

書体について

さらに、(6)書体がちがっている。一見したところ両者同じようにみえるが、(ヌ)管領下知状はⅰ楷書体といってよいと思う。しかし、(ル)管領施行状の方はそれより一段崩れており、ⅱ行書体といえるかどうかは別として、(ヌ)管領下知状より崩れていることはまちがいがない。[18](ヌ)と(ル)は同じ時に、同じ奉行人が書いた文書であるにもかかわらず(6)書体がちがっている。これも、意識して区別したとしか考えようがない。

武家様文書という様式は成立しえない

写真で一見すると、(ヌ)管領下知状と(ル)管領施行状とではほぼ同じようにみえる。しかし、同じくⅢ武家様文書とはいうものの、しかも同一の奉行人が同じときに書いた文書であっても、すこし細かく検討してみると、両者の間には(1)書式にしても、(2)料紙その他にしても、大きな相違点があることがわかった。これは、様式のちがいというべきものである。したがって、Ⅲ武家様文書という様式も成立しえないということがはっきりしたと考える。ここでも、共通する点といえば、武家の発給文書というだけである。かくして、これらはⅢ武家様文書では

わが国の公文書の様式分類

「もの」としての文書の様式分類

武家様文書

なく武家文書と総称すべきものである。

以上の点については、さきに前記拙稿「古文書の様式について」で詳しく述べたが、ここでは、わかりやすく公家様文書と武家様文書について述べた。

第三項　新しい古文書の様式分類――「もの」としての古文書の様式分類――

以上で明らかなように、たんに文書の⑴書式、⑴b文体などのA文字情報（＝様式）だけではなく、⑵料紙、⑶封式、⑷署名・花押、⑸筆跡・墨色、⑹書体、⑺紙面の飾り方などのB非文字情報（形状）を含めた広く文書の形態＝「かたち」全体を同じくするものを同一の様式とよぶことにすると、わが国の公文書の様式分類としては、Ⅱ公家様文書、Ⅲ武家様文書という分類は成立しえないということがはっきりした。これまでⅡ公家様文書、Ⅲ武家様文書といってきたのは、ただ発給者を同じくするだけで、公家文書・武家文書と称するのが適当であろう。そうしたら、わが国の公文書の様式分類はいかにあるべきなのだろうか。私は、Ⅰ公式様文書はともかくとして、それ以外の公文書の様式としては、これまで述べてきたことでほぼ想像ができると思うが、Ⅱ下文様文書、Ⅲ書札様文書と分類するのが適当だと考える。いうまでもなく、「もの」としての文書の様式分類である。すなわち、わが国の公文書の様式分類は全体として、Ⅰ公式様文書、Ⅱ下文様文書、Ⅲ書札様文書と分類すべきものであろう。

㈠下文様文書と書札様文書

以上のことを前提にして、もう一度、さきのⅢ武家様文書としての、

(ヌ)宝徳二年（一四五〇）三月二九日　管領畠山持国下知状（東寺文書　聚英二九七号　写真4―8）

(ル)宝徳二年（一四五〇）三月二九日　管領畠山持国施行状（マ函八六号　写真4―9）

の二通の文書をみてみよう。いちばんはっきりしているのは、B非文字情報の⑵料紙のちがいである。細かいa紙質のちがいは別として、みただけでc大きさがちがうことは確認できる。⑴書式やB非文字情報（形状）などの相違点については、もう一度同じことを繰りかえしはしないが、(ヌ)管領下知状と(ル)管領施行状とは、同一人がおそらく同一の場所で認めた相関連する文書であるにもかかわらず、「かたち」の上では非常にちがっているこ

公家様文書

とが確認できた。

これについては、Ⅱ公家様文書の場合も同じである。

(チ)嘉禎二年（一二三六）　八月　二日　官宣旨（東寺文書　聚英六六号　写真4—6）

(リ)正和四年（一三一五）一一月二四日　後宇多上皇院宣（せ函南朝文書一号　写真4—7）

とは、「かたち」の上で共通する点はみいだせなかった。

それだけではない。(チ)官宣旨と(ヌ)管領下知状とは、公家文書・武家文書のちがいはあるが、基本的に「かたち」を共通することがわかる。また、(リ)後宇多上皇院宣と(ル)管領施行状も同じである。全体として、(チ)官宣旨と(ヌ)管領下知状にみられるのはⅡ下文様文書の特色である。それに対して、(リ)後宇多上皇院宣と(ル)管領施行状にみられるのはⅢ書札様文書の特色である。この点を確認しておいて、別の文書についてさらに具体的にみてみようと思う。

下文様文書の特徴

(2)下文様文書の特徴

ここで、

(チ)嘉禎二年（一二三六）　八月　二日　官宣旨（東寺文書　聚英六六号　写真4—6）

(ヲ)乾元二年（一三〇三）閏四月二三日　関東下知状（ヒ函二八号　写真4—10）

の二通を比べてみることにする。いうまでもなく、(チ)は従来の様式分類ではⅡ公家様文書であり、(ヲ)はⅢ武家様文書である。

書式について

(チ)官宣旨に関してはすでに述べたが、まず(1)書式についていうと、(チ)官宣旨は最初に「左弁官下東寺」というようにａⅴ差出書とａⅶ宛書があり、つぎに事書、本文（事実書）となっている。これに対して、(ヲ)関東下知状は「………事」という事書ではじまり、つづけて本文（事実書）が記されており、(チ)官宣旨の最初にみられたａⅴ差出書・ａⅶ宛書を欠いている。しかし、この(ヲ)関東下知状の場合も、本来は冒頭に記されるべきａⅴ差出書とａⅶ宛書が省略されただけで、本来の(1)書式としては両者同一と考えて問題はない。それを確認するのがａⅵ位署書の書き方である。(チ)官宣旨は「右中弁藤原朝臣（花押）」、(ヲ)関東下知状は「右馬権頭平朝臣（花押）」といずれも「官・氏・姓・名」で両者完全に一致している。ただ、ａⅵ位署書の場所はちがっているが、これは様

文体について

式の問題ではなく、太政官文書と鎌倉幕府文書のちがいといったらよいと思う。また、⑴b文体をみても、すこし崩れた和様漢文体で、両者同じである。

料紙の紙質について

つぎに、⑵a料紙の紙質についてみると、(チ)官宣旨は良質の楮を丁寧に漉いた紙で、きめが細かくしなやかで墨ののりがよく、この頃の公文書としては非常に良質の料紙である。第Ⅱ類のうちでも比較的良質の料紙である。これに対して、(ヲ)関東下知状の方はすこし質が落ち、楮の質も最高とはいえず、黄色味を帯び固い感じでがさがさとしており、墨のかすれがみられる。(チ)に比べて明らかに一段あるいは二段落ちるが、さりとて第Ⅲ類あるいは第Ⅳ類に分類するには躊躇される。やはり、第Ⅱ類の料紙とするのが適当だと思う。したがって、⑵a紙質に関しては、(チ)官宣旨と(ヲ)関東下知状の間には、細かい点で相違はあるものの、全体として大きくて良質だということで第Ⅱ類の料紙とするのが適当だと思う[19]。ただ、ここで注意をしておくと、⑵a料紙の紙質の同異は、直接様式の同異と対応するものではないが、両者がほぼ同一ということは確認できると思う。

料紙の形状について

封式について

書体について

そして、⑵b料紙の形状をみると、(チ)官宣旨は三紙を糊継ぎをし、また(ヲ)関東下知状は二紙を糊継ぎをしている。一紙ずつi竪紙の形ではなく、いずれもiii続紙の形で使うという点において、両者の使い方は同じである。すなわち、二紙以上の長文の場合には、iii続紙の形で使うということがわかる。これは、⑶封式とも関連する。いまいったように、(チ)官宣旨と(ヲ)関東下知状はともにiii続紙の形をしており、本紙・礼紙・封紙といった⑶封式をとらないという点でも共通している。これは、Ⅱ下文様文書の大きな特徴である。また、⑹書体は(チ)官宣旨・(ヲ)関東下知状ともにi楷書体で、同一である。

したがって、上記(チ)官宣旨と(ヲ)関東下知状は、片や公家の文書で、片や武家の文書という発給者のちがいはあるが、⑴書式、⑴b文体をはじめ、⑵b料紙の形状、⑶封式、⑹書体などの基本的な点は両者同じである。これらの点は、公家・武家をつうじて広く宣旨・官宣旨・下文・下知状などに共通してみられる特色である。したがって、これをⅡ下文様文書と総称するのが適当である。

書札様文書の特徴

⑶書札様文書の特徴

最後に、書札様文書について考えてみる。ここでは公家・武家のそれぞれの文書として、

(リ)正和四年（一三一五）一一月二四日　後宇多上皇院宣（せ函南朝文書一号　写真4―7）

(ワ)応仁元年（一四六七）　六月二五日　足利義政御判御教書（マ函九四号　写真4―11）

を比較することにする。(リ)後宇多上皇院宣については、さきにみたが、(ワ)足利義政御判御教書は、応仁の乱の勃発直後、義政が「天下静謐」の祈祷を東寺に命じたものである。

書式について

まず、(1)書式は、a i 書出しが本文からはじまり、a v 差出書・a vii 宛書が最後にくる形式で両者同じである。

文体について

(1)b文体も、両者同じくb ii 候文である。

料紙の形状について

つぎに、(2)b料紙の形状をみると、(リ)院宣・(ワ)御判御教書ともに、それぞれ一紙ずつ独立してi竪紙の形で用いられている。(リ)院宣は本紙・礼紙・封紙の三紙が確認されることはさきに述べた。(ワ)御判御教書は、本紙と封紙がみられる。[20] 礼紙は省略されているが、これは武家文書の通例であって、原理は本紙・礼紙・封紙の三紙が揃っていると考えてよい。[21] したがって、基本的な(2)b料紙の形状は両者同じといってまちがいはない。(2)a紙質、(2)c大きさ・厚さなどは両者明らかにちがっているが、これは文書そのものの機能との関係で論ずべきもので、様式と関係するものではない。

封式について

書体について

(3)封式については、いま(2)b料紙の形状について述べたように、公家文書と武家文書のちがいはあるものの、基本的な原則という点では、両者同じである。(6)書体については、(リ)院宣の方がすこし崩れていてii行書体で、(ワ)御判御教書はi楷書体に近い書体で、この点については両者に相違がみられる。[22]

ともあれ、Ⅲ書札様文書では、細かい点では公家文書と武家文書のちがいはみられるが、大きく全体としての形態は同じであるといってよい。これらは、広く各種の御教書をはじめ院宣・綸旨などの公家文書、また関東・六波羅の御教書、室町将軍の御判御教書（これには下文様文書の系統のものもある）、管領・引付頭人の奉書、幕府奉行人の奉書などに共通する点であって、公家文書・武家文書を含めてⅢ書札様文書と総称するのが適当といえる。

古文書の様式分類とは

(4)古文書の様式分類とは

以上、下文様文書と書札様文書の特徴についてみてきた。そして説明として重複する点もあるが、わが国の古代中世の公文書の様式としては、たんに(1)書式というA文字情報だけではなく、広く(2)料紙、(3)封式、(4)署名や花押、(6)書体、(7)紙面の飾り方などなどのB非文字情報などを含めた形状＝「すがた」を同じくするものを一つ

写真４—11　足利義政御判御教書（封紙）

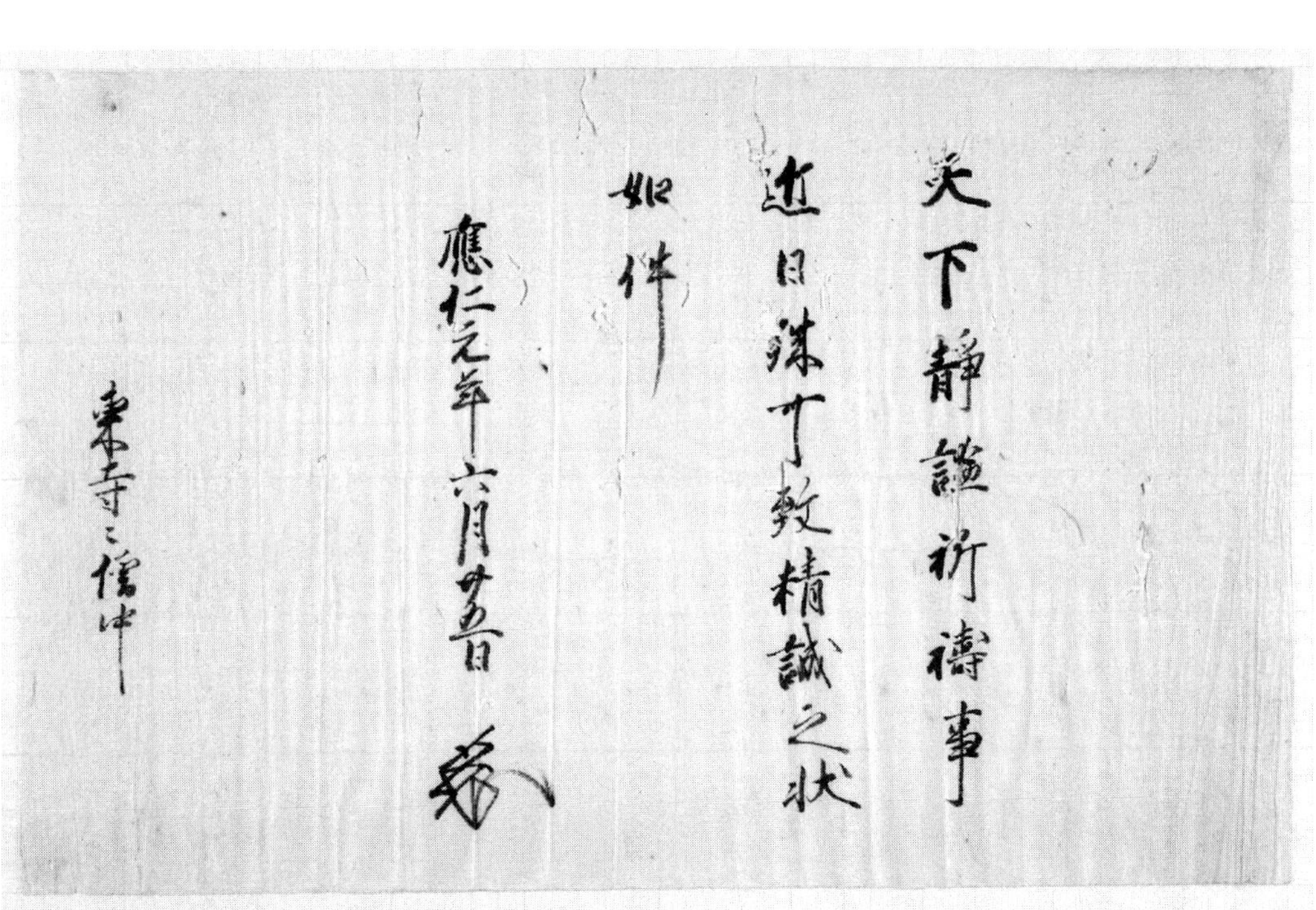

写真４—11　足利義政御判御教書（本紙）

文字情報のみにしかすぎない

の様式と規定するならば、これまでいわれてきたⅡ公家様文書・Ⅲ武家様文書という文書様式は成立しえないことがはっきりした。それは、たんに発給者別の分類であって、公家発給の文書＝公家文書、武家発給の文書＝武家文書と称すべきものである。

そのよってきたるところは、これまでの古文書学は、古文書学とはいうものの、「もの」としての古文書＝一次資料を研究の対象にするのではなく、主として刊本・写本あるいは影写本などの二次資料あるいは三次資料によって、古文書を論じてきたことによるといわざるをえない。したがって、様式とはいうものの、実際そこでとりあげられているのはA文字情報のみにしかすぎない。B非文字情報＝形状には、ほとんど、あるいはまったく関心がない。

これを簡単にいうと、従来「様式」として論じられてきたのは、すべて文書の書き方＝⑴書式だけである。文書の様式として論ずべきは、たんに⑴書式というA文字情報だけではなく、⑵料紙、⑶封式、⑷署名・花押、⑸筆跡、⑹書体、⑺紙面の飾り方などのB非文字情報としての形状＝「すがた」を含めた文書の形態＝「かたち」である。したがって、従来の「様式論」は「様式」とはいうものの、文書の「かたち」全体を触れるものではなく、たんにその一部であるA文字情報の⑴書式だけを論じていたのにすぎないのである。

文書の様式・様式論について、本章でいささか面倒なことを述べてきたかとも思うが、実際の文書について具体的に「文書の様式とは」ということを確認したかったからである。これによって、文書の「「かたち」をととのえる」ということは、古文書学の問題としては主として様式論に関する問題であることをはっきりさせたかったのである。

註

（1）黒板氏の古文書学、そして様式論についても述べなければならない点が多いが、これは別に論ずることとして、いまはこれだけにしておく。

（2）私が確認しえたかぎりでは、他に同書一七二頁に「形様」が二度みられる程度である。

（3）いささか長文になるが、厳密を期してそれを引用すると、相田氏は『日本の古文書』でつぎのようにいう。

抑〃我が国制度史料の根幹と云はるゝ大宝律令は、ここに改めて申すまでもなく文武天皇の大宝元年に成つた法令で、今日伝はるものは其後養老二年修定したものと云はれてゐる。この令の中の一巻に公式令と申すものがある。これには天皇の大命を伝へさせ給ふ詔勅以下の公文書を始め、文書に関する規定が多数含まれてゐる。この条文が我が古文書の書式、即ち様式と申すものを研究致す根本の資料となつてゐる。実に我が国の古文書研究資料は、その実物の上からも文章の上からも、奈良時代の初期のものにその根幹が存すると云ふべきである。

かやうな次第であるから、この公式令に様式の規定してある種類の文書を一つの部類に分け得る。即ち公式令に様式を規定してある古文書、之を第一部とす。次に平安時代の中期に至ると、大宝の制度も、時勢の進展と共に次第に変改を見るに至り、文書の上に於ても新しい書式のものが用ひられるに至つた。ここに於て平安時代に新に現れた公の文書、次いでその系統を引く文書此等平安時代に現れた公の古文書を第二部とす。次に平安時代の末期から、従来私の文書、書状消息と云はれてゐた文書が、次第に公の文書となり、又公の文書の各種のものに、この書式を具へるものが多くなつて来た。書状消息の書式の文書が公私両様の文書の大部分を占めるに至つたのである。仍つてこの書状消息を総称して書札と云ひ、書状消息の書式を具へたもの、之から発出した各種のものを総じて書札様の古文書と呼び、之を第三部とす（同書一七〇・一七一頁）。

ここでは、「様式」という言葉は三度使われているが、「古文書の書式、即ち様式と申すもの」以外に「様式」に関する説明・規定はまったくみられない。しかも「書式」についても説明はみられず、読者が適当に想像する以外に方法はない。ただ、ここでいえることは、『日本の古文書』の中編第一部の「公式令に様式の規定してある古文書」（傍点は上島）、すなわち「公式様文書」は「様式」である。それと同様、第二部の「平安時代に現れた公の古文書」すなわち「平安時代以来の公文書」、さらに第三部の「総じて書札様文書と呼ぶ」という「書札様文書」も「様式」としてよいと考える。『日本の古文書　上』では、これ以外にも「様式」という言葉は何度かみられたと思うが、おそらく二桁にはならないのではないかと考える。そして、それに関する説明はない。それ故、相田氏の場合も、中編第一部公式様文書、第二部平安時代以来の公文書、第三部書札様文書は様式と考えていることが確認できる。

（4）　これは『日本古文書学の諸問題　相田二郎著作集1』（名著出版　一九七六年）の彌永貞三氏の「後記」の文章である（同書四五一・四五二頁）。

（5）　この点については、つぎの註(6)を参照。

（6）　ここで、もうすこし詳しい説明をしておく。まず、様式論の最初の提唱者たる黒板勝美氏は、前記「日本古文書様式論」で、

蓋し内的研究は古文書の内容に於ける研究を意味し、用語、文章、文体、様式及び日付を始とし、右筆に関する史的事実と文章作成手続等の研究より、花押学、印章学等を包含す（同書二〇頁）。

蓋し様式は古文書に於ける骨骼にして、様式論は内的研究の中心たり（同書二一頁）。

公式令義解に公文式様と云ひ、五代会様巻第十三にも詔書式様の語見え、日記記録を始め中古以来の書札礼等皆書き様の事あり。様とは形成方式を指せる雛形なり。いま古文書の雛形に於ける方式を称して古文書の様式と

云ふ（同書三七頁）。

という。ここには、「様式とは何ぞや」ということについて、聞くべきことが具体的に述べられている。

しかし、実際に現在の古文書学と直結する『日本の古文書』の著者相田二郎氏は、すでにいったように「様式とは何ぞや」を正面切って規定していない。また、佐藤進一氏も『古文書学入門』においてはすでに述べたとおりである。ただ、佐藤氏はその後、同「中世史料論」――これについては、第一部第四章註(1)を参照――で、

文書は、働きかける側と働きかけられる側との関係と、働きかける側の意志（働きかけ方と言いかえることもできる）とによって、具体化の枠が設定される。その枠が、用材（紙・木・布等）・文型・文体・書体等の総体としての様式であって、いわば文書の様式は、文書の機能の表現形式である（同書二六九頁）。

といっている。これだったら「様式とは何ぞや」が、的確に規定されているといえる。そしてここでは、文字情報だけではなく、非文字情報としての「用材（紙・木・布等）」が、はじめて様式論の検討項目としてあげられているのがとくに注目される。

(7) 同「古文書の料紙研究の歴史と成果――檀紙・奉書紙と料紙分類――」（東北中世史研究会「会報」二〇号　二〇一一年）三頁。

(8) これ以外に、伊木壽一氏には『増訂日本古文書学』（雄山閣出版　一九七六年）があり、それとは別に『古文書学』（慶応通信　一九五四年）が出版された。また中村直勝氏には前記『日本古文書学　上中下』（角川書店）があり、また共編書として高橋磌一編『古文書入門』（河出書房新社　一九六二年）や伊地知鉄男編著『日本古文書学提要　上巻』（新生社　一九六六年）などもあった。

(9) 相田氏の分類は、様式・形式に徹したものである。したがって、わかりにくい点がすくなくない。ここでは、相田氏を基本とするが、全面的にそれによるのではなく、また形式・個別文書名と統一されていないが、以下の私の分類はわかりやすいということを主としたものだということを了承いただきたい。

(10) この点については、非常におさえた形ではあるが、早く拙稿「古文書の様式について」（『史學雑誌』九七編一一号　一九八八年）の「はじめに」で指摘した。

(11) 東寺宝物館所蔵の東寺文書については、以下、細かい分類名は省略して、「東寺文書」と記し、上島有編著『東寺文書聚英　図版篇・解説篇』（同朋舎出版　一九八五年）の番号を「聚英〇〇号」と記すこととする。東寺文書についても、十分には写真掲載はできないので、できるだけ『東寺文書聚英』について確認いただきたい。

(12) ここに掲載した(ハ)から(ト)までの文書は、東寺百合文書である。以下、本書では東寺百合文書については、すべて「東寺百合文書」の記載を省略して、「京函三六号一」のように函名と文書番号のみを記載することとする。ここでは、(ハ)山僧賀運申状と(ト)山僧頼以重請文の写真の掲載は省略した。以下、まだ何通か東寺百合文書をとりあげるが、写真の掲載には限度がある。幸い、百合文書はすべて京都府立京都学・歴彩館から「東寺百合文書ＷＥＢ」としてデジタ

ル画像が公開されているので、ぜひそれを参照いただきたい。

(13) 端裏銘については、序章第四節「新しい古文書学の研究分野と機能論」ですこし触れているのでご覧いただきたい。また、後ほど第四章第五節第三項「訴訟関係文書の場合」でも関連事項を述べている。

(14) この点は、古文書の本質を考える場合に非常に重要なことなので、後ほど第四章第五節「文書はふつう「かたまり」として機能する」で別の事例について詳しく述べる。

(15) これは、前記拙稿「古文書の様式について」に掲載したものである。そのとき、この表4―2「各様式の文書の特徴（公家文書）」とほぼ同じものを「別表」としてあげた。すでに三〇年近くも前のもので、はなはだ雑駁なもので補訂したい点もある。そして、以下で述べることと論点がかならずしも一致してはいない。しかし、公家文書のそれぞれの特徴を比較的よく述べていると考えるので、今回はそのまま掲出した。すこし別の観点から、いちおうの参考としてご覧いただきたい。

(16) 古文書の料紙の紙質による分類は、非常に煩雑で難しい問題が多い。しかし、前記拙著『中世日本の紙』で、それを大きく、

第Ⅰ類　第Ⅱ類　第Ⅲ類（檀紙）　第Ⅳ類　第Ⅴ類　第Ⅵ類（宿紙）　第Ⅶ類（斐紙）

と分類して詳しく説明した。拙著『新しい中世古文書学――アーカイブズとしての古文書――　各論編』でもすこし詳しく説明したいと思っている。

(17) ただし、料紙の紙質の使い方は、個々の文書の機能と関連するところが多く、文書の様式のちがいというところまで結びつけることにはまだ問題がある。ここでは、様式の問題とは別に、(ヌ)管領下知状と(ル)管領施行状の料紙の相違点だけを指摘するに止めておく。

(18) この(ル)管領施行状は、若狭国太良庄について同国の守護武田信賢に遵行を命じたものであるが、これとまったく同内容の同日付で同一の奉行人の手になる施行状の正文が、もう二通残っている。一通は、播磨国矢野庄に関して同国守護山名持豊に宛てたもの（東寺文書　聚英三八二号）、もう一通は丹波国大山庄に関して同国守護細川勝元に宛てたもの（東寺文書　聚英三八四号）である。これら二通は、(1)書式、(2)a料紙の紙質、(2)c料紙の大きさ、(6)書体も、(ル)管領施行状とまったく同じである。すなわち、奉行人は意識して(ヌ)管領下知状と三通の(ル)管領施行状を書きわけていたことがはっきりする。

(19) この第Ⅱ類については、幅が広く非常に難しいという点については、前記拙著『中世日本の紙』の本論第三章第三節「第Ⅱ類の料紙の種類とその時代的変遷」をみていただきたい。

(20) この文書の封紙（写真4―11B）には、差出書がなく、「東寺〃僧中」としか記されていないが、この筆跡は本紙の宛書の「東寺〃僧中」と同じである。そして、大きさ・紙質ともに両者まったく同じであるから、封紙にまちがいはない。足利将軍の御判御教書の封紙は「な函二六九号」以下に六通みられるが、いずれも「尊氏」などの差出書が

ある。この(ワ)足利義政御判御教書にはそれがみられないが、将軍のこととて奉行人が意識的に省略したのか理由は不明であるが、この本紙の封紙であることはまちがいはない。

(21) 武家の公文書は、ふつう本紙と封紙の二紙で、礼紙はともなわない。しかし、本紙は竪ノ中折りという折り方をしている。本紙の中央から表を外側にして、まず二つに折りたたむ。つぎに、折り目を左において、右の方に折りたたむという方式である。これは、実は、本紙の中央の右を本紙、左を礼紙にみたてたもので、公家の礼紙を省略した形ということができる。すなわち、書札様文書の本紙・礼紙・封紙という原則は守られているといってよいのである。

(22) (リ)後宇多上皇院宣は、とくに万里小路宣房の個性がでた文書であるが、一般に南北朝・室町時代の院宣・綸旨が、室町幕府の御判御教書や管領施行状などより崩れていることは事実である。これは、武家文書の下文様文書の書札様文書化、下文様文書と書札様文書の同化という現象とも関連するが、公家文書と武家文書のちがいということもできよう。

第四章　古文書の機能・機能論

第一節　機能論研究の提起

機能論研究の提起

機能論だけが突出するのは正常な古文書学とはいえない

いまみたように、様式論一辺倒の従来の中世古文書学界にあって、注目されるのは機能論の研究である。「機能論」という言葉は最近一部によく聞かれる言葉である。そして、従来の様式論に代わって、新たに機能論があたかも古文書学であるかのような議論がみられるが、これもさきの様式論がそうであったように、機能論だけが突出するのは正常な古文書学とはいえないのではなかろうか。というよりは、私はこの提案全体を慎重に検討する必要があると考えるのである。

この機能論研究の重要性を新たに提起したのは佐藤進一氏である。氏は、同『古文書学入門』を終わるにさいして、その「結び――古文書学の課題」において、

［引用9］　端的にいって、古文書学とは文書史である、といった方が、古文書学の性質を明確にいいあらわすことができると私は考える。われわれが知りうる最古の文書から、今日、日々いや時々刻々作成され発行され続けている文書に至るまでのすべての文書が、古文書学すなわち文書史における研究素材であり、逆にいえば、時代の新古を問わず、あらゆる文書が、文書史の素材として取り上げられる限りにおいて古文書なのである。

それでは文書史の目的は何か。文書が、特定者から特定者に対して文字を使用して行なわれる意思伝達の手段であり、しかも、単なる伝達ではなくして、相手方に種々さまざまの反応の起こることの期待を含んだ伝達であることを考えると、文書史の目的は文書の機能の歴史を明らかにすることにある、といわなければなるまい。より具体的にいえば、機能を軸にして、各時代の文書体系と、その史的展開を明らかにすること

が、古文書学の骨骼となるべきであろう（同書二八三・二八四頁）。

として、「機能を軸にして、各時代の文書体系と、その史的展開を明らかにすることが、古文書学の骨骼となるべきであろう」と、新たに機能論の研究の必要性を提言した。これが、現在の古文書学界の重要課題といわれる機能論の議論の発端である。

佐藤氏は、早くから文書の機能には注目していたようである。さきにも引用したが、『古文書学入門』の最初に「古文書研究の歴史」を述べて、

しかし概していえば、これまでの古文書学は様式論中心であって、古文書の機能とか分布状態とかの問題はまだあまり研究されていない（[引用6]）。

といっている。様式論以外の研究分野としては、まず文書の機能があげられている。

たしかに、文書の機能の研究は重要である。すでに、本書の序章第四節「新しい古文書学の研究分野と機能論」で触れたことではあるが、早く前記拙稿「[講演会報告] 文書のかたちとかたまりについて」で、

古文書学の研究領域としては、⑴様式論、⑵形態論、⑶機能論、⑷伝来論の四つの研究分野が考えられる（同書一三四頁）。

とし、さらに、

ここでいう機能論的研究というのは、個々の文書の機能を明かにするというだけではなく、それを通じて文書を機能的なつながりにおいて（かたまりとして）みようとすることである。およそ文書は、私信を除いては、一通だけでその機能を果す場合は珍らしく、何通かの文書が相関連しながら、ひとつの機能を果すのである。そこで、このような文書相互の機能・関連を明かにする研究分野が必要となる。これを機能論的研究と呼ぶのである。様式論にあっては、個々の文書の様式を重視するため、ややもすれば文書相互の関連を見失い勝であるが、各文書の様式をふまえた上で、それぞれをつながりとしてみようとするのである（同書一三四頁）。

ともいっている。これは、まだ古文書学の勉強を本格的にはじめた初期のもので、十分なものとはいえないが、そして佐藤氏のいう機能論と完全に一致するものではないが、早くから文書の機能の重要性について注目しているのである。

佐藤氏の機能論の問題点

文書史とは何ぞや

文書史の目的

現用段階の文書にかぎられるのか

一通の「個」としての文書にかぎられるのか

それはともかくとして、現段階で古文書学として、古文書の機能を論ずる場合、すべて佐藤氏のこの［引用9］の提案が出発点となっているが、新しい古文書学としては、はたしてそれでよいのだろうか。佐藤氏は「古文書学とは文書史である」（［引用9］）という。これは、まさにそのとおりである。その上で氏は、「文書史の目的は文書の機能の歴史を明らかにすることにある」（同前）という。その理由は、「文書が、特定者から特定者に対して文字を使用して行われる意思伝達の手段であり、しかも、単なる伝達ではなくして、相手方に種々さまざまな反応の起こることの期待を含んだ伝達である」（同前）として、これによって氏の機能論が展開される。

しかし、この提案にはつぎのようないくつかの大きな問題があると思う。

［問題点Ⅰ］　まず、「古文書学とは文書史である」ことはまちがいがないとしても、はたして古文書学＝文書史とは、氏のいうような「時代の新古を問わず、あらゆる文書」が対象という理解でよいのだろうか。文書史については、佐藤氏にはこれ以外の言及はないが、これで中世古文書学が具体的に論じられるのだろうか。

［問題点Ⅱ］　「文書史の目的」すなわち古文書学の研究目的は、たんに「文書の機能の歴史を明らかにすること」であるとしてよいのだろうか。文書の機能の研究は、文書の様式その他の研究と同じく、古文書学の一研究分野ではないのだろうか。

［問題点Ⅲ］　文書の機能・機能論といえば、文書は「特定者から特定者に対して文字を使用して行なわれる意思伝達の手段であり」といわれるように現用段階の文書の文字情報についてのみ論じられている。しかし、文書の機能といった場合には、たんに現用段階の文書だけではなく、半現用・非現用段階の文書全体の文字情報・非文字情報すべてを包括するものではないのだろうか。

［問題点Ⅳ］　これは、佐藤氏の提案だけではなく、現在の古文書学界全体の問題でもあるが、現在文書の機能として論じられているのは、一通の「個」としての文書の働きだけに限定されている。しかし、文書の機能といえば、一通の「個」としての文書の働きもさることながら、「かたまり」としての働き、「群」としての文書の機能がより重要なのではなかろうか。

という疑問がでてくる。全体として「機能を軸にして、各時代の文書体系と、その史的展開を明らかにすることが、古文書学の骨骼となるべきであろう」ということでよいのだろうか。以下、これらの問題について検討してみようと思う。

第二節　「文書史」とは何ぞや――作成から保存にいたる全過程が「文書史」――

まず、［問題点Ⅰ］の「文書史」の理解について考えてみる。佐藤氏は、さきの［引用9］において「古文書学とは文書史である」という。「文書史」というのは、佐藤氏によって一般化された言葉ではないかと思うが、たしかに「古文書学とは文書史である」といえる。

佐藤氏は「文書史」を、

われわれが知りうる最古の文書から、今日、日々いや時々刻々作成され発行され続けている文書に至るまでのすべての文書が、古文書学すなわち文書史における研究素材であり、逆にいえば、時代の新古を問わず、あらゆる文書が、文書史の素材として取り上げられる限りにおいて古文書なのである（［引用9］）。

と規定する。たしかに、古代＝「われわれが知りうる最古の文書」から、近現代＝「日々いや時々刻々作成され発行され続けている文書」にいたるまで、すべての文書が「文書史の素材」であることにまちがいはない。私も、さきに序章第一節第一項「アーカイブズ・アーカイブズ学」で、アーカイブズとは、

過去の古文書・古記録から近年の公文書・企業文書・映像記録・電子記録などまで、時代や媒体に関わらずさまざまな組織体が生み出す一次的な記録情報資源。

であり、

私は、アーカイブズ学といえば、本来は古代から近現代にいたるすべての時代を一貫した論理でとらえられるべきものである。

ともいった。そして、その後も常にこの点を確認してきた。

しかし、これは大きく一般論としてアーカイブズ学としての古文書学のあり方を述べたもので、これがそのまま厳密に学問としての中世古文書学の研究課題に直結するものなのだろうか。たしかに、大きく「文書史の研究の素材」が、「最古の文書から、（現在）時々刻々作成され発行され続けている」全時代の文書であることはまちがいはない。しかし、このような広汎な一般的な概念が、そのままで中世古文書学の具体的な「研究の対象」と

なるものではないと私は考える。具体的に古文書学の研究の対象とするには、まず「文書・古文書とは何ぞや」ということが厳密に定義されなければならない。学問的な定義のないまま、たんに「時代の新古を問わず、あらゆる文書」だけでは一般論としては通用するとしても、厳密に学問的な議論にたえるものではないと考える。

古文書学とは

さきに、私が第一章第一節「新しい文書・古文書と古文書学」で、

> 古文書学とは、この文書・古文書の本質を究明して、その成果を整理し体系化することを目的とする学問であるが、……別の言葉でいえば、文書を動態の「もの」としてA作成・B伝達・C集積・D保存の全過程を研究の対象として、その本質を究明するのが古文書学であるといえる。

といった。そして、〔問題点Ⅲ〕〔問題点Ⅳ〕とも関連することだが、古文書学とはたんに静態の「個」としての一通の文書の機能を明らかにするというだけではなく、動態の「もの」としての文書のA作成・B伝達・C集積・D保存の全過程を研究の対象として、その本質を究明する学問だと考えるのである。

すでに述べたように、古文書はその効力（働き）＝機能を、本質的効力・付随的効力・応用的効力とかえて、現在歴史叙述の史料として利用されている。これは、Ⅰ一般の人類の文化的創造物だけではなく、「後日の照合」を目的として作成されたⅡ歴史叙述の文献としてのa記録やb編纂物、さらにはⅢ寺院史料としてのc経典類、d聖教類、e記録類などと比べてもまったくちがった、きわめて特殊な存在なのである。この古文書の特殊的性格という観点を欠いた古文書論は、本来あるべき古文書論ではありえないと私は考えている。

「文書史」として厳密な学問的規定

すなわち、古文書とは、人類の一般の文化的創造物とはちがって、文書としての特殊的性格をもつものであるということを確認する必要があろう。したがって、たんに広く一般論として古代から現在にいたる文書全体の歴史ということではなく、「文書史」として厳密に学問の問題として規定するならば、たびたびいうことだが文書の特殊的性格を確認した上で、動態としての文書の作成から保存にいたる全過程を総体として研究の対象とするというのが適当なのではなかろうか。表1―1「文書の伝来とそのライフサイクル・情報等」をみていただきたい。これが、そのままで「文書史」であり古文書学の対象である。

いうまでもなく、古文書とは動態としてA作成・B伝達・C集積・D保存という過程をへて、現在ここにある文書である。その全過程が、「文書史」であり、古文書学としての「文書史」だと私は考えている。したがって、同じく「文書史」という言葉ではあるが、佐藤氏の「われわれが知りうる最古の文書から、今日、日々いや時々

刻々作成され発行され続けている文書に至るまでのすべての文書」を「素材」とするというような一般的な概念ではなく、新しい中世古文書学としては、「もの」として作成から保存という長い過程をへて、現在ここにある文書を「研究の対象」とする学問のこととしたい。文書の働き＝機能に即していえば、現用文書・半現用文書・非現用文書のすべてが「研究の対象」となるのである。

従来の古文書学では、この古文書の特殊的性格という観点が完全に欠けていたため、「文書史」といえば、古代から現代にいたる文書の歴史全体以外には考えられなかった。しかし、文書はA作成・B伝達・C集積・D保存という長い歴史をへて現在におよんでいるということが確認できるならば、その全過程すなわちその動態としての「文書の一生」が「文書史」であり、しかも重要な古文書学の研究の「素材」そのものというべきではなかろうか。アーカイブズ学としての新しい中世古文書学という立場からは、「文書史」を佐藤氏とはちがって、このように定義するのが適当だろうと考える。すなわち、同じく「文書史」とはいうものの、佐藤氏の「文書史」と、新しい古文書学としてのそれとでは、内容がまったくちがっているということを確認しておかなければならない。

文書史の目的は文書の機能の歴史を明らかにすることなのか

第三節　「文書史の目的」とは――文書史とは文書の機能を明らかにすることなのか――

佐藤氏によって新たに提起された文書史を以上のように理解するとして、つぎに［問題点Ⅱ］として、「文書史の目的」すなわち古文書学の研究目的は、「文書の機能の歴史を明らかにすること」なのかということが問題となる。

佐藤氏は、［引用9］の最初で「端的にいって、古文書学とは文書史である」とする。その上で、

> それでは文書史の目的は何か。文書が、特定者から特定者に対して文字を使用して行われる意思伝達の手段であり、しかも、単なる伝達ではなくして、相手方に種々さまざまな反応の起こることの期待を含んだ伝達であることを考えると、文書史の目的は文書の機能の歴史を明らかにすることにある、といわなければなるまい。より具体的にいえば、機能を軸にして、各時代の文書体系と、その史的展開を明らかにすることが、古文書学の骨骼となるべきであろう。

文書の機能とは、文書の「働き」のこと

ライフサイクルのすべての段階を包括したもの

伝来論と機能論は表裏一体のもの

と述べる。すなわち、氏は「文書史の目的は文書の機能の歴史を明らかにすることにある」という。はたして、文書史の目的、古文書学の目的を一義的に「文書史の目的は文書の機能の歴史を明らかにすることにある」とするのが適当なのだろうか。

　文書の機能とは、文書の「働き」のことである。機能論については、新しい古文書学の立場から、さきに序章第四節「新しい古文書学の研究分野と機能論」において基本的なことは述べた。すなわち、文書の機能といえば、文書の働きのことである。文書は、その働きがあってこそ文書であって、その働きがなくなったら一片の「紙屑」にしかすぎない。それ故、文書の機能は、文書史全体に直接関係するもので、機能論は文書史全体を包括した研究分野として論ずべきものであることを確認した。別の言葉でいえば、新しい古文書学において機能論という場合には、そのライフサイクルすべての段階を包括したものであることはまちがいがない。

　しかし、「文書史の目的」、もうすこしいうならば「古文書学研究の目的」は、たんに「文書の機能の歴史を明らかにすること」だけではない。いうまでもなく、「文書史の目的」＝古文書学の目的は古文書の本質の究明である。そして、古文書の本質の究明は、すでにみたように古文書学の課題そのものであるが、一義的には伝来論でとりあげる課題とすることができると思う。同じことをもう一度いうが、表1―1「文書の伝来とそのライフサイクル・情報等」が文書の伝来そのものであり、文書史であり、古文書学そのものである。そして、この文書の伝来を、その裏でささえるのが文書の機能である。さきに、私は伝来論と機能論は表裏一体のものとしたのは、このことなのである。佐藤氏は、「文書史の目的は文書の機能の歴史を明らかにすることにある」というが、文書史の目的はあくまでも文書の本質を明らかにすることではなかろうか。そして、それと表裏一体となって必要不可欠なのが機能論なのである。

　したがって、「文書史の目的は文書の機能の歴史を明らかにすることにある」というのは、かならずしも適当ではないといわざるをえない。文書史の目的は、文書の機能の歴史はもちろんだが、それを含めて形態論・関係論・構造論、ことに伝来論を包括して、文書の本質の究明にあるといわなければならない。この点は、どうしても確認しておかなければならないことである。近時の史料論では、従来の様式論に代わって、機能論が即古文書学であるかのような議論がみられるが、それは古文書学としては正常な姿とはいえないのではなかろうか。

第四節　文書の機能は現用段階の文字情報だけか

現用段階の文字情報だけではない

以上で、まず「文書史」とは古文書学そのもので、動態としての文書のA作成・B伝達・C集積・D保存の全過程、すなわち「文書の一生」を研究の対象とするものであることがわかった。そして、つぎに「文書史の目的」すなわち古文書学研究の目的は、たんに「文書の機能の歴史」を明らかにするだけではなく、文書の本質の究明であることもはっきりした。そこで、〔問題点Ⅲ〕の文書の機能・機能論といった場合には、現用段階の文字情報だけにかぎられるのかどうかについて考えることにする。この点については、「文書史」が動態としての文書のA作成・B伝達・C集積・D保存の全過程を研究の対象とするものであることでも明らかであるが、改めて確認することにする。

第一項　文書の機能は現用段階にみられるだけではない

文書の機能とはその働きのこと

文書の機能というのは、文書の働きのことである。文書が現在に伝わったのは、いまみたように「文字を使用して行われる意思伝達の手段」という現用段階だけではなく、さらに半現用段階・非現用段階それぞれに重要な働き＝機能があったからである。これは、従来の古文書学、そしてその機能論では完全に見逃されてしまっているが、新しい中世古文書学としてはどうしても確認しなければならない論点である。

「ある意思の伝達」という文書の本質的効力は、現用段階の「伝達」の終了とともに消滅する。これが文書の特殊的性格である。その後は、半現用段階の文書、非現用段階の文書として、それぞれ「照合を機能とする文書」として現在におよぶのであって、もはやこれは「意思の伝達」ではない。しかし、文書にはA作成・B伝達・C集積・D保存の各段階にそれぞれの働き＝機能がみられるのであって、これが文書史の目的は文書の機能の歴史を明らかにすることだといわれることでもある。すなわち、文書の機能は、現用段階の本質的効力＝「意思の伝達」だけにかぎられるものではなく、半現用段階の文書には付随的効力として、非現用段階の文書には応用的効力として、それぞれの段階にそれぞれの働き＝機能がみられるのである。

佐藤氏の「古文書の伝来」

これに関して、どうしてもとりあげなければならないこととして、佐藤氏の『古文書学入門』の第二章「古文書の伝来」がある。「古文書の伝来」については、さきに第二章第三節「佐藤進一氏の「古文書の伝来」」ですこし詳しくみたが、氏は「長期間法的拘束力をもつ文書」「土地財産に関する文書」を永続的効力をもつ文書とする。氏は、これを本質的効力の文書とするが、すでに明らかにしたように、これは「文字を使用して行われる意思伝達」が完了した後の「後日の照合」のために集積された文書なのである。現用文書ではなく、半現用文書である。氏は、この半現用文書に「本質的効力」を認めているのであるから、それをどのように位置づけるかは別として、「後日の照合」自体は立派な文書の機能なのである。このように考えてこそ、「文書史の目的は文書の機能の歴史を明らかにすることにある」――もちろん、「文書の機能の歴史を明らかにすること」だけが「文書史の目的」ではないが――といわれる所以でもある。ともあれ、文書の機能といった場合には、たんに現用文書の本質的効力だけではなく、半現用・非現用段階の付随的効力・応用的効力を含めて議論しなければ、まっとうな機能論とはいえないと思う。

第二項　文書の機能は文字情報だけではない

文字情報だけが文書の機能ではない

これまでたびたび引用した言葉だが、佐藤進一氏は、同『古文書学入門』の「結び――古文書学の課題」で、文書とは「特定者から特定者に対して文字を使用して行われる意思伝達の手段」（〔引用9〕）とする。また同「中世史料論」(1)でも、

> 文書とは何か、………人間の社会生活上の手段として、人間が他者に働きかけるために、文字（もしくはその代替物）を以て作成したもの（同書二六九頁）。

という。すなわち、氏の場合には、文書の機能といえば前項でみたように現用段階に限定するだけではなく、さらに文字だけがその要件であるかのごとくである。

文字情報と非文字情報とが一体となったのが文書の機能

たしかに、文字は文書にとってもっとも重要な要件であるが、それだけでは十分ではない。文書といった場合、「「かたち」をととのえて作成された書面」という条件がどうしても必要である。文字情報と非文字情報とが一体となったのが文書である。したがって、文書の機能といった場合、文字情報だけに限定するのではなく、広汎な非文字情報を含めた文書の総体が研究の対象となるべきであろう。どういう料紙を使うかということは、直接文書の機能と関連する重要な問題である。朝廷や幕府から下される文書には、それ相応の立派な料紙を用いる。こ

非文字情報も重要な文書の働き

れは、その文書の格、したがってその機能によって細かく区分されている。それだけではない、どのような書体にするのか、また書札様文書の場合には、本紙・礼紙と揃えて封紙に納めて相手にとどけるというように、どのように文書として全体の「かたち」をととのえるのかなどのことはいっさい触れられていない。これら非文字情報もすべて、文字情報と同じく文書の働き＝機能を構成する重要な要素の一部であることは、どうしても確認しておかなければならない。

無限の情報の宝庫

もうすこしいうならば、表1―2「アーカイブズとしての文書の情報」をみていただきたい。これまで古文書の情報として論じられてきたのは、「個」としての一通の文書の様式論の(a)書式論だけにしかすぎない。しかし、「個」としての文書だけをとってみても、様式論としての(b)形状論の(2)料紙論以下多数の情報があり、さらに「群」としての文書、また「層」としての文書に関する情報がある。これらは、従来その観点で研究の対象とならなかったのでまったく未知であるが、おそらく今後無限の情報の宝庫となるものである。

かくして、現在機能論として論じられているのは「個」としての一通の文書の文字情報に関することだけである。これは、歴史叙述の史料としての文書を論じただけであって、本来あるべき動態の「もの」としての文書という観点が完全に欠落してしまっている。歴史学の補助学としての史料論の機能論であるとしても、本来の古文書学の機能論とはいえないのではなかろうか。

第五節　文書はふつう「かたまり」として機能する

第一項　「かたまり」としての文書の働き

一通だけで機能が完結するものではない

これまで、従来の機能論について、〔問題点Ⅰ〕〔問題点Ⅱ〕〔問題点Ⅲ〕と検討してきた。そして、文書の機能とは、「文字を使用して行われる意思伝達」、すなわち本質的効力の現用段階の文字情報にかぎるというような狭いものでないことがはっきりした。それとともに、〔問題点Ⅳ〕として注意しなければならないのは、文書は「個」として一通だけでその機能が完結する、すなわち「特定者から特定者への意思の伝達」で完結するというように限定されたものではないのである。

いうまでもなく、古文書の機能とは、i「個」としての一通の文書の働きだけではなく、ii「群」としての「かたまり」の働き、そしてさらにiii「層」としての「かさなり」の働きがある。したがって、古文書とは「特定者から特定者への意思の伝達」と規定して、i「個」としての、しかも「文字資料としての働き」だけを機能論として論ずるのは、古文書の機能のごく一部を論じたにすぎないといわざるをえないのである。

院宣は一通だけが発給されたのではない

この点については、従来の古文書学ではほとんどというよりはまったく問題にされなかったことなので、前章で古文書の様式を論ずるについても、とくに強調した点である。早い話が、院宣は一通だけが発給されたのではない。ふつう添状が付され——実際には余り残っていないが——、それ以外にも関係の文書が何通かだされて、一つの働きが完結する。足利将軍の御判御教書にしても、それには管領施行状が添えられ、さらに何通かの遵行関係の文書がくだされる。裁判・訴訟関係の文書になると、さらに複雑となる。これら何通かの文書が寄りあつまって全体として一つの大きな「働き」をすることになる。したがって、文書の機能＝「働き」ということになると、作成目的たる現用段階の文書にかぎるとしても、「個」としての文書、すなわち「特定者から特定者にある意思を伝達する」というだけではなく、それを基礎にして、A文書→B文書→C文書全体の「群」としての働きが重要となる。すでに、序章第四節「新しい古文書学の研究分野と機能論」で述べたように、従来の「個」としての一通の文書を対象とした機能論に代って、新たに「群」としての「かたまり」の文書のⅡ関係論、「層」としての「かさなり」の文書のⅢ構造論をおいたのは、このことによるのである。

「群」としての働きが重要

従来の古文書学では、「個」としての一通の文書を論ずるのが精一杯で「群」としての「かたまり」の文書、さらに「層」としての「かさなり」の文書については、まったく論じられることがなかった。そこで、以下では「群」としての「かたまり」の文書の実例を二・三あげて、その重要性を確認することにする。

第二項　遵行関係文書の場合

遵行関係の文書

まず、きわめてわかりやすい例として、足利将軍の御判御教書以下の遵行関係の文書をみることにする。

A応安元年（一三六八）　五月　二日　執事細川頼之奉書（せ函武家御教書并達四五号）
B応安元年（一三六八）閏六月一四日　引付頭人山名氏冬奉書（ヒ函五七号一）
C応安元年（一三六八）　七月二六日　侍所頭人今川国泰遵行状（ヒ函五七号二）

六通の一連の文書

D応安元年（一三六八）　七月二九日　東寺雑掌頼憲請取（ユ函四五号一）
E応安元年（一三六八）　七月二九日　侍所使節沙弥明真・同真祐連署請文（ヒ函五七号四）
F（応安元年　一三六八）　八月　三日　侍所頭人今川国泰請文（ヒ函五七号三）

の六通の一連の文書がある。これは、山城国東西九条の東寺への寄進に関する文書である。康安元年（一三六一）九月十六日、足利義詮はこの年の東西九条の年貢を修造料所として東寺に寄進した（東寺文書　聚英二九八号）。これが、東寺と東西九条の関係のはじまりである。その後、東西九条は東寺との関係を深めていくが、応安元年（一三六八）五月二日の執事細川頼之奉書（A）によって、その下地が東寺修造料所として返付された。当時、将軍足利義満は十一歳で、御判始以前であったので、執事細川頼之が奉書で代行したもので、足利義満の御判御教書に相当するものである。なお、ここでは返付という形をとっているが、実際は正式の寄進である。

これを施行したのが、Bの引付頭人山名氏冬奉書である。この文書には、「任去五月十二日御寄進状」とあり、日付は異なるが、寄進状とはAの文書をさすものである。Bの施行状をうけたのが、Cの侍所頭人今川国泰遵行状である。当時、侍所頭人は山城国守護を兼ねていたが、国泰は稲垣明真と斉藤真祐二人の侍所使節に遵行を命じたのである。この二人の侍所使節は、下地を東寺雑掌に打渡したが、打渡状は残っていない。

遵行手続の当事者主義

Dは、使節が下地の打渡しをおこなったときの東寺雑掌の請取である。ついで使節沙弥明真・同真祐が、「請取状謹進覧之候」とこの請取をそえて、下地を打渡した旨を「御奉行所（侍所頭人今川国泰）」に報告したのがEである。そして、この請文をうけとった国泰が「雑掌請取状并使者真祐・明真等請文」を添えて「御奉行所（幕府）」に報告したのがFで、これでもって遵行からその報告という一連の遵行手続が完了した。これが、遵行手続の当事者主義であるが、[2]「かたまり」として文書が機能する一例といえよう。そして、これらの文書が一括して東寺に残ったことの意味が重要である。

これらは皆「偽文書だ」

私が、まだ資料館に在職中に、「かたまり」の文書の代表例として、これらの文書を一括して展示したことがある。これをみたある中世史・中世古文書学の専門家が、これらは皆「偽文書だ」といったことをおぼえている。これには驚いた。その方は、私がひそかに「偽文書屋さん」とよんで、文書をみれば「偽文書」「偽文書」ということがたいへん好きな方だったが、百合文書のれっきとした幕府関係文書六通を固めて「偽文書」とやられたのには、本当にびっくりした。それは、たとえば侍所頭人今川国泰に宛てられたBが正文として東寺に残るはずはない。他の場合も同様であるというのがその理由であった。これなどは、中世文書は一通の「個」として機能するだけではなく、「かたまり」として「群」としても機能する、すなわち遵行手続の当事者主義ということをしらない典型的な例である。しかし、当時は、私自身まだ中世の当事者主義については、それほど自信をもっていえるような段階ではなかったが、正文であることにはまちがいないと確信していた。

第三項　訴訟関係文書の場合——中世社会の特殊的構造——

以上は、比較的わかりやすい例であるが、まだまだ複雑な場合がある。訴訟関係の文書がそれである。これについては、前章第三節第二項(3)「公家様文書について」で、嘉暦二年（一三二七）七月の検非違使関係の文書について具体的にみた。それは、主として訴訟手続きのいわば前半部分についてであった。ここではそれをうけて、裁判が具体的にどのように進められるかをみることによって、両者併せて中世の訴訟手続きの全容を把握するとともに、それを必要とする中世社会の特殊的構造について触れてみようと思う。ここに、

G貞和四年（一三四八）九月　日　山城国梅津庄雑掌家綱重申状并具書（ヨ函九〇号）[3]
H（貞和四年　一三四八）九月一五日　散位藤原宗範挙状（り函一六八号）
I（貞和四年　一三四八）九月二八日　前関白近衛基嗣御教書（東寺文書　聚英一〇二号）
J（貞和五年　一三四九）七月一六日　光厳上皇院宣（こ函一二六号）
K（貞和五年　一三四九）八月　九日　東寺長者御教書（み函八七号）
L（貞和五年　一三四九）八月二一日　執行忠救施行状（マ函一三四号）
M貞和五年（一三四九）九月　日　山城国上桂庄雑掌陳状案（み函二七号）
N（貞和五年　一三四九）九月一〇日　法印俊瑜挙状案（み函八九号）

の八通の文書がある。これらは、山城国前河原以下拾余町の田地に関する一連の相論文書である。これらが、一連のものとして機能して相論がおこなわれたのである。

まず、貞和四年（一三四八）九月　日、近衛家領山城国梅津庄雑掌家綱は、同庄内前河原以下拾余町の田地を東寺領上桂庄沙汰人清兼らが押領すると訴えでた（G）。この雑掌家綱重申状并具書は、九月十五日に近衛家から領家職に補されている藤原宗範より本家の近衛家に挙達された（H）。これをうけとった近衛家では、さきの

雑掌重申状并具書と宗範挙状を、九月二十八日に光厳上皇の院司でこの訴訟の担当奉行たる四条隆蔭に奏達した。Ｉは、この時の挙状すなわち前関白近衛基嗣御教書である。かくして、ＧＨＩの三通が四条隆蔭に届けられた。

何段階もの挙状が必要

このように、中世の訴訟は訴状が直接法廷に提出されるのではなく、何段階もの挙状が必要で、これらの文書が集って、はじめて訴訟が成立するのである。

　これをうけて、翌年七月十六日、四条隆蔭は光厳上皇の旨をうけて、東寺長者賢俊にしかるべく返答するように命じたのがＪの院宣である。そして、この院宣を長者賢俊から東寺執行に施行したのがＫの東寺長者御教書で、東寺執行忠救はそれをさらに学衆方年行事に伝えた（Ｌ）。このＬには、「寺務御教書副院宣并近衛前関白御消息申状具書如此」とみえ、ＧからＫまでの正文が漸次積みかさねられ、このとき一括して執行忠救から学衆方年行事俊瑜に渡された。これらの正文が全部ひとまとめにして百合文書に残っているのは、このような事情によるものである。

　ここで、上桂庄雑掌が反論の陳状を提出する（Ｍ）。それを学衆方年行事俊瑜が東寺長者に挙達（Ｎ）、さらに長者御教書で院の法廷に進められたものと考えられる。これらの正文は三通とも院の雑訴に送られたが、幸いＭＮの案文が残っていて、その模様をしることができる。

中世文書の当事者主義の構造

　以上、またたいへん煩雑なことを述べてきたが、ここでどうしても確認しなければならないことがある。それは、ＧＨＩＪＫ五通の個々の正文が、それぞれの宛所に残っているのではなく、Ｌも含めて六通の正文が一括して東寺の学衆方年行事俊瑜に渡されていることである。とくに注目すべきは、この訴訟でいちばん重要な書類であるＧ梅津庄雑掌家綱重申状并具書の正文や、Ｊの光厳上皇の院宣ですら、ＧＨＩＪＫＬという六通の「かたまり」の一通として、学衆方年行事俊瑜に渡されているのである。これが、いわゆる中世文書の当事者主義の構造なのである。すなわち、わが国の中世においては、一通一通の文書が、「個」として特定者から特定者への働きかけをおこなうのは当然だが、それ以上にＧＨＩＪＫ五通が、Ｌも含めて六通の正文が「かたまり」として機能しているのである。ＧＨＩＪＫＬの六通の正文が一括して東寺に残っているのは、個々の文書の機能より、「かたまり」としての文書の機能が重視された何よりの証拠といえよう。

「かたまり」としての文書の機能

　もうすこしいうならば、Ｇ梅津庄雑掌家綱重申状は、院の法廷に働きかけたというよりは、学衆方年行事俊瑜に返答をうながしたといえるのである。たんに特定者から特定者の反応を期待したのではなく、最終的には「かたまり」として学衆方年行事俊瑜の返答を求めており、それにしたがった文書の動きがみられるということが実にはっきりする。この観点を抜きにしては、中世社会全体の文書の本質を把握することはできない。「個」としての文書の「働き」「働きかけ」も大事だが、それにもまして「群」＝「かたまり」として大きく一つの機能をはたすものであるということを端的に示すものである。

　改めて確認するが、G梅津庄雑掌家綱重申状并具書を含む関係書類の正文がそれぞれ宛所の手許に残るのではなく、一括して学衆方年行事俊瑜に渡されているという中世文書の文書体系の構造こそが重要だと思うのである。ことに、もう一度同じことをいうが、この訴訟でもっとも重要なG梅津庄雑掌家綱重申状并具書の正文が、宛所にあたる、そして現在の裁判所である院の法廷にとめおかれたのではなく、またJ光厳上皇院宣ですら、宛所の東寺長者賢俊の手許ではなく、それぞれ関係書類と一括して東寺の学衆方年行事俊瑜に渡されているのである。いうまでもなく、これは「個」としての文書の特定者から特定者に対する働きかけだけではなく、中世においては「かたまり」としての文書の働き＝機能と、その中の個々の文書との構造あるいは関係の究明こそ重要だということを示すものといえよう。

「かたまり」としての文書の働き＝機能

端裏銘

　これまで、個々の文書の「働き」を中心にして機能論といってきたものを、前記拙著『中世アーカイブズ学序説』から構造論（関係論）とよぶことにしたのはこのことによるのである。[4] 文書の機能といった場合、中世においては個々の文書の「働き」が基本となることはいうまでもないが、それ以上に「かたまり」として機能することが重要で、これは文書相互の構造ないしは関係に関することで、構造論（関係論）というのが適当だということをどうしても注目しておかなければならない。そして、この中世文書が「かたまり」として機能したことの確実な証拠となるものが端裏銘である。端裏銘については、さきに第三章第三節第二項(3)「公家様文書について」ですこし触れたが、この山城国前河原以下拾余町の田地に関する相論文書についても、HとIの二通にそれぞれみられ、機能的なつながりの重要性を示している。

複雑な中世社会の究明

　ともあれ、中世の文書は「特定者から特定者に対するある意思の伝達」というように「個」としての一通の文書が機能するというよりは、「群」＝「かたまり」として機能するのが一般であることがはっきりしたと思う。文書の機能といった場合には「個」としての文書の「働き」も大事だが、それにもまして「かたまり」としての機能の方が重要だということをはっきりさせておきたい。そして、この特殊な中世社会の構造を確認しないかぎり、そして一通いっつうの文書を個々に追究していただけでは、複雑な中世社会の究明は無理だということは強調しておかなければならない。これら六通の文書の正文が、それぞれの宛所に残っているのではなく、一括して東寺に残っているということの意味をじっくり考えてもらいたい。

第四項　小さい「かたまり」から大きな「かたまり」へ

さらに注目しなければならないのは、いまみた遵行関係の文書、訴訟関係の文書という小さい「かたまり」だけではなく、このような小さい「かたまり」がいくつか寄りあつまって、大きな「かたまり」として一つの機能をはたすのである。一例として、拙稿「荘園文書」（網野善彦他編『講座日本荘園史1　荘園入門』（吉川弘文館　一九八九年））がある。この論稿の意図はまったく理解されていないようだが、庄園の寄進という行為には、寄進状一通だけで機能するのではなく、それ以外の多数の文書が「ひとかたまり」として機能して、はじめて庄園の寄進という行為が完結することを具体的に示すのが目的であった。すなわち、関係文書としては寄進状の他に、

ｉ祈祷命令とその関係文書
ⅱ施行関係文書
ⅲ安堵・年貢課役免除の文書
ⅳ寄進以前の公験および関係文書
ⅴ年貢・公事徴収に関する文書

という多数の文書が、いくつかの「かたまり」となって、寄進という行為の実効が保証されるということを論じたのである。(a)「個」としての一通の文書の機能、(b)一通の文書を何通か集めた小さい「かたまり」における文書の「はたらき」＝機能、さらに(c)小さい「かたまり」のそれぞれの機能を全体としてまとめた大きな「かたまり」の文書の機能というように、大きく文書全体の機能を不十分ながら多角的に説いたつもりである。これが、本来の文書の機能論である。そして、大きく中世文書の「かたまり」における機能論の典型的な一事例を示しえたのではないかと考えている。

建武三年（一三三六）七月一日、足利尊氏は山城国久世上下庄地頭職を東寺鎮守八幡宮に寄進する（コ函四号他）。庄園の寄進といえば、従来はこの一通の寄進状で完結するかに思われてきた。しかし、この寄進が実効を発揮するには、上述のように大きく五つの「かたまり」の文書が機能しなければならないのである。文書の機能

を論ずるには、この点も考慮しなければ本格的な機能論とはいえないということを確認しておかなければならない。それだけではない。本節で述べてきたのは「かたまり」としての文書の働きである。すなわち、関係論の具体的な一例であることも強調しておかなければならない。

以上で、現在機能論として論じられているのは、「特定者から特定者に対して文字を使用して行われる意思伝達の手段」として、現用文書のたんに一通の「個」としての文書の文字情報だけで、「かたまり」としての「群」としての文書という観点が欠落していることがわかった。文書の機能といった場合には、「個」としての文書だけではなく、さらに「かたまり」すなわち「群」としての文書がより重要なのである。そして、本書では述べる余裕はないが、「かさなり」としての「層」としての文書の場合も同じである。

第六節　機能論とその問題点

機能論のまとめ

以上、従来の様式論に代わって、佐藤進一氏が『古文書学入門』の「結び――古文書学の課題」で、新たに「古文書学の骨骼」として提起した機能論について考えてみた。そして、これは、文書を静態の文字資料としてだけしかみない史料論の一環としての機能論であって、文書を動態の「もの」として、すなわちA作成・B伝達・C集積・D保存の各段階を総体として把握する観点からの機能論ではないことがはっきりした。それを簡単にまとめるとつぎのようになろうか。

文書史の概念

まず、検討しなければならないのは、〔問題点Ⅰ〕としてあげた文書史の概念である。佐藤氏は「古文書学とは文書史である」として、新たに文書史なる概念を提言した。そして、「時代の新古を問わず、あらゆる文書」がその対象となるという。これは、同じく文書史とはいうものの、新しい中世古文書学とはまったくちがっている。氏の「時代の新古を問わず、あらゆる文書」がその対象となるという文書史は、一般論としてはそのとおりであろう。しかし、これはあくまでも一般論にとどまって、直接、具体的な学問的な研究の対象とはなりえないと考える。まず、「文書・古文書とは何ぞや」という厳密な規定が不可欠である。古文書とは、A作成・B伝達・C集積・D保存という長い歴史をへて、現在ここに存在する書面ということが確認できるならば、それを総体として把握して、その各段階の文書を研究の対象とするのが古文書学であり文書史であろう。まず、氏の機能

具体的な内容は新しい中世古文書学とはまったく別である

機能論の古文書学全体における位置づけ

古文書学の研究目的は、古文書の本質の究明

現用段階の文書のしかも文字情報の機能だけに限定してよいか

論について、文書史といった場合、言葉は同じだが、具体的な内容は新しい中世古文書学とはまったく別であることを確認しておかなければならない。

つぎに、［問題点Ⅱ］としてあげた機能論の古文書学全体における位置づけがある。佐藤氏は「文書史の目的」すなわち古文書学の研究目的は、「文書の機能の歴史を明らかにすること」であり、それが「古文書学の骨骼となるべきであろう」（［引用9］）という。これが佐藤氏の機能論研究の提案の基本になるものであるが、はたしてそうなのだろうか。

私は、さきにも確認したように、古文書学とは動態の「もの」としての文書・古文書の本質を究明して、その成果を整理し体系化することを目的とする学問であると考えている。いうまでもなく古文書学の研究目的は、古文書の本質の究明にある。そして、古文書の本質の究明には、たんに機能論だけではなく、形態論（様式論）・関係論・構造論・伝来論の各研究分野が均衡と調和を保って進められることが必要である。かつて、古文書学とは様式論一辺倒であったように、機能論だけが突出するのは正常な学問の姿とはいえないと考える。ただ、この古文書の本質の究明という課題を、A作成以下の各段階の文書に即して具体的に展開するのは、まず文書史全体を研究対象とする伝来論であろう。そして、この伝来論と表裏一体となって、それをささえるのは機能論である。その点から、機能論は古文書学の研究には不可欠の研究分野ではあるが、「文書史研究の目的」そのものではないといわなければならない。

文書史とは何ぞや、機能論とは何ぞやという基本的な問題を以上のように考えるとするならば、［問題点Ⅲ］の文書の機能を「特定者から特定者に対する文字を使用して行われる意思伝達の手段」というように、現用段階の文書のしかも文字情報の機能だけに限定してよいかという問題がおこる。これは、後ほど第二部第二章第一節「「文書概念の再検討」について」とも関連する問題だが、文書の機能といえば「文字を使用して行われるある意思の伝達」だけではない。当然、広く半現用・非現用の文書にも、それぞれに機能があったから文書として存在しえたのである。たしかに、「ある意思の伝達」＝授受関係は、文書作成の目的であって、現用段階の本質的効力である。しかし、それだけではない。半現用段階の文書には付随的効力が、そして非現用段階の文書には応用的効力があって、それぞれに重要な機能をはたしているから、多数の文書が現在に伝えられたのである。機能論といった場合には、これらすべての機能も研究の検討の対象とならなければならない。これこそ、いまいった文書

「個」としての一通の文書の機能に限定

文書の機能に関する定説に根本的な再検討をせまるもの

史のあるべき姿であろう。

以上は、第一節「機能論研究の提起」の最後に整理した［問題点Ⅰ］［問題点Ⅱ］［問題点Ⅲ］に対する解答ということになるが、これに関連して論ずべき問題がある。すなわち、［問題点Ⅳ］としてあげた、たとい文書の機能を「ある意思の伝達」という本質的効力の現用段階にかぎるとしても、「特定者から特定者への意思の伝達」というように、狭い「個」としての一通の文書の機能に限定するのが適当なのかという問題がある。ここでは、「個」としての文書よりさらに重要な「群」としての文書の機能という観点が欠落してしまっている。これが、現在の古文書学のあり方である。現在の古文書学では「個」としての一通の文書以外にはまったく関心がない。そのために、本章では第五節「文書はふつう「かたまり」として機能する」として、とくに具体的な事例を示した。ここでは、裁判でもっとも重要な原告の申状の正文ですら、法廷にとどめられるのではなく、きわめて簡単に被告に交付されている。これは、文書は「特定者から特定者に対して文字を使用して行なわれる意思伝達の手段であり」といわれる現在の文書の定義、文書の機能に関する定説に根本的な再検討をせまるものではないのだろうか。文書は「個」として一通で機能するよりも、「群」として何通かの文書が「かたまり」で機能することの方が重要であるいうことを、しかと確認しておきたい。

以上、佐藤氏の機能論の提案に関して、その問題点を改めてまとめてみた。たしかに「古文書学とは文書史である」。そして、文書史の目的はA作成・B伝達・C集積・D保存の各段階の総体としての文書を研究の対象とすることであると考える。これが文書史であって、また古文書学の研究目的であろう。

伝来論については、さきに第二章「古文書の伝来・伝来論」でいちおうのことは述べた。そして、文書の「伝来」を実際に跡づけ、それを確認するのが文書の機能である。文書の機能は、その「伝来」と表裏一体であって、たんに「特定者から特定者に対するある意思伝達の手段」に限定されるものではなかろう。すでに述べたように、早く私は前記拙稿「［講演会報告］文書のかたちとかたまりについて」で、

古文書学の研究領域としては、⑴様式論、⑵形態論、⑶機能論、⑷伝来論の四つの研究分野が考えられる

（同書一三四頁）。

とした。しかし、本書では、表1―2「アーカイブズとしての文書とその情報」にみられるように新しい研究分野としてⅠ形態論・Ⅱ関係論・Ⅲ構造論をあげて、Ⅳ伝来論と平行してⅤ機能論をおいている。これは、Ⅴ機能

論は、Ⅳ伝来論と一体をなすもので、現用・半現用・非現用のすべての段階の文書に、それぞれ重要な機能があるということを意味しているのである。

第七節　その後の機能論――機能論提案の「拡大解釈」――

いまみたように、佐藤進一氏は同『古文書学入門』の「結び――古文書学の課題」において、「文書史の目的は文書の機能の歴史を明らかにすることにある」（[引用9]）といい、「機能を軸にして、各時代の文書体系と、その史的展開を明らかにすることが、古文書学の骨骼となるべきであろう」（同）として、新たに機能論の研究の重要性を提言した。その後、氏は前記『岩波講座　日本歴史』（一九七六年版）の「中世史料論」の「文書と記録の間」で「文書概念の再検討」を提案する。これは、さきの氏の提案の具体化であって、機能論の新しい展開ともいえるが、それ以降佐藤氏が機能論そのものを真正面から論じたものはみられない。

この佐藤氏の提案をうけて、機能論を積極的にとりあげるのが富田正弘氏である。いま、その模様をみると、氏は前記「中世史料論試論」で、古文書学の研究分野として機能論について、

[引用10]　機能論は近年盛んに研究が行われているところで、文書の作成・伝達・受理・管理の過程や、機能・効力等に関する問題を取り扱う分野である。文書の作成・伝達過程は、それが政治文書であればその政治機関の執行体制と密接に関係しているから、これらの過程を検討することがその時代の政治機構の解明に寄与できることは幾多の研究によって実証されているところである。佐藤進一氏による室町幕府の機構や鎌倉・室町期の守護制度の解明もその応用であろう。また同氏が、中世初期の文書の形式的充所と事実上の受取人との乖離という事実から、文書授受における当事者主義という中世的原理を導き出したのも、文書伝達過程の検討の結果であった（同書三〇二頁）。

とする。また、後ほど第二部第三章第一節「政治体制論・国家論を意図した発給者別分類なのか」で[引用20]として引用するが、同氏の前記『中世公家政治文書論』の序説「古代中世文書様式の体系・系譜論に関する先行研究」では、

佐藤進一氏は、古文書の機能を軸にして各時代の文書体系とその史的展開を明らかにするために、発給主

体別を中心とする大分類を意識的に採用していることがわかる。相田氏のように大分類に様式別を優先させる方法を採らなかった理由も了解できるのである。佐藤氏の結論は、古文書学とは文書史であり、文書史の目的は文書機能の歴史を明らかにすることだという。文書様式よりも文書機能を重視する考えである。そして、わたしたちは、佐藤氏のような文書体系論から、ある程度の政治体制論を展望できる可能性があるのだということを教えられたのである。筆者も、古文書の体系を考えるとき、佐藤氏のこの研究姿勢に影響されていたひとりであることを、告白しなければならない。ただし、能力が伴うかどうかは、別の問題である（同書二一頁）。

という他、いろいろと「機能・機能論」という言葉がみられる。富田氏としては、この佐藤氏の提言はたいへん重たいものなのである。

「機能論は近年盛んに研究が行われている」

いまあげた［引用10］をはじめとする富田氏の「中世史料論試論」その他については、論ずべき問題は多い。まず、「機能論は近年盛んに研究が行われている」という。しかし、これは氏の意識ないしは希望的観測だけであって、実情はまったく別である。たしかに、最近、いかにも古文書学＝機能論といわんばかりの議論は古文書学あるいは史料論の世界の一部にはみられる。そして、いわば最重要課題として議論されていることも事実である。しかし、古文書学や史料論そのものを真正面からとりあげる研究者は、ほとんどみられないということもあって、文書の機能・機能論を口にするのは、氏をはじめごく少数の人だけではないのだろうか。

機能・機能論の規定

それよりも何よりも、問題は機能・機能論の規定である。富田氏は、ここで機能論は「文書の作成・伝達・受理・管理の過程や、機能・効力等に関する問題を取り扱う分野である」（［引用10］）という。これは、たいへんな定義である。簡単にいえば、様式論をのぞいた古文書学の研究領域のすべてである。「機能・効力等に関する問題」はともかくとして、「文書の作成・伝達・受理・管理の過程」まで機能論の研究分野とする。こうなれば、機能論即古文書学ということになる。おそらく、佐藤氏の「文書史の目的は文書の機能の歴史を明らかにすることにある」によって、文書史＝古文書学＝機能論としたものと思われるが、これは従来の古文書学即様式論と同じで、古文書学＝機能論になりかねない。はたしてこれでよいのだろうか。

明らかな「拡大解釈」

私は、これは明らかな「拡大解釈」と考えるが、その原因の一つは佐藤氏にもあるといわなければならない。佐藤氏は「文書史の目的は文書の機能の歴史を明らかにすることだ」というものの、そもそも「文書の機能・機

文書の機能に関する明確な規定がみられない

能論とは何ぞや」を明確に規定していない。氏の［引用9］は、わずか五〇〇字程度で、ここではその余裕がなかったことも事実だが、「文書の機能とは何ぞや」にはまったく触れずに、機能論が提案されているのである。また、氏のその後の論稿でも、「機能」という言葉は時々みうけられるが、それを明確に規定したものはみられないのではなかろうか[5]。そして、これは第三章第二節第二項(2)「佐藤進一氏の「様式論」の定義」でみた様式論の場合と同じだともいえる。佐藤氏は、様式論にしても、機能論にしても明確な定義なしに、それを論じているといえなくもない。やはり、わが国古文書学の一つの体質というべきなのだろうか。

古文書学のすべての分野を包括する概念

ともあれ、佐藤氏は文書の機能に関する明確な規定がみられないまま、重大な提案をおこなったのである。これが、その後の「拡大解釈」の原因ともなるものであるが、機能・機能論といえば一般的な解釈のように文書の「働き」とするのが適当なのではなかろうか。「文書の作成・伝達・受理・管理の過程や、機能・効力等に関する問題」ということになると、「機能」という本来の言葉から大きく逸脱していて、形態論（様式論）を除いた――「文書の作成」に「形態論」が含まれるとも考えられるが――古文書学研究の広くすべての分野を包括するものである。まさに機能論は文書史そのものであり、古文書学そのものということになる。どうも、佐藤氏の「機能を軸にして、各時代の文書体系と、その史的展開を明らかにすることが、古文書学の骨骼となるべきであろう」（［引用9］）を機能論とうけとったのではないかと考えられる。もし、そうであるならば、完全な誤りである。文書の機能とはその「働き」であり、機能論とは、文書の「働き」を論ずる学問分野なのである。私が、序章第四節「新しい古文書学の研究分野と機能論」にわざわざ「文書史全体の「働き」を論ずるのが機能論」という副題を付して、とくに「働き」に限定したのは、まさにそのことを意味しているのである。機能とは、佐藤氏も「個々の文書の働き（機能）」というように、あくまでも「個々の文書の働き」なのである。

富田正弘氏の伝来論

「文書の作成・伝達・受理・管理の過程や、機能・効力等に関する研究分野」といえば、まさに文書史であり、古文書学そのものであるが、研究分野としていちばん近いのは伝来論である。そこで、富田氏は「中世史料論試論」で伝来論をどのように規定しているかをみると、

> 古文書学で扱う伝来論は、従来は文書の効力が失われた「古文書」について論じられることが多く、生きている「文書」についての論はまだ少数にとどまっている（同書二〇二頁）。

ではじまって、京都府立京都学・歴彩館所蔵の革島家文書を具体例として述べているが、氏の古文書学としての

伝来論に関する明確な規定がない

様式論・形態論・機能論・伝来論の四つ

機能論に関する成果

佐藤氏の室町幕府などの研究

伝来論とはいったい何なのか理解することはできなかった。それは別として、「文書の作成・伝達・受理・管理の過程を取り扱う分野」はそれぞれ個々の研究分野があるが、全体としてこれらは広く伝来論として論ずべき問題である。それを機能論として規定してしまったから、伝来論として確実な規定ができなかったのである。そこで、革島家文書がどうのこうのですませてしまったが、氏の場合には完全に伝来論と機能論をとりちがえているといわなければならない。

もうすこしいうならば、富田氏は前記「中世史料論試論」において、古文書学の研究分野として、

> 古文書学には各種の分野があるが、その主なものとしては様式論・形態論・機能論・伝来論等が挙げられる（同書二〇一頁）。

として、「主なもの」とはいうが、様式論・形態論・機能論・伝来論の四つをあげる。[6] このうち様式論・形態論に関しては、その規定については議論しなければならないが、いまはそれを問題にしないとするならば、残るは機能論・伝来論となる。そして、氏は機能論でほぼ古文書学の研究分野すべてをあげてしまったから、伝来論については論ずることがなくなってしまったのではなかろうか。

これまで、佐藤氏の提案のその後の機能論ということで、富田氏の機能論をすこし細かく検討してみた。それは、様式論・形態論をのぞく古文書学の研究分野すべてを包括するもので、佐藤氏の「拡大解釈」というのが適当ではなかろうか。これは、富田氏だけではなく、現在の中世史料論にもみられることでもある。

ここで、佐藤氏提言後の機能論の中世古文書学としての成果について考えてみよう。その後、史料論の一部として機能論を論じたものは二・三みられる。しかし、これはあくまでも「論」そのものであって、具体的な機能論による成果とはいえない。具体的な機能論による成果といえば、富田氏にしてもあげうるのは、せいぜい「引用10」に述べられる程度で、その後も具体的な成果などといいうるものはまったく貧弱な状態である。

富田氏は「引用10」で、佐藤氏の室町幕府の機構や鎌倉・室町期の守護制度の研究を、機能論の成果――ここでは「その応用」だというが――としてあげる。たしかに、これはすぐれた日本中世史の研究成果で、私も三十歳代の中世史の研究を本格的にはじめた頃、その重要な指針として、何度もなんども読みかえしたものである。しかし、これは古文書学とはまったく関係のない、まさに佐藤氏の歴史研究者としての中世史研究の成果なのである。このようなものまで、古文書学の機能論の成果としてあげるところに富田氏の強引さがあらわれているが、

佐藤氏提案の「拡大解釈」の実態、さらには機能論の研究成果の貧困さの証明でもある。そして、もう一つの「文書授受における当事者主義」は、たしかに古文書学の問題ではある。これについては、さきに第五節「文書はふつう「かたまり」として機能する」で、私も別の観点から触れたように中世文書一般の特性である。はっきりいおう。現在の機能論は、その提唱以来五〇年近くたっている。しかし、富田氏の「中世史料論試論」以後、史料論としても機能論に触れたものがすこしあるかどうかという程度で、中世古文書学全体としては、みるべき具体的な成果はほとんどないといってよかろう。

以上、佐藤氏の提案後の機能論についてすこし詳しく検討してみた。古文書学が文書史であることはまちがいないが、「文書史の目的は文書の機能の歴史を明らかにすることにある」とはいいがたいことがはっきりしたと考える。もし、古文書学が文書史であるならば、その目的は文書の本質の究明以外にはありえない。古文書の本質を究明する古文書学すなわち文書史の研究分野としては、大きくⅠ形態論、Ⅱ関係論、Ⅲ構造論、Ⅳ伝来論、Ⅴ機能論の五つがあり、機能論はそのうちの一つである。このうちでも、Ⅳ伝来論がその「骨格」となるものであるが、これら五つがそれぞれに均衡と調和をもって研究が進められるべきものと考える。現在の中世史料論にみられるように、古文書学・史料論が機能論に「特化」することになれば、かつての様式論一辺倒の古文書学と同じ道をあゆむことになるのではなかろうか。

註

（1）この佐藤進一「中世史料論」は『岩波講座　日本歴史25　別巻2　日本史の研究方法』（一九七六年）に収められたものである。のち前記同『日本中世史論集』に同じく「中世史料論」として再録された。本書では、参照の便を考えて、すべて『日本中世史論集』から引用することにする。

（2）遵行手続の当事者主義ということに関しては拙稿「南北朝時代の申状について」（『古文書研究』一〇号　一九七六年）の第四項を参照していただきたい。なお、拙稿「東寺百合文書の整理と保存」（拙著『東寺・東寺文書の研究』（思文閣出版　一九九八年　初出は一九九一年）の第四部第三章）の第三節「中世文書と当事者主義」も参照していただきたい。

（3）これらの文書の釈文は、拙編『山城国上桂庄史料　上巻』（東京堂出版　一九九八年）について、

G＝一八九号　H＝一八七号　I＝一八八号　J＝一九三号　K＝一九四号　L＝一九五号

M＝一九七号　N＝一九六号

をみていただきたい。

（4） この点については、前記拙著『中世アーカイブズ学序説』の序章第一節第二項「原秩序の尊重」および同第三項「原伝存の尊重」でも触れているので参照いただきたい。そして、本書では「かたまり」に関する研究分野を関係論、「かさなり」に関する研究分野を構造論としたということについては、序章第四節「新しい古文書学の研究分野と機能論」で述べた。

（5） 私の不明のため見おとしがあるかもしれないが、佐藤氏が「機能」を規定したのは、同「武家文書の成立と展開」（『週刊朝日百科「日本の歴史」別冊「歴史の読み方」5 文献史料を読む・中世』（一九八九年））で「個々の文書の働き（機能）」（同四頁）とした程度ではないかと思う。文書の機能とは、まさに文書の働きなのである。氏の唯一ともいえる規定がそうであるだけではなく、文書の機能といえば、文書の働きとするのが古文書学としても常識であろう。それにしても、たとい私の見おとしがあったとしても、氏自身新しい重要な提案をしているのだから、誰でもまちがいのないように、「機能とは何ぞや」をわかりやすく説明されるべきではないのだろうか。古文書学としては、基本になる術語なのだから。

（6） これは、さきに序章第四節「新しい古文書学の研究分野と機能論」で述べたように、私が早く前記「［講演会報告］文書のかたちとかたまりについて」で提起した研究分野である。私は、それを順次補訂をして、現在はⅠ形態論、Ⅱ関係論、Ⅲ構造論、Ⅳ伝来論、Ⅴ機能論としている。

第五章　相田二郎・佐藤進一両氏とその古文書学

以上、はなはだ不十分ではあるが、四章にわたって主として新しい中世古文書学の立場から、従来の中世古文書学の中心課題たる伝来論・様式論・機能論についてみてきた。現在の中世古文書学は、黒板勝美氏をはじめ多数の先学によって築きあげられたものであるが、その学問的体系の確立という点になると、黒板勝美・相田二郎・佐藤進一の三氏をあげなければならないだろう。本書では、紙幅の関係もあって、ほぼ相田・佐藤の両氏の検討に終わらざるをえなかった。

相田・佐藤両氏は、これまで同じく様式論と一括されてきた。そして、その学問の継承性に注目されてきた[1]。しかし、この第一部「新しい中世古文書学」で述べてきたことによって明らかなように、伝来論はともかくとして古文書・古文書学に関する考え方、また文書の様式のとらえ方について、両氏には大きなちがいのあることがわかった。それにともなって、相田氏の古文書学と佐藤氏の古文書学全体については、その内容にも大きな相違がみられる。以下、これまでのまとめの意味も含めて、この点についてもうすこし述べてみよう。

文書の様式のとらえ方には大きなちがいがある

なお、以下では「相田二郎氏とその古文書学」「佐藤進一氏とその古文書学」なる表題を掲げたが、はたしてこれが適当なのかどうかも疑問である。私は、相田氏にはまったく面識はない。もっぱら氏の『日本の古文書』をはじめとする氏の論稿からの知識だけである。佐藤氏には、もう三〇年も前になろうか、学会などのさいに、二・三度簡単な挨拶をさせていただいた程度である。あくまでも、両氏の文章による私見にもとづくものだということを確認しておく。

第一節　相田二郎氏とその古文書学

相田氏の『日本の古文書』は、きわめて精細な様式分類である。様式分類に徹した場合にはこうならざるをえ

私自身しらぬ間に背筋を正している

文書の「かたち」を十分に考慮した分類

広く書式・形状を論じたもの

ないのだろうが、ここまで必要なのかという疑問すら生ずるほど徹底している。古文書の様式・形式の分類については、今後部分的な修正はおこなわれるとしても、大綱についてはこれを超えることは無理であろう。氏の几帳面な、そして学問にきびしい性格によるものであるというべきであろう。佐藤進一氏は、前記同「歴史認識の方法についての覚え書」において、この『日本の古文書』について、

> さて日本古文書学の個別研究となると、それは極めて寥々たるものである。黒板博士の古文書学の継承者とされる相田二郎氏の遺著『日本の古文書』が戦後公刊されて、そこに示された日本古文書の様式の分類は、その細密さの点で歴史家を驚かしたが、かかる細密な様式論は著者自身にとってそうであったように、日本古文書学にとって、そもそもの出発点をなすべきものであって、これを手がかりとして、より細密化され、より精緻化されるべきものであると私は考える（同書二五五・二五六頁）。

と適切な紹介をおこなっている。学ぶべき点が多い。というよりは、この『日本の古文書』に接すると、私自身しらぬ間に背筋を正しているのを感じるのである。なお、氏の人となりについては、さきに彌永貞三氏の言葉をかりて紹介した。

この『日本の古文書』は、すでにいろんな形で触れてきたように、全体としてやはり文字史料としての文書の様式分類の叙述が中心となるが、おそらく唯一のそして最高の古文書学専門の研究書である。そして、「もの」としての文書の形状にもそれなりの目くばせがおこなわれている。その公式様文書・平安時代以来の公文書・書札様文書という様式分類が、まさに「もの」としての古文書の様式分類である。たんに文字＝書式だけではなく、形態＝文書の「かたち」を十分に考慮した分類である。この点は、高く評価されなければならない。それだけではない、その中編第三部「書札様文書」では、第三「書札様文書の書式」なる一項を設定、書式を詳しく論ずるだけではなく、書札礼について、また直状と奉書、さらに封式にまで叙述がおよんでいる。広く書式・形状を論じたものといえよう。

これは、相田氏の古文書学全体をみればよくわかる。氏の古文書学に関する守備範囲は非常に広い。氏の主著はいうまでもなくこの『日本の古文書』であるが、その他に、たとえばさきに触れた『日本古文書学の諸問題　相田二郎著作集Ⅰ』その他がある。ここでは、様式論はもちろん、「武家における古文書の伝来」「起請文の料紙牛王宝印について」「古文書料紙の横ノ内折とその封式とについて」「鎌倉時代における武家古文書の筆蹟」な

広汎な古文書に関する問題が論じられている

ど、文書の伝来、牛玉宝印に関する料紙の問題、封式・筆跡など、相当広汎な古文書に関する問題が論じられている。すでにいったことだが、相田氏は文書に「遺物としての意義」をみとめ、それを「史料」として積極的に活用すべきことを提言しているが、これらはその具体化といえよう。

「もの」としての文書の保存に大きな貢献

それだけではない。相田氏は、「もの」としての文書の保存に大きな貢献をしているのである。これは、余りしられてはいないが特記すべきことであろう。氏は、『日本の古文書』で東寺百合文書についてつぎのようにいっている。

　古文書を或る規準を定めて整理し、之を成巻して、保存の途を講ずるのも、結構なことではあるが、巻帖に収むれば、如何に鄭重に扱ふも、古文書の原形は損はれるものであり、ありし昔授受された当時の面影を考へる上には、資料としての価値を大いに減少するのである。文書の種類に依つては、巻物に納めた為めに、文書としての重要な意義を失ふものも少くない。文書が実際の必要上取扱はれた純粋な形状で伝はることは、古文書を中心にして当時の生活を考へる者にとつて、貴重な資料を提供するものと云ふべきである。この意味に於て、東寺の古文書を百箱に分置して、そのまゝ伝へたことは、史料保存の上に、大いに意義のあつたことゝ云はなければならない（同書一〇六・一〇七頁）。

巻子装の弊害に警告

これは、氏が実際に原文書を手にして『大日本古文書　東寺文書』として翻刻・編纂した東寺百合文書について、それが中世以来の「原形」をよく残していることを確認、「原形保存」の重要性を述べるとともに、「巻物に納めた為めに、文書としての重要な意義を失ふものも少くない」として、その当時「修理即巻子装」として文書修理の常道としておこなわれていた巻子装の弊害について警告を発している。「「もの」としての文書」の立場からの重要な発言である。

巻子本トナス事絶対ニ避ク可シ

実は、これは直接現在の百合文書の保存・修理に反映しているのである。この点については、さきに拙著『中世アーカイブズ学序説』で詳しく紹介したが[2]、東寺では、昭和十二年（一九三七）から、京都府の補助事業として百合文書の巻子仕立がおこなわれた。このことを東寺の文化財保存の責任者から聞いた相田二郎・三成重敬両氏から、

一　古文書ハ原状ノ侭ニ保存スベキモノ也。
一　然ルニ巻子本トナス事絶対ニ避ク可シ。

「つ函」「て函」「ま函」の三箱だけが巻子になった

というアドバイスがあった。そこで、当時進行していた東寺百合文書の成巻事業は中止され、「つ函」「て函」「ま函」の三箱が巻子になっただけで、その「原形保存」にはほとんど影響するようなことがなくすんだという大きな功績を残しているのである。現在、百合文書が中世のままの姿を非常によく残しているのは、このアドバイスによるところが大きいのであって、相田氏が「もの」としての文書に十分配慮していたことがよくわかる。しかし、当時の巻子装万能の時代にあっては、この相田氏の考え方は、余りにも「先見の明」にすぎたことであった。相田氏ほどの影響力をもった方の提言でも、修理業界としては何の関心もしめさず、まったく無視され、ごく最近にいたるまで修理即巻子装が当然のこととしておこなわれてきた。これらの基礎研究の上に築かれたのが『日本の古文書』であることはいうまでもない。

さきにもいったことだが、相田氏は、

　古文書の性質を分析綜合して定立した知識の大系が古文書学の内容を成すものである（〔引用1〕）。

と古文書学の内容を説明する。まさに、そのとおりである。この考え方が貫徹されてこそ、はじめて古文書学といえる。

古文書学を学ぶ目的

しかし、相田氏は、それにつづけて、

　古文書を研究資料として使用するに当り、史料としてその価値を十分に発揮し得る能力を涵養するところに、古文書学を学ぶ目的が存するのである（同前）。

として、古文書学学習の目的を「史料としてその価値を十分に発揮し得る能力を涵養する」こととする。これについては、おそらく当時の各大学の古文書学の講義が頭にあったのだろうと思う。しかし、さきに第一章第二節「相田二郎『日本の古文書』」で述べたが、『日本の古文書』はあくまでも古文書学の研究書として執筆されたものであることを確認しておかなければならない。

第二節　佐藤進一氏とその古文書学

該博な中世史研究の成果を基礎に執筆

つぎに、佐藤進一氏の古文書学について考えてみよう。たびたびいうことだが、現在のわが国の中世古文書学といえば、この佐藤氏の『古文書学入門』につきるといっても過言ではない。氏の該博な中世史研究の成果を基礎に執筆されたもので、その豊かな内容は大きな魅力である。そして、他にこれに匹敵する類書はほとんどというよりはまったくなく、さらに、後ほど佐藤氏の言葉として引用する、

　日本の古文書学が事実上歴史家の仕事の一部として行なわれており、その場合歴史家は専らそれぞれの歴史学の研究に有効な方法をそれから借りようとしている（［引用11］）。

というのが現実である現在の古文書学界では、旧版刊行後五〇年近くにわたってわが国古文書学の定説として定着しているのが『古文書学入門』である。この佐藤氏の『古文書学入門』については、さきに第一章第三節「佐藤進一『古文書学入門』」と同第三章第二節第二項(4)「「様式論中心」から「様式論に特化」」で詳しく述べたが、この書の刊行は、当時の古文書学界にとってはまさに「干天の慈雨」であった。しかも、それがまったく同じ状態で、現在におよんでいるのである。

教案作りに困惑した

さきにもすこし触れたのと同じことをもう一度繰りかえすことになるが、私が本格的に古文書学の勉強をはじめたのは、昭和四十二年（一九六七）に東寺百合文書の整理に関係させてもらうようになってからである。それまで二〇年くらい中世史の研究はしてきたが、古文書学とは関係がなかった。もっぱら庄園史料をあさっていただけであった。その後、百合文書の整理にたずさわるようになり、それとともに、大学で非常勤講師として古文書学の講義をもつようになって、その教案作りに本当に困惑した。勉強するにも参考書らしい参考書がない。たしかに、相田二郎『日本の古文書』は刊行されていた。しかし、これは素人には高度すぎて、また浩瀚すぎて、とうてい利用できるようなものではない。その他前述のいくつか古文書学に関する概説書は刊行されていたが、はっきりいって教案作りの参考にするには十分ではなかった。しかし、ともかくもそれらを頼りに自己流に教案を作ったのだが、自分自身とうてい満足できるようなものではなかった。

四・五年してから、この『古文書学入門』が刊行されて、やっとまとまった古文書学らしい様式論の講義ができるようになった。それだけではない。それから五〇年近くたった現在でも、その状況はほとんどかわっていない。もし、この『古文書学入門』がなかったならば、以前と同様、古文書学界そして古文書学の教育の現場は、まったくつかみどころがない状態であっただろう。これほど、『古文書学入門』の影響力は大きいのである。

古文書学の学習書

しかし、この『古文書学入門』は、相田二郎『日本の古文書』とはちがって専門の研究書としてではなく、古文書学の学習書、テキストとして執筆されたという事情から、その性格が大きく規制されていることも事実であ

る。本書の成りたちは、佐藤氏が「旧版あとがき」(同書三一五・三一六頁)に述べるところであるが、法政大学の古文書学の通信教育用のテキストとして出発したものである。同じく『古文書学入門』といっても、学習書としてではなく、古文書学の専門研究のわかりやすい「入門書」として執筆されたのであるならば、大学での古文書学の参考書としても十分に使えるし、何よりもその性格が大きくかわったであろう。さきに、第一章第三節第二項「歴史学の補助学としての古文書学」で「現状と妥協」といったが、どうしても各大学の古文書学の実際の講義ということに制約されていることも事実である。

この『古文書学入門』は、わが国の古文書全体の解説、また文書そのものの解読が非常に精細で、氏の深い含蓄にもとづいて執筆されており、他の類書にはみられない大きな特徴でまた魅力でもあって、教えられることはすくなくない。『古文書学入門』は「古文書学の概説書としてよりも、史料講読のテキストとして有益である」ということを聞いたことがある。文書一通ごとに精細な註解が付されており、親切で丁寧な解説がおこなわれている。これは、本書の性格が学習書たることによるものであるが、これだけの叙述が古文書学そのものの研究・叙述にあてられていたら、現在の古文書学界の研究内容は、まったくかわっていただろうと、ひそかに私は考えるのである。もうすこしいうならば、『古文書学入門』は、その成りたちに制約されて、「史料としての文書」を対象とした叙述になっているといわざるをえないのである。

「史料としての文書」を対象とした叙述

ここにきて、私は第一章第三節第二項「歴史学の補助学としての古文書学」で〔引用4〕として掲げた文章で、氏は古文書学を歴史学の補助学とよぶのは誤解で、それはわが国の近代的な古文書学の成立以来の体質だと明快に指摘していることを思いだした。また、さきにすこし引用した前記佐藤進一「歴史認識の方法についての覚え書」がある。これは、『古文書学入門』刊行の一三年前のものであるが、氏は、

〔引用11〕　先年林屋辰三郎氏が「御教書の発生」と題する論文において、古文書における新しい様式の発生発達を論ずる場合、その背景となる政治史、社会史との関連に目を向けることの重要性を強調されて、平安時代に入って御教書という新様式が発生する過程とその背景としての摂関政治との関連を論ぜられたことがある。氏の主張が、さきにも述べたように、日本の古文書学が事実上歴史家の仕事の一部として行なわれており、その場合歴史家は専らそれぞれの歴史学の研究に有効な方法をそれから借りようとしているのだという現実に立脚していることは私にも分るし、その限りで氏のいわれることは納得できるのであるが、もし氏

古文書学には古文書学固有の研究分野がある

初期の純粋な立場からの発言

古文書学は、歴史叙述・史料主義と決別することが必要

がこの論文で明らかにされたような古文書の様式とその史的背景との関連の究明を古文書学そのものに求めるとしたら、それは全く誤りとはいえないにしても、著しい本末顛倒であろう。このような問題は、古文書学固有の分野の問題ではなく、古文書学と歴史学との関係の場の問題である。古文書学にとっては、古文書の個々の様式の個別性とそれのもつ効力の特殊性を明らかにすることが、より本質的な問題であろう。この点の研究を深めることなしには、古文書学の発達もあり得ないし、史学における実証的方法の精緻化も期待できないであろう（同書二五六頁）。

といっている。これについては、後ほどすこし詳しく触れてみたいと思っているが、氏は、ここで古文書学には古文書学固有の研究分野があり、

古文書の様式とその史的背景との関連の究明を古文書学そのものに求めるとしたら、それは全く誤りとはいえないにしても、著しい本末顛倒であろう。

という。ここでは、「様式」が論点となっているが、古文書学に直接的に歴史叙述の問題を求めるのは誤であるといっているのである。氏の、比較的初期のいわば純粋な立場からの古文書学に関する発言として貴重なものである。佐藤氏の場合、この精神で一貫してほしかったと思うのである。

いっぽう、私自身も、

私は、アーカイブズ学は、歴史叙述・史料主義と決別するところからはじまると考えている（前記拙稿「アーカイブズ学」六頁）。

といったことがある。「古文書学を歴史学の補助学とよぶのは誤解」である。アーカイブズ学、そして本来の古文書学は歴史叙述・史料主義とは関係なく独立した学問である。それ故、佐藤氏がいうように、

この点（古文書学の本質）の研究を深めることなしには、古文書学の発達もあり得ないし、史学における実証的方法の精緻化も期待できないであろう。

である。古文書学は、歴史叙述・史料主義と決別して、そして、もし「日本史研究の方法」を鍛える必要があるのなら、それは史料論にまかせて、古文書の本質の究明に徹してこそ、はじめてより高度で正確な歴史情報を歴史学に提供することができるのである。この点で、氏の『古文書学入門』と、その後の氏のわが国古文書学にはたした功績を十分に評価した上で、さらにそれを大きく乗りこえなければならないと感ずるものである。

このように考えてくると、佐藤氏がわが国中世古文書学にはたした貢献はいかに大きいかが十分に理解できるのである。もし、氏の『古文書学入門』、そして古文書学をめぐる多くの提言がなかったならば、現在の中世古文書学は、私が実際に経験したように、古文書学の勉強をはじめた昭和四十年（一九六五）頃と同様、羅針盤をうしなった舟のように、いろいろな議論はあるとしても、学問として十分な体系のないままさまよっていたと思う。それを方向づけ、現在のように古文書学としての体系を確立しえたのは、すべて佐藤氏の業績によるものといってまちがいではない。

すなわち、ここ半世紀における佐藤氏の中世古文書学における貢献は偉大なものである。もちろん、わが国の近代的な古文書学は、数多くの先学によって築きあげられたものである。そのうちでも、とくに黒板勝美・相田二郎・佐藤進一の三氏の足跡は大きい。黒板氏が、わが国古文書学の最初の基礎固めをしたことはいうまでもない。それを、さらに発展させて、本格的な体系化の道筋をつけたのが相田氏であった。相田氏の学問については、さきに触れた彌永貞三氏の、

（相田氏は）自らの古文書学の体系を樹立することを人一倍心懸けた人であったと思われるが、具体的な箇別研究を踏まえることなくして体系を語っても、意味がないと考えて居られたように見える。おそらくそのため、古文書学の理論や体系について、ありきたりのことを物語らないという態度をとって居られたように思えるのである。

という言葉に端的にみられるように、古文書の様式分類に徹する——もちろん様式分類だけではなく、伝来論にも重要な提言があるが——ことによって、大きく古文書学の体系化の方向性が与えられた。すなわち、相田氏の場合は、まだ完成段階ではなく、その準備段階であって、その総仕上げが必要だったのである。相田氏の古文書学なくして佐藤氏の古文書学はありえなかったのはいうまでもないが、やはり相田氏はそれを準備したものとするのが適当であろう。この相田氏の学問を継承して、古文書学としてその体系化を完成したのが佐藤氏であった。すなわち、わが国の近代的な古文書学は、黒板氏による基礎固め、相田氏による本格的体系化への準備段階をへて、佐藤氏にいたって古文書学として学問的体系化の総仕上げがおこなわれたのである。

そして、その成果の大きさの故に、その後は氏に追従さえしておれば、古文書学を語ったことになるという安易な雰囲気が中世古文書学界全体を支配し、この四・五〇年間、新鮮な堅実な研究はほとんどみられず、古文書

学全体が大きく停滞したことも事実である。それだけにまた、近代古文書学における成果と課題は、直接的には佐藤氏の古文書学の成果と課題という形をとっている。氏以外に、本格的な学問的提言ができなかったのである。したがって、本書でみた多くの古文書学に関する課題は、氏一人に帰せられるべきものではなく、近代古文書学＝「定説的古文書学」が全体として背負わなければならなかったものというべきであろう。

すなわち、

近代歴史学の輸入の気運のなかで、一つには史料批判のための技術的方法習得のために、また一つには史料編纂のための直接の必要に迫られて、急速に発展した学問であった（［引用４］）。

という近代古文書学が、その出発からもっていた宿命によるものというべきであろう。そして、氏の成果が余りにも大きかったが故に、その成果だけではなく、多くの課題もすべてが氏一人に集約される形をとっている。しかしそれは、たんに佐藤氏個人の問題ではなく、近代古文書学が全体として、一度はどうしても通らなければならなかった道であったというべきであろう。その上で、近代古文書学全体の体質が明らかになったからには、それと大胆に対峙し、継承すべき点、変革すべき点をそれぞれ明確にして、新しい中世古文書学への一歩を踏みだすことが要請されるのではなかろうか。

最後に、どうしても触れなければならないのは、佐藤進一氏のご逝去である。昨年、平成二十九年（二〇一七）十一月とのことである。もはや学界の情報にもうとく、とくに耳が不自由なため、私がそれをしったのは、恥ずかしいことだが、本書の原稿を清文堂出版にお渡ししたすこし後である。この最後の文章は、再校のときの追加である。本書でも、氏の業績については多方面からとりあげたが、わが国古文書学界にのこされた功績は絶大なものがある。佐藤氏の業績を抜きにして、現在の古文書学はありえない。謹んでご冥福をお祈りするものである。

註

（１）その代表的なものとして、さきに［引用８］としてあげた「黒板の古文書学研究の系譜を引く、相田二郎・佐藤進一の研究が様式論に特化していく」がある。

（２）これについては、前記拙著『中世アーカイブズ学序説』の序章第二節第四項(3)「東寺文書の管理に関するいくつかの重要な論点」（同書五九・六〇頁）で述べているのでぜひ参照いただきたい。

第二部　中世古文書学とその史料論化

中世古文書学の史料論化

第一章　史料論としての中世古文書学

これまで、現在のわが国の中世古文書学に大きな影響を与えたものとして、主として相田二郎『日本の古文書』と佐藤進一『古文書学入門』の二つをとりあげて、すこし詳しく検討してみた。そのうちでも、とくに佐藤氏の『古文書学入門』は、一時期を画するもので、現在の古文書学界全体に大きな影響を与えている。そして、その後の中世古文書学としては、それを超えることはほとんど不可能である。それ故に、学界全体としては非常に停滞気味で、その祖述に追われるのが精一杯で、それに代わって、Ⅰ古文書学固有の本格的な新しい研究などはまったくみられないというのが実情である。それとともに、Ⅱこの『古文書学入門』、そしてその後の氏の提案が大きなきっかけとなって、古文書学のいわゆる史料論化が、着実に進行しているというのが大きな特徴である。

第一節　古文書学固有の本格的研究の欠如

古文書学固有の本格的な新しい研究の欠如

わが国古文書学の大きな体質

いまみた、佐藤氏の『古文書学入門』刊行以後のわが国中世古文書学界の動向の、Ⅰ古文書学固有の本格的な新しい研究の欠如ということについていうと、これは、最近、とくに『古文書学入門』以後に顕著だというわけではない。いわば、わが国古文書学の大きな体質といってよいと思う。そのうちでも、古文書学固有の本格的な基礎研究の欠如が目立つ。さきに第一部第三章第二節第二項(1)「相田二郎氏の「様式論」の定義」で述べたことだが、相田二郎氏の人柄に対する彌永貞三氏の言葉として、戦前版の『岩波講座　日本歴史』の一冊である相田二郎『古文書』を、同氏が『古文書学』といわずに、たんに『古文書』という表題を掲げたことについて、

（相田氏は）自らの古文書学の体系を樹立することを人一倍心懸けた人であったと思われるが、具体的な箇別研究を踏まえることなくして体系を語っても、意味がないと考えて居られたように見える。[1]

本格的な個別的基礎研究は非常に淋しい

文字資料としての文書

古文書学に関する概説書はほぼ二〇年が一つの画期

黒板勝美「日本古文書様式論」

といっていることをみた。ここでは、相田氏の学問に対するきびしさというか、謙虚さが語られている。それとともに、古文書学の体系化については、着実な個別的基礎研究が必須のものであることが早くから意識されていたことをしるのである。

しかし、個別的な基礎研究というと、実際には非常に淋しい状態であった。これについては、さきにも引用したが、佐藤進一氏が、

> これまでの古文書学は様式論中心であって、古文書の機能とか分布状態とかの問題はまだあまり研究されていない。また古文書学における形態論とよばれる部門、すなわち古文書の紙・書風・文字・文章・花押・印章など個々の要素についても、相田二郎の印章の研究を除けば、ほとんどまだ本格的な研究は現われていない（［引用6］）。

といっている。佐藤氏は「古文書の紙・書風・文字・文章・花押・印章など」の「形態論」の研究というが、様式論だけではなく、形態論の基礎的な個別研究の必要性に触れたものであることはいうまでもない。このように、従来も基礎的な純粋に古文書学に関する個別研究といえば、前記『日本古文書学の諸問題　相田二郎著作集1』のいくつかの研究以外にはほとんどみられないのである。

その後も、事情はほぼ同じである。たしかに、現在は、相田氏や佐藤氏の時代とちがって、いろんな面で古文書学そのものに関する研究条件が整備され、それに関係する論文を発表する研究者もあらわれてきている。しかし、その観点は、私が古文書学固有の立場から古文書を論じたいくつかの論稿以外は、ほとんどが文字資料としての文書、歴史叙述の史料としての古文書という観点からの古文書論、すなわち史料論・史料学の視点からの研究であるといってまちがいはなかろう。やはり、どうしても、古文書学固有の問題の着実な個別的基礎研究の蓄積が必要であろう。そして、その積みかさねが、すばらしい古文書学の体系化として結実するのである。

それとともにというか、あるいはそのためにといった方がよいかもしれないが、『古文書学入門』以降、古文書学に関する概説書もまったくみられない。わが国古文書学研究の大きな流れをみると、ほぼ二〇年が一つの画期ということができるように思う。わが国古文書学の本格的研究といえば、前記黒板勝美「日本古文書様式論」を嚆矢とするということについては異論はなかろう。それが執筆されたのが明治三十六年（一九〇三）九月である。もちろん、これが公刊されたのはずっと後の昭和十五年（一九四〇）になるが、わが国古文書学研究の基礎

黒板勝美「古文書学概論」

伊木壽一『日本古文書学』

勝峯月溪『古文書学概論』

中村直勝『国史講座　日本古文書学』

相田二郎『日本の古文書　上』

佐藤進一『古文書学入門』

荻野三七彦「古文書学の領域」

が確立されたという意味で記念すべきことであろう。黒板氏は、大正十年（一九二一）・同十一年（一九二二）に東京帝国大学文学部国史学科で「古文書学概論」を講じている。これも著書として刊行されたのは昭和十六年（一九四一）である。[2] そして、つぎに述べる相田二郎氏は、大正十二年（一九二三）に同大学を卒業しており、直接その講筵に列したと考えてよかろう。

さきにもすこし触れたが、昭和五年（一九三〇）には、伊木壽一『大日本史講座第十三巻　日本古文書学』（雄山閣）、勝峯月溪『古文書学概論』（目黒書店）、また中村直勝『国史講座　日本古文書学』（受験講座刊行会）と、それぞれに特色のある古文書学の概説書が刊行されている。この年、三冊も一度に古文書学の概説書が刊行されたのには、何らかの特別な理由があるのではないかと考えられるが、もはや過去の話で、それをしるすべはない。

ついで、昭和二十四年（一九四九）には、相田二郎『日本の古文書　上』（岩波書店）が刊行された。これが、わが国古文書学の最高のものであることは、これまでいろんな形で触れてきた。そして、昭和四十六年（一九七一）には、佐藤進一『古文書学入門』（法政大学出版局）が出版された。さらに、平成九年（一九九七）には、『古文書学入門』が装を改めて『新版古文書学入門』として上梓された。これは旧版本の増訂版であるが、ほぼ二〇年周期でわが国の古文書学研究には新しい波があるというのが一つの流れであった。そして、『古文書学入門』についていうと、旧版本の増改訂がおこなわれたとはいえ、ほぼかわることはなく、五〇年近くの間、いわば唯一の概説書として使用されている。これは、そのすぐれた内容によるものであることはいうまでもないが、またその後の本格的な古文書学研究の貧困さをあらわすものでもある。[3] 全体としていえば、古文書学に関する論文はある程度発表され、それなりに議論はおこなわれているようではあるが、ほぼ文字情報の範囲にとどまり、本格的に「もの」としての古文書の本質を究明するという立場からの研究は、決定的に欠如しているといわざるをえないのではなかろうか。

すこし横道にそれるようだが、これについては、いつも私の脳裏に焼きついていることがある。これと同じことは、他のところで一・二度引用したことがあると思うが、もう四〇年以上も前の昭和四十九年（一九七四）の日本古文書学会大会の「古文書学の領域」と題する荻野三七彦氏の講演がある。[4] ここで氏は、

嘗て昭和四十一年秋に「日本古文書学会」の設立に際して、早稲田大学でその発会を兼ねた大会を催したが、その際に、来日中であったパリの国立古文書学校の校長であったジュオン・デ・ロングレイにこの大会

に来臨して古文書に関する話か、或いは祝詞を述べて欲しい旨を願い出でたところ、ロングレイは、

> 日本では医学を学んだこともない素人が医者として病人を診察治療するように、素人が古文書をいじくる。古文書学校の如きものの設立を考えることが先決であろう。然るに今「古文書学会」を設立するのはおかしい云々、

とこのような返事が返って来てこの会への臨席は意味がないと断られて仕舞った。

同氏のこの一言は誠に日本の古文書学界を適切に批判したもののように思われる。日本には医者は多勢居るが、基礎医学の勉強を抜きにした医者ばかりであると言うことにも理解し得よう。誠に今や古文書を取扱うその総人口はおびただしい数であろうが、真の古文書学研究の水準に達する人は幾何であろうか（同書一九頁）。

といっている。

堅実な個別研究の基礎

目立たないが、医学には基礎医学がどうしても必要なのである。それがしっかりしているから、わが国の応用医学というか臨床医学はすばらしいのである。それと同じことは、古文書学にもいえよう。堅実な個別研究の基礎がしっかりしていてこそ、古文書学はもちろん、さらにその応用である「日本史研究の方法」を論ずる史料論としてもすばらしい成果が期待できるのである。たしかに、わが国の古文書学は、その成立以来、十分に基礎研究、また本来の古文書学の研究をおこなう条件にめぐまれていなかったことも事実である。

研究条件の格段の整備

しかし、二一世紀の現在、研究条件一つをとってみても、まだまだ十分とはいえないが、一九世紀や二〇世紀に比べて格段にその整備がおこなわれていることはまちがいがない。フランスの「古文書学校」とまではいえないとしても、各地に文書館や資料館が設立されている。そして、それなりに中世文書も収蔵されている。また、個人の所蔵者にしてもかつてよりは古文書学の研究に格段に理解が進んでいる。何の権威もない一私立大学の教員としてでも、東寺百合文書以外に、それなりに中世文書に接してそれを研究することができた。

ともあれ、古文書学として堅実な個別的基礎研究が欠けているのが、従来のわが国古文書学の最大の欠陥であり、現在でもまったく同じである。したがって、功にはやることなく、じっくり足場を固めて、古文書学百年、いや二百年・三百年の大計をたてるときではないのだろうか。

第二節　新しい史料論・史料学の提起

第一項　新しい研究分野としての史料論

新しい史料論研究の提起

ここ三・四〇年の間の日本史学界・古文書学界の新しい動向として、史料論・史料学の提起がある。そして、現在では、本来の古文書学は姿をけして、古文書学は史料論として論じられるのがふつうになってきている。その最大の画期になったのは、昭和五十一年（一九七六）刊行の前記『岩波講座　日本歴史』で「日本史研究の方法」をとりあげ、具体的には「史料論」として展開したことである。

石井進「「史料論」まえがき」

この巻の責任編集者である石井進氏は、その冒頭に「刊行の辞」ともいうべき「「史料論」まえがき[5]」を執筆して、

> 歴史学とは一体どのような学問か。この問いに対して種々の答え方があるとしても、史料と通称されている過ぎ去った諸事実の部分的痕跡を媒介として過去の諸事実を認識しようとする学問である、との大筋については、まず異論の生ずることはあるまい。したがって(a)史料をいかに蒐集・整理・分類し、(b)それぞれの成立過程や性格を明らかにした上でこれを取り扱うか、その批判を遂行してゆくか、総じて史料を通じて過去を認識する方法が歴史学の中心的な研究手続きをなすことは当然である。このうち(a)は主として史料学、(b)は主として史料批判とよばれ、ともに歴史学研究法の中核をなすものとされている（同書二頁）。

といっている。ここで、石井氏は、(a)史料学と(b)史料批判について述べ、これらが「ともに歴史学研究法の中核をなすもの」という。たしかに(a)(b)それぞれの研究分野は重要である。それ故、氏は新しい「日本史研究の方法」としてこの二つを提案したのである。これが、わが国の新しい史料論・史料学の黎明をつげる記念すべき言葉なのである。

この石井氏の「「史料論」まえがき」は、短編ではあるが大きな示唆に富む論稿といえよう。氏は、ここで

(1)日本史学全体のあり方として文献偏重であること、

(2)文献史学内部の問題として、その史料学的研究の「立ちおくれ」がみられること、

の二点を指摘している。この(1)(2)は、まさにその(a)(b)に対応するものと私は考えている。

これまでの日本史学は「文献一辺倒」であった

(1)についていうと、石井氏は日本史学関連の学問分野として、古文書学・古記録学・文献学・書誌学・考古学・民俗学をあげ、これまでの日本史学は「文献一辺倒」であったとして、「現在、文献のみを金科玉条とする日本史学は成立しえないことは明らかであろう」（同書三頁）という。そして、これを契機にして従来の「文献一辺倒の日本史学」への反省として、史料の外縁、学問領域の拡大という新しい動きがみられるようになる。その代表的なものとして考古史料論をはじめ絵図史料論・絵画史料論・地名史料論・城館史料論など多くの研究分野が広く論じられるようになった[6]。これ以外にも、民俗学や古記録学（書誌学）・木簡学が重要であり、系図学、さらに絵画だけではなく彫刻・建築なども広く歴史叙述の史料となるものである。とくに、私の関心からいうと

聖教学という新しい学問分野

聖教学という、古文書学でもない古記録学でもない一つの新しい学問分野が必要だと考えている。これについては、序章第三節「文献としての古文書の特殊的性格」で、すこし詳しく述べた。ともあれ、史料となりうる学問領域は「無限に広い」といってよかろう。それを「整理・分類」し、取捨・選択して、豊かな歴史像を作るのが第一の史料論の役割であろう。

また、(2)についていうと、石井氏は戦後考古学の発展をはじめ、大量の近世史料の採訪・整理、近現代史研究の進展に注目、古文書学として戦後の新しい事態への対応をうながしている。(a)で、氏は文献史学内部の問題とするが、たんに文献史学だけではなく、関連各研究分野の「立ちおくれ」の克服、さらにはそれぞれの分野の内容の充実、専門化・高度化を訴えたものといえる。

学問領域の拡大
個々の研究分野の専門化・高度化

これは、あるいは私なりの解釈になるかもしれないが、石井氏はここで史料論という名のもとに、Ⅰ日本史研究の史料（素材）となる学問領域の拡大と、Ⅱこれら個々の研究分野の質的充実・専門化・高度化という二点をうながしたものと解釈するのが適当であろう。これによって、歴史研究全体のより豊かで、より充実した内容を期待したものといってよいのではなかろうか。石井氏の表現がどうあったかという問題とは別に、ⅠⅡの観点は、歴史研究のあり方、というよりは学問の問題として、常に確認されなければならない課題であろう。すなわち、私はこの『岩波講座　日本歴史』による史料論の提起は、改めて日本史研究のあり方を根本的に考えなおす契機となったという意味で、新しい一時期を画するものと評価すべきであると考える。

石井氏は、ここで、

「学界における暗い谷間」の「橋渡し」

新鮮なひびきをもつ新しい学問分野

古文書学と史料論はまったく別の学問

それはともかくとして、これまでの日本史学ではそれぞれの史料群の性格・特質などの研究はもっぱら各専門科学にゆだねられた形であり、………日本史学の史料学がそれ自体として論じられることはついになかった。個々の日本史研究においてはもちろん、広汎な史料の蒐集と整理、鋭利で徹底的な史料批判、みごとな史料操作などの数々が現われてその学問的高さを示してはいるが、これらを集約し、多少とも一般化してゆくような試みは乏しかった。総じて日本史学の史料学・史料批判の分野は、もろもろの個別研究や古文書学などの個別専門科学と、あまりにも一般論的な史学概論・史学研究法の間の谷間にとりのこされ、その重要性にもかかわらず、かえって学界におけるもっとも暗い一隅を形づくっていたといってよかろう（同書三・四頁）。

とする。すなわち、新しい史料論は「日本史研究の方法」を論ずる学問分野で、さきにみたように、Ⅰ日本史研究の史料（素材）となる学問領域を拡大し、Ⅱそれぞれの各専門研究分野の質的充実・専門化・高度化をうながすだけではない。さらに、Ⅲこれら専門的に高度化した各研究分野の研究成果を日本史研究に利用できるように「集約し一般化し」て、「学界における暗い谷間」に大きな「灯火《ともしび》を点」じて、その「橋渡し」をすることが期待されたものであったといえよう。

もうすこしいうならば、従来の古文書学にしても、また古記録学・文献学・書誌学にしても、たとえば「古文書学を歴史学の補助学とよぶ誤解」（[引用4]）という言葉にみられるように、実際は歴史学の補助学として遇せられるにしかすぎなかった。それを、Ⅰの広汎な専門各分野が、現在の考古学や民俗学のように、歴史研究とは関係なく、Ⅱ独自の研究目的をもった高度な学問として展開、Ⅲその高度で専門的な研究成果を集約・総合して一般化し、日本史研究に役立てようとするのが新しい史料論に期待されたものであったといえよう。それ故に、新鮮なひびきをもつ新しい学問分野として、颯爽と登場したというのが史料論であったのである。この石井氏の史料論提案については、いろいろな解釈ができると思うが、史料論のあるべき姿も含めて私はこのように考えている。

ここで、どうしても確認しておかなければならないことがある。史料論は、たしかに新しい魅力的な学問である。しかし、はっきりいって史料論は「日本史研究の方法」を考える学問分野であって、たとえば古文書学そのものではない。古文書学は「古文書の本質を究明する」という固有の目的をもった学問で、史料論とはまったく別の学問である。これは、古文書学だけではなく、考古学や民俗学や木簡学はもちろん、絵図研究（絵図学）・絵画研究（絵画学）・地名研究（地名学）・城館史研究（城館史学）などの場合も同じである。いずれも歴史学の補助学ではなく、それぞれ独自の研究目的をもった学問分野である。それをいかにも歴史学の補助学であるかのような扱いをするのは、歴史学の独善あるいは傲慢というべきであろう。現在、古文書学と史料論は、完全に混同されてしまったかのように考えられるので、この点だけははっきりさせておかなければならない。

中世古文書学の史料論化

第二項　中世古文書学の現状――いわゆる史料論化――

以上のような新しい史料論の提案にともなって、中世古文書学もその影響を大きくうけることになる。いうまでもなく、古文書学と史料論はまったく別の学問である。しかし、史料論が新しい魅力的な学問として提起されると、もともと余り存在感のはっきりしなかった古文書学は完全に史料論化されてしまうというのが実態である。

中世古文書学といえば、さきの佐藤進一氏の言葉として引用した、

しかし概していえば、これまでの古文書学は様式論中心であって、………相田二郎の印章の研究を除けば、ほとんどまだ本格的な研究は現れていない（〔引用6〕）。

にみられるように、古文書学固有の個別的基礎研究と、それにもとづいた大きな体系論はほとんどみるべきものはなかった。はっきりいって、中世古文書学とはいうものの、堅実な個別研究といえば相田氏の業績を中心にしたごく少数のものにしかすぎず、その基礎の上に構築された体系論も、これまでみてきたようにまだまだ十分なものとはいいがたい状態であった。したがって、従来の古文書学といえば、古文書研究の全体系を本格的に論ずるものはみられず、ただ様式論が論じられるだけで、様式論がいかにも古文書学であるかのように考えられてきたのである。

古文書学を歴史学の補助学とよぶ誤解

このような状況のところに、新しく史料論が提案された。これまでも、たしかに古文書学は論じられ、相田氏の『日本の古文書』をはじめ、古文書学に関する著書もいくつか刊行されていた。しかし、従来の古文書学界では、佐藤氏のいうように「古文書学を歴史学の補助学とよぶ誤解が、………根強く生き続けて」（〔引用4〕）きたというのが実態であった。そこで、新しく史料論の研究が提案されたとはいえ、それに対する古文書学界の体質はそう簡単にかわるものではない。というよりは、これまでは「古文書学を歴史学の補助学とよぶ誤解」とい

うことでもわかるように、歴史学の補助学といわれることに引け目を感じながら、実際は歴史学の補助学である古文書学が論じられていた。しかし、いったん新しく史料論が提起されると、新しい史料論の名のもとに、何の遠慮もなく堂々と本来の古文書学とは別の「日本史研究の方法」を考える史料論一色になってしまったというのが現状であろう。ここ三・四〇年の間に、「古文書の本質を究明する」という目的をもった本来の古文書学の研究は、史料論という名のもとにまったく姿をけしてしまったということができるのではないだろうか。私は、これを中世古文書学のいわゆる史料論化とよぶことにする。かくして、古文書学固有の関心のもとに執筆される論文は完全に影をひそめてしまって、古文書に関する研究も史料論という観点からのものにかぎられるというのが現状であろう。(7)

中世史料論の特徴

ここで、現在のいわゆる中世史料論の特徴的な点をあげてみよう。現在の中世史料論の特徴といえば、論ずべき点は多々あるが、いちおうのまとめとして、以下の三点に集約してみた。

古文書史料論に矮小化

まず第一に、現在中世史料論として論じられているのは、そのすべてが古文書であり古文書学である。完全に古文書史料論に矮小化されてしまった。そもそも、石井進氏の史料論の提案は、従来の歴史研究の文献史料偏重という狭隘な研究視角を拡大して、多様な歴史叙述の素材（史料）さらには研究分野から、歴史学を論ずるという非常に広汎な構想のものであったはずである。

しかし現在論じられている史料論は、いわゆる中世史料論の名のもとに、すべてが中世文書・中世古文書学だけである。後ほどすこし詳しくみるが、服部英雄氏が広く中世史料について述べる以外は、すべて古文書あるいは古文書学である。広汎な研究素材・研究分野を対象とするとして提案された史料論が、「新しい史料論」の名のもとに、実は完全に狭い古文書史料論になってしまったというのが現在の中世史料論の実態というべきであろう。たんに、いまみた古文書学の史料論化というだけではなく、古文書学そのもの、史料論そのものが、古文書史料論に矮小化されてしまったといえる。

文字資料としての文書だけが研究の対象

第二に、この古文書史料論でとりあげられる古文書は、静態の「個」としての文字資料にすぎない。従来の古文書学とまったくかわっていない。本来、古文書といえば、動態の「もの」として、その「一生」が研究の対象であるはずである。しかし、現在の古文書史料論で論じられている古文書は、歴史叙述の史料にしかすぎない。古文書を史料としていかに有効に利用するかの観点からだけである。まさにいわゆる史料論である。文字情報だけが研究の対象であって、「もの」としての文書にはまったく無関心である。

それだけではない。現在論じられている古文書史料論は、本当に窮屈で難しい。本来の古文書学、そして本来の史料論は、「もの」としての文書が対象であるということから、もっと広汎でもっと豊かでもっと楽しい学問であるはずである。本来の古文書学・史料論のあり方と、現在の古文書史料論の落差は余りにも大きいといわざるをえないのではなかろうか。

広汎で豊かな楽しい学問

第三として、本来は古文書学は古文書学として、また史料論は史料論として、完全に独立した別個の学問である。すでに述べたことであるが、かつては「古文書学を歴史学の補助学とよぶ誤解」ということが確認されていた。これまで、古文書学は実際にはまさに歴史学の「補助学」にしかすぎなかった。しかし、それはまだ遠慮しながらの「補助学」であった。建前としては独立の学問であることがはっきりしていた。

古文書学・史料論はそれぞれ独立した学問

しかし現在は、「新しい史料論」の名のもとに、古文書史料論としてその確認すら忘れてしまった。「日本史研究の方法」を論ずるはずの史料論が、その本来のあり方をすっかり忘れてしまって、史料論といえば、歴史叙述の古文書を論ずるものなりといわんばかりに、文字資料としての古文書だけが大手をふって論じられている。改めて確認するが、古文書学は古文書学として、また史料論は史料論としてそれぞれ固有の研究目的をもった学問であって、古文書史料論などという学問はありえないのである。

第三項　新しい中世古文書学への展望——中世古文書学への専門分化——

古代史研究の現状

このような中世古文書学・中世史料論の現状とは別に、わが国の古代史研究においては、戦後莫大な新資料が発掘され、それにもとづいて着実な木簡の研究などがおこなわれている。さらに、膨大な正倉院文書に関する精細な個別基礎研究がおこなわれ、それらを核とした「もの」に即した具体的な研究が着実に展開して、大きな成果をあげている。現在では、この木簡研究や正倉院文書研究が史料論という名のもとにおこなわれているようである。しかしここでは、広く史料論と称せられているだけで、実際は「もの」としての木簡あるいは正倉院文書そのものが研究の対象となっていて、たんに文字資料としての、いわゆる史料論としての木簡の研究や正倉院文書の研究ではない。そして、これが文字情報だけを追っかけている現在の中世史料論との決定的なちがいである。

したがって、これら古代史研究は、もはやいわゆる史料論ではなく、木簡学・正倉院文書学として、それぞれ

- 「定説的古文書学」
- 新しい学問体系をもった古代古文書学
- 新しい中世古文書学へ脱皮・進化
- 学問体系そのものの再点検
- 研究環境・研究条件の激変

独自の学問体系の確立のための堅実な研究がおこなわれているといえると思う。これを古文書学としていうならば、もはや従来のいわゆる「定説的古文書学」(8)という学問体系では処理しきれない新しい事態なのである。それ故、早急に古文書学の体系の部分修正をおこなって、新しい木簡研究や正倉院文書研究成果を、従来の古文書学の枠内にとりこもうとするような弥縫策を講じるよりは、中世古文書学なら中世古文書学、木簡学なら木簡学、また正倉院文書学なら正倉院文書学が、それぞれ独自の研究を十分に進めて、それなりに安定した学問体系ができあがった段階で、それぞれをつきあわせて、古文書学全体としてしかるべき結論を導きだすのが順当な手続きではなかろうか。この場合、歴史学とそれぞれの研究分野との橋渡しをするのが本来の史料論のあり方だと考えるのである。

このように考えると、すこし先走ったことをいうようだが、現在着実な研究が進められている古代の木簡研究や正倉院文書研究などが、大きく木簡学・正倉院文書学などとして体系化された暁には、古文書学自体も従来の「定説的古文書学」とは相当あるいは非常にちがったものとなるであろう。文字資料だけを研究対象とする現在の中世古文書学とちがって、「もの」を研究対象とする新しい学問体系をもった古代古文書学として専門分化するのは当然ではなかろうか。こうなると、従来の中世古文書学も、そのあり方に根本的な再検討がせまられるにちがいない。いつまでも、安閑と文字だけを追究するだけではすまなくなるのは当然である。従来の古文書学とはまったくちがった、「もの」としての文書を研究対象とする新しい中世古文書学、アーカイブズ学としての中世古文書学への脱皮・進化が要請されることになるだろう。

かくして、大きく古代から近現代にいたる文書・書面を「もの」として、すなわちアーカイブズとして、その本質の究明を共通の目的とするということは確認しつつ、それぞれ研究対象におうじた古代古文書学・中世古文書学として展開すべきものではなかろうか。これが、四〇年・五〇年前とちがった現在の研究状況に即応した研究のあり方だと考えるのである。もはや、現在の古代・中世古文書学の研究段階は、「文書概念の再検討」といった小手先の修正で収まるものではなく、学問体系そのものの再点検・再編成がせまられているのではないのだろうか。

私が、新しい中世古文書学をとなえるのは、一つにはこのような研究環境というか、研究条件の激変がある。いまみた古代史史料の研究はいうにおよばず、近世史の史料研究にしても、近現代史の史料研究にしても、それぞれ大きく「もの」として、すなわちアーカイブズ学として展開しようとしている。ただ中世史研究だけが、いわゆる史料論に安住して、旧態依然として文字だけを追究しているだけではすまなくなるのは当然というべきであろう。古代から現代にいたるまでの一次的記録情報資源をアーカイブズとしてとらえ、その共通性を確認しつつ、古代・中世・近世・近現代というそれぞれのアーカイブズの存在形態におうじた古代古文書学・中世古文書学……に専門分化するのが自然な姿ではないのだろうか。私が、あえて新しい中世古文書学、アーカイブズ学としての中世古文書学をいう所以のものである(9)。

第三節　新しい中世史料論の研究㈠——村井章介「中世史料論」——

さきに述べたように、『岩波講座　日本歴史』(一九七六年版)ではじめて史料論が提唱されてから、中世史研究の世界ではいくつか「史料論」関連の論稿がみられる。まず、この『岩波講座　日本歴史』(一九七六年版)には佐藤進一「中世史料論」、つぎの『岩波講座　日本通史』(一九九五年版)には、富田正弘「中世史料論」、さらに最近の『岩波講座　日本歴史』(二〇一五年版)には高橋一樹「中世史料学の現在」が掲載されている。これ以外にも、中世史料論に関係する代表的な論稿としては村井章介「中世史料論」、服部英雄「中世史料論」(10)がある。このうち佐藤・富田両氏の「中世史料論」については、すでに何度か触れてきた。高橋・服部両氏のものは、さきに述べたI中世史料論の研究領域の拡大に関するもので、広い視野から中世史料について触れている。また、村井章介「中世史料論」は、中世史料論そのものを論じたものとして、以下ですこし検討してみようと思う。

第一項　動態としての文書

中世文書が、全体として静態の「個」としての文書、文字資料としての文書という強固な固定観念で身動きできない状態の中にあって、注目すべき論稿(11)として前記村井章介「中世史料論」がある。本節に関係することについて結論だけをさきにいうと、氏は書面をたんに静態の「個」としてみるのではなく、動態において把握し、それにもとづいて新しい書面の情報について論じているのである。この点が、従来の中世古文書学や中世史料論にみられなかった新しい重要な論点としてとりあげてみたい。

「世代をこえて多くの研究者をまきこんだホットな議論」

「もっとも有効な限定」とはなにか

ここで、まず簡単に村井氏の論稿の要点を紹介しておこう。氏は「はじめに」で、石井進氏の史料論の提唱以来、史料となりうる対象の領域は無限に広くなり、たとえばさきに註(6)でみたように、「世代をこえて多くの研究者をまきこんだホットな議論」が展開されることとなる。それには「もっとも有効な限定を加える必要がある」とする。しかし、「「定説的古文書学」が文献史料について設定する文書／記録／編著というカテゴリーは、もはや動脈硬化をおこしており、そのままでは維持しがたい」。そこで、「「もっとも有効な限定」とはなにか」を考えるのが氏の論稿の目的だとする。

その第一節にあたる1「文書と記録の間——若干の研究史」では、「定説的古文書学」の文書／記録の定義を確立した黒板勝美氏以来の研究史を概観する。そして、

文書／帳簿／記録といったカテゴリーは相対的なものにすぎず、書面が置かれた「場」と「時」に応じてカテゴリー間の遷移や二重化が起きるもので、それはカテゴリーの修正や新カテゴリーの創出では対応しきれない事態である（同書九頁）。

と現状について述べる。

この問題提起をうけて、2「実態情報と関係情報」では書面がおかれた「場」＝空間軸を中心に、つぎに3「機能の連鎖と遷移」では「時」＝時間軸を中心に、また4「中世史料の固有性」では中世史料独自の特色について、それぞれ「書面のはらむ多面的かつ多重的な情報を、既存のカテゴリーにとらわれることなくいかに豊かに引き出すことができるか」ということを検討する。

最後の「おわりに——カテゴリーの牢獄を脱して」が氏の結論である。ここで氏は、

カテゴリーの牢獄からの脱出をはかる

従来の古文書学のように、文書・記録・帳簿・編纂物等々のカテゴリーをあらかじめ定義し、それぞれの領域に対応する学として古文書学・古記録学等々を構想するのでなく、書面（群）が、ある属性をもつ特定の「場」のなかで移動しながら性格を変えていく（いいかえればカテゴリーの壁を往来する）、という動態をとらえようとする指向が、随所に見られた（同書三四頁）。

という。すなわち、「おわりに」の副題にもみられるように、「カテゴリーの牢獄からの脱出をはかる」ことが必要だとするのが氏の結論だと考えられる。しかし、この文章につづいて、「しかし、あらゆる脱構築がそうであるように……」という長い「但書」がついている。それも含めて、私なりに以上のようにまとめてみた。もし、

誤解があるならば私の不明のいたすところとしてお許しいただきたい。

ともあれ、村井氏のこの「中世史料論」は、「もはや動脈硬化をおこしている「定説的古文書学」が文献史料について設定する文書／記録／編著というカテゴリー」は、「その牢獄からの脱出をはかる」ことが必要だというきわめて論点のはっきりしたものである。この点については、次章第一節「「文書概念の再検討」について」で詳しく論ずることとして、ここでは、とくに村井氏が書面を動態として論じているということに注目したい。そして本項では、これと関連して述べられた動態としての「書面のはらむ多面的かつ多重的な情報」について検討することにする。

書面のはらむ多面的かつ多重的な情報

村井氏は、この「中世史料論」において、書面の有する情報について、

ある書面それ自体に備わっている情報を実体的情報、複数の書面相互や書面と環境との関係に依存する情報を関係情報として、整理しなおしてみたい（同書一三頁）。

として、その後に、

f機能的情報

A実体情報……a文字列情報、b形態的情報（＝物的情報）、c様式的情報
B関係情報……d関係的情報、e構成的情報

という表を掲げる。

村井氏の「機能的情報」の内容

ここで、村井氏の「機能的情報」の内容に注目してみよう。氏は「機能的情報」というが、これは広く文書自体に含まれたすべての情報と考えてよい[12]。これについては、それぞれに関する説明が必要であろう。まず、A実体情報というのは、氏によれば「ある書面それ自体に備わっている情報」で、B関係情報とは、「複数の書面相互や書面と環境との関係に依存する情報」といっている。つぎに、a文字列情報とは、「書面が伝達しようとする諸情報のうち、一次元の文字列に置き換えても損なわれないもの」と定義する。しかし、bcdefについてはこのような詳しい説明はなく、氏の文章全体から読者が適当に氏の意図を判断しなければならない。

このabcdefの六つの情報のうち、f機能的情報は別として、文字に関係するものはa文字列情報とc様

式的情報だけである。他のb形態的情報、d関係的情報、e構成的情報は非文字情報である。氏の場合には、b形態的情報については、項目名だけで具体的な指摘はないが、「物的情報」であって文字に関する情報ではない。d関係的情報、e構成的情報の場合も同じである。これだけをみても、氏については、たんに文字情報だけではなく広汎な非文字情報がその研究対象となっているということが確認できる。すなわち、氏のこの論稿は、従来の古文書学の常識とはちがって、広汎な非文字情報の存在に注目したという点で大きな特徴があるということを確認しておかなければならない。

表7―1　文書・書面の存在形態とその情報

		村井氏		上島
Ⅰ	存在形態	A実体情報	分割された単位書面	単体の「個」
	その情報		実体情報 a文字列情報 b形態的情報(=物的情報) c様式的情報	形態に関する情報=形態論 (a)書式論(「様式論」) (b)形状論 様式論
Ⅱ	存在形態	B関係情報	空間軸の「場」としての存在	平面の「群」として存在
	その情報		d関係的情報	「群」に関する情報=関係論
Ⅲ	存在形態		時間軸の「時」としての存在	立体の「層」として存在
	その情報		e構成的情報	「層」に関する情報=構造論

［註］Ⅰは表1―1「文書の伝来とそのライフサイクル・情報等」の作成・伝達段階の文書、Ⅱは同表の集積段階の文書、Ⅲは同表の保存段階の文書を示す。

いま、村井氏のf機能論的情報に関する表と、それに関する説明にもとづいて、それを整理して、私の表1―1「文書の伝来とそのライフサイクル・情報等」、表1―2「アーカイブズとしての文書とその情報」と対照させたものが表7―1「文書・書面の存在形態とその情報」である。まず、大きくⅠと分類するのは、表1―1のA作成・B伝達段階に関するもので、その存在形態は「単体の「個」」である。それを、村井氏は「分割された単位書面」といい、「それがほんらい存在した「場」や「関係」から切り離された情報のフラグメントにすぎない」ともいう。ここに含まれた情報を村井氏は「実体情報」として、具体的にはa文字列情報・b形態的情報(=物的情報)・c様式的情報があるとする。これは完全に一致するとはいえないが、大きく表1―2の(a)書式論(「様式論」)・(b)形状論、それに広く様式論に相当し、氏のA実体情報は表1―2の形態論としてよかろう。

つぎに、Ⅱとするのは、表1―1のC集積段階に関するもので、その存在形態は「平面の「群」」であって、その情報は「群」に関する関係論として論ぜられるものである。これを村井氏は「空間軸の「場」としての存在」とし、その情報を「d関係的情報」とする。また、Ⅲとするのは、表1―1のD保存段階に関するもので、その存在形態は「立体の「層」」であって、その情報は「層」に関する構造論として論ぜられるものである。これを村井氏は「時間軸の「時」としての存在」とし、その情報を「e構成的情報」とする。

村井氏と私は大きくほぼ一致する

以上で明らかなように、文書・書面の存在形態とその情報に関しては、名称は別として、村井氏と私は大きくほぼ一致することがわかった。もちろん、あくまでも「大きな概略」の一致であって、細かい点ではいろいろと相違は考えられる。そして、勝手に「我が田に水を引く」ようなことがあればお許しいただかなければならないが、研究の方向性だけは同じだといえるのではないかと考える。この村井論文は何度もなんども読んだものである。しかし、ほぼ最終稿になって、このような相似性に気づいて驚いたことである。

動態としての書面の「群」さらには「層」にまで言及

いうまでもなく、この村井氏の新しい論点は、従来の中世古文書学・中世史料論にはみられなかったものである。これまでは、書面を静態の「個」として、その文字資料、歴史叙述の史料として論じられてきたにすぎない。しかし、氏の場合には、古代史料論の成果を取りいれているが「関係情報」として「空間軸」、さらには「時間軸」を視野にいれて、動態としての書面の「群」さらには「層」にまで言及したことは画期的なことといえよう。この理論的提言にもとづいて中世文書として本格的にその具体化を進められんことを切に祈るものである。

第二項　「カテゴリーの牢獄」からの脱出

「もの」としての文書・書面にまではおよんでいない

従来の文書のカテゴリーは動脈硬化をおこしている

村井氏の場合、いまみたように、動態としての書面を具体的に取りあげたのは大きな成果ではあるが、まだ不満の残ることはどうしても指摘しておかなければならない。すなわち、氏は折角動態の書面に気づいてはいるが、残念ながらもう一歩進めて「もの」としての文書・書面にまではおよんでいないのである。その結果、従来の文書のカテゴリーは動脈硬化をおこしているとする。これは、新しい中世古文書学とはまったくちがった提案である。この点については、次章第一節「「文書概念の再検討」について」で詳しく検討するが、ここでは氏の「中世史料論」にかぎって、最低限のことだけを述べることにする。

たしかに、「文書概念の再検討」は、前記佐藤進一「中世史料論」の提言以後、古代・中世史料論をつうじて

文書と記録・編纂物との区別は厳然として存在する

正倉院文書の研究

現在の史料論の文書カテゴリーに関する基本認識

大きな学問的な潮流となっていて、それに異論をとなえるなどということは、まったくの「異端」として一蹴されるのが現状である。しかし、私は文書と記録・編纂物との区別は厳然として存在するし、それをはずしては文書はもちろん、記録・編纂物についてもその本質の究明は不可能だと考えるのである。

いまみたように、村井氏の動態としての書面に含まれた情報に関しては、新しい中世古文書学の研究方向と合致するもので、非常に重要な指摘であることを確認した。しかし、村井氏のこの論稿の主旨は、この動態としての文書の確認にあるのではなく、「定説的古文書学」が文献史料について設定する文書／記録／編著というカテゴリーは、もはや動脈硬化をおこしており、そのままでは維持しがたい。そこで、史料論の課題はこの「カテゴリーの牢獄からの脱出」をはかることにあるというのである。これは、前記「文書と記録の間」の佐藤提案を真正面からうけとって、それを展開しようとしたものである。そこで、本書としては、どうしても検討しなければならない課題である。

村井氏は、さきにも引用したが、杉本一樹・山下有美・石上英一の三氏の正倉院文書の研究にもとづいて、

> 文書／帳簿／記録といったカテゴリーは相対的なものにすぎず、書面が置かれた「場」と「時」に応じてカテゴリー間の遷移や二重化が起きるもので、それはカテゴリーの修正や新カテゴリーの創出では対応しきれない事態である（同書九頁）。

という。これが、広く現在の史料論の文書カテゴリーに関する基本認識といってよかろう。はたしてそうなのだろうか。文書は、たびたびいうように「差出人から受取人にある意思の伝達を目的として「かたち」をととのえて作成された書面」である。その存在形態は単体の「個」である。氏の表現では、「分割された単位書面」であり「情報のフラグメント」ということになろうか。そして、「ある意思の伝達」という作成目的＝本質的効力が終了したら、もはや厳密な意味の「文書」ではなく、「古文書」となる。しかし、さきにもすこし触れたように完全に「紙屑」として廃棄されるのではなく、その多くは新たに付随的効力がみいだされて集積の場に移される。その存在形態はもはや単体の「個」ではなく、平面の「群」として存在することになる。これは、村井氏の表現では「空間軸の「場」としての存在」ということになる。その後、この文書――厳密には古文書――の付随的効力も失われるが、代わって応用的効力がみいだされて保存の場に移される。その存在形態は立体の「層」としての存在であるが、村井氏の表現では「時間軸の「時」としての存在」である。これが「文書の一生」であり、

京都左京七条一坊十五町内の屋地に関する売券

記録・帳簿・編纂物

文書の特殊的性格

動態の「もの」としての文書の重要性

「文書史」でもある。すなわち、文書とはその機能を本質的効力・付随的効力・応用的効力と三度かえて、現在その応用的効力によって文書として利用されているのである。

これと同じことになるが、具体的に「一通の文書」について考えてみよう。これは、後ほど第二章第一節第五項「同一の文書の存在の「場」のちがい」で詳しく述べるが、東寺百合文書の京都左京七条一坊十五町内の屋地に関する売券が現在二四通残っている。その最初の文書が、

延喜一二年（九一二）七月一七日　七条令解（『大日本古文書　東寺文書之二』〈函一号五〉）

であるが、これらの文書は、いずれも「分割された単位書面」として作成される。そして売券として「ある意思の伝達」という作成目的をはたして、その本質的効力は消滅する。しかし、それは廃棄されることなく、その付随的効力のために「空間軸の「場」としての存在」として集積される。しかし、長年月の間にこの付随的効力も消滅するが、代わって応用的効力によって「時間軸の「時」としての存在」として保存されて、現在歴史叙述の史料として利用されている。三度も「書面が置かれた「場」と「時」の遷移」がおこなわれ、その存在形態をかえる。しかし、これによって「カテゴリー間の遷移」がおこなわれて、文書であったり、記録になったり、帳簿になったりするのではない。すなわち、七条令解は、文書として作成され、それが記録になったり、帳簿になったりして現在にいたるのではない。文書として作成され、一貫して文書として集積・保存され、現在も文書——厳密には古文書——として利用されているのである。これほどはっきりしたことはあるまい。

いっぽう、記録・帳簿・編纂物は「後日の参照」「後日の照合」の目的で作成される。これが記録・帳簿・編纂物の本質的効力である。そして、この本質的効力は現在にいたるまでかわることなく、そのままつづいているのである。記録類が歴史叙述の史料として用いられるのは、まさに「後日の参照」として利用されているのである。すなわち、文書はその働き（機能）を本質的効力・付随的効力・応用的効力と三度かえて、現在におよぶ。これが文書の特殊的性格である。しかし、記録・帳簿・編纂物は、「後日の参照」「後日の照合」という最初の本質的効力によって、現在も保存・利用されているのである。これほど明瞭な相違点はあるまい。文書と記録・帳簿・編纂物との「壁」は厳然としてあり、例外的なものは別として、基本的にはそのカテゴリーの相対性や相互浸透や遷移などは考えがたいと思うがいかがなものだろうか。これは、文書を動態の「もの」としてとらえた場合にはじめて可能な観点であって、それはまた文書の特殊的性格の確認でもある。改めて動態の「もの」として

の文書の重要性を指摘しておきたい。

それとともに、この村井氏の提案を延長・発展させていくと、今後古文書学・古記録学・文献学・書誌学といった各専門分野の研究は不要で——不要とまでいえるかどうかは問題が残るとしても——、すべて史料論に集約されるべきだということにもなりかねない。私は、たびたびいうように、現在の考古学や民俗学がそうであるように、古文書学をはじめとする各専門の研究分野の本格的な進展が、歴史学のより高度な展開に直接結びついていると考えている。そして、これら両者の橋渡しをするのが、史料論・史料学の未来のあるべき姿だと考えている。

以上は、村井氏の論点だけに限定したきわめて粗っぽい結論にしかすぎない。本格的な検討はすべて次章にまかさざるをえないが、氏の場合、折角動態としての文書に気づいているのである。これは、従来の中世古文書学や中世史料論にはみられないすばらしい成果である。それをもう一歩進めて「もの」としての文書、一通の「文書の一生」として考えてほしかった。同一の「文書の一生」であるから、その間に「カテゴリーの遷移」などおこりうるはずはない。そうしたら、氏の結論も大きくかわっていたのではなかろうかというのが、率直な私の気持である。

第四節　新しい中世史料論の研究㈡——アーカイブズ学への胎動——

いまみた村井章介「中世史料論」は、新しい中世史料論として明確にその主張を展開した注目すべきものである。しかし、これほどはっきりした主張ではないが、そして余りまだ目立たないが、中世古文書学あるいは中世史料論として別の新しいアーカイブズ学への胎動がみられる。すなわち、文書をたんに文献すなわち文字情報の情報資源としてだけではなく、動態としての「もの」ととらえて、そこから未知の新しい情報を引きだそうとする動きがはっきりとした形でみられる。以下は、私がたまたま目にしたもので、まったく私の狭い独りよがりの解釈にすぎないかもしれないが、いくつか具体的にあげることができる。

まず、注目すべきものとして、安藤正人・青山英幸編著『記録史料の管理と文書館』（北海道大学図書刊行会一九九六年）所収のつぎの二編の論文がある。その一が松井輝昭氏（広島県立文書館）の「古代・中世における

黒川直則「中世東寺における文書の管理と保存」

文書の管理と保存」で、もう一つは黒川直則氏（京都府立総合資料館）の「中世東寺における文書の管理と保存」である。両氏はそれぞれ文書館・資料館に勤務、直接中世文書の保存と管理の業務にたずさわっている経験を生かしたもので、アーカイブズ学としても貴重な研究成果である。

永村眞『中世寺院史料論』

つぎに、永村眞氏は早く同『中世寺院史料論』（吉川弘文館　二〇〇〇年）の序章「寺院社会史と史料論」において、

「史料」を単なる歴史研究の素材となる文字情報（漢字文字列）というよりも、文字情報を伴う「モノ」として、つまり文字情報とその媒体という相関する二面を備えた一体と捉えたい（同書一五・一六頁）。

という。そして、文書が成立してから現在にいたる過程を、

(1)文書の成立　(2)文書の伝達　(3)文書の伝来　(4)史料としての役割

にわけ、各段階がそれぞれに重要な意味をもつとする。これは、たいへんな提案である。すでに二〇年近くも前に、文書をたんに文字資料としてではなく、動態の「もの」すなわちアーカイブズとしてとらえ、そのA作成・B伝達・C集積・D保存の諸過程の総体として研究すべきことを提言しているのである。氏の基本的ないわんとするところは、私が本書で述べていることと同じである。

新しい聖教学に展開する

そして、これは新しい聖教学に展開するものだろうと思うが、私の不勉強もあって、その後この観点を発展させた氏の論稿はみあたらないのではなかろうか。しかし、ぜひ本格的に取りくんでいただきたいものである。

久留島典子・五味文彦編『史料を読み解く1　中世文書の流れ』

また、久留島典子・五味文彦編『史料を読み解く1　中世文書の流れ』（山川出版社　二〇〇六年）がある。その「はじめに」では、

（本書では）文書の作成から利用のあり方までを体系的にとらえて考察する方法を採用した。文書がいかに作成され、伝達され、利用されていったのかを、文書の流れに即して探っていこうというものである（同書ii頁）。

とする。そして、その内容の目次だけを掲げると、

Ⅰ文書の作成　Ⅱ料紙の選択　Ⅲ執筆の作法　Ⅳ文書の伝達　Ⅴ文書の授受
Ⅵ文書の効力と移動　Ⅶ文書の整理と保管

となっている。

ここでは、文書のA作成からB伝達・C集積・D保存までの「文書の一生」＝文書のライフ・サイクルのそれぞれの段階が、それぞれに歴史的な意味をもつとして、詳しく説明されている。たんに静態としての文字資料としての文書だけではなく、動態の「もの」としての文書が具体的に述べられているのである。もちろん、久留島氏らと私の観点が完全に一致するものではないが、何よりも文書を従来のようにたんに「個」としての文字資料＝歴史叙述の史料としてのみとりあげるのではなく、文書を作成から現在にいたる全過程の「もの」としてとらえ、そこからたんに文字情報だけではなく、未知の新しい非文字情報を引きだそうとする点では軌を一にするものといえよう。今後、さらに本格的に展開してほしい視点である。

岡野友彦代表の科学研究費補助金の研究

　そして、岡野友彦氏を代表とする科学研究費補助金（基盤研究C）による研究がある。これは、「古文書学の再構築――文字列情報と非文字列情報の融合――」と題して平成二十三年（二〇一一）度から同二十五年（二〇一三）度にわたっておこなわれたものであるが、その報告書の「はしがき」には、

> 従来の古文書学は、黒板勝美氏によって歴史学の補助学と位置づけられて以来、特に中世史の世界で、その学問的独立性が提起され、実証的研究が積み重ねられてきた。中でも一九七〇年代以降、佐藤進一氏の説（『古文書学入門』法政大学出版局、一九七一年）を批判的に発展させる形で、様式論と、それに深く関係する機能論に関わる研究が蓄積され、そうした形で古文書学が大きく進展してきたことは疑いない。しかし、様式論や機能論という視点から、古文書上に書かれた内容（文字列情報）に関心がいくあまり、古文書が本来「もの」として有する様々な情報（非文字列情報）、例えば料紙や墨色などに注目する研究は遅れがちであった。[13]

と述べられている。この研究には、私も研究協力者として参加させていただいたが、古文書をたんに文字資料としてだけではなく、「もの」として研究の対象とすることがはっきり謳われている。今回の報告書の段階では、まだその具体的な成果はみられないが、何年か後あるいは何一〇年か後の成果は期して待つべきものがあろう。[14]

安藤正人「記録史料学とアーキビスト」

安澤秀一『史料館・文書館学への道』

　このような中にあって、とくに注目すべきものとして、新しく「記録史料学」が提起された。すなわち、安藤正人氏は前記『岩波講座　日本通史』（一九九五年版）に「記録史料学とアーキビスト」[15]を執筆、「記録史料学」としてはじめてアーカイブズ学を紹介した。ここでは、まだアーカイブズ学なる言葉は用いられていないが、これは早く安澤秀一『史料館・文書館学への道――記録・文書をどう残すか――』（吉川弘文館　一九八五年）の

「文書館学」を発展・体系化したものである。そして、もっぱら近世・近現代について述べたものである。その主たる論点もかならずしも一致するものではないが、その基本的な精神を私なりにくみとったのが、本書の新しい古文書学としての中世古文書学、アーカイブズ学としての中世古文書学である。この新しい中世古文書学は、これまでみてきた現在の主流たる史料論にとっては、文書を文字資料、すなわち歴史叙述の史料としてではなく、動態の「もの」とみるという点で、たんなる「孤児」だけではなく、「異端」として邪魔物そのものであるが、「独善的な自信満々の思いこみ」でないことを願うのみである。そして、「静かな民主革命」[16]が待望されるところでもある。

註

（1） 前記『日本古文書学の諸問題 相田二郎著作集1』四五一頁。

（2） これは、同『虚心文集 第五』（吉川弘文館 一九四一年）の巻頭の論文として出版された。そして、第一部「記録古文書の研究」、第二部「古文書様式論」の二部から成り、第一部は「古文書と記録の研究に共通して必要な事柄」（第二部「古文書様式論」の「序説」の最初の言葉）として、第一「材料」に紙・筆・墨を、第二「用語」、第三「用字」、第四「書風」、第五「文体」、第六「花押」、第七「印章」の「様式」以外のいわば「外的研究」が講義されている。すなわち、相田氏の場合「古文書学概論」として、「様式」以外の広く「外的研究」が一年かけて講義されていることは、やはり注目すべきことであろう。

（3） これ以外に注目すべきものとして、さきに述べた中村直勝『日本古文書学 上中下』がある。

（4） これは、第一部第一章の註（4）で触れたように、後に前記同『日本古文書学と中世文化史』に収められている。

（5） この論稿の原題は「「史料論」まえがき」である。後に一部削除して「史料論の視点」と改題して、『石井進著作集7 中世史料論の現在』（岩波書店 二〇〇五年）に収められた。しかし、この「「史料論」まえがき」が、そもそも現在の史料論の出発点になっているということから、本書ではすべて『岩波講座 日本歴史』（一九七六年版）からの引用とすることにする。

（6） その一例として、網野善彦他編『帝京大学山梨文化財研究所シンポジウム報告集 中世資料論の現在と課題』（名著出版 一九九五年）がある。ここでは、「中世資料論」として、遺物・遺跡などについての本質的な考古資料論、それを基礎として建築史学との接点を追究した館・屋敷の空間論、近代史学史の中での古文書学の位置づけの変遷を明らかにした文書史料論、牛玉宝印の多彩な機能からその版木にまで言及した史料論、郡絵図を素材とした詳細な絵図資料論、烏帽子と中世人との関わりに焦点を合せた絵画史料論、地名の多様なあり方を追究した地名資料論、古代・中世の地形の変遷を明らかにした地形環境の分析、城郭のさまざまな実態にふれた史料としての城郭論などの多彩な報告がおこなわれている。

（7）すこし具体的にみてみよう。これまで中世古文書学といえば、完全に「歴史学の補助学」化していて、古文書学固有の研究などという観点はまったく欠如していた。というよりは、古文書学固有の研究などということは眼中にはなかった。古文書学固有の研究の研究分野といえば、たとえば表1―2「アーカイブズとしての文書とその情報」をみていただきたい。(b)形状論の(2)料紙論以下が一例としてあげられよう。これらに関する個別研究は、相田氏の一部のものをのぞいて皆無といってよかろう。(2)料紙にしても、(3)封式にしても堅実な個別研究といえば本当に「淋しい」状態である。そして、これらの堅実な個別研究は、直接そのままでは歴史叙述に適用できるものではない。しかし、その成果は歴史学をより豊かにし、より確実なものにすることはいうまでもない。それを橋渡しするのが史料論であろう。古文書学の固有の個別研究の必要性と、史料論の重要性が確認できると思う。

（8）これは、前記『新版古文書学入門』の「あとがき」にみえる言葉である。ここで、佐藤氏は、

本書もその基本的枠組みを受けついでいる旧来のいわば定説的古文書学（同書三一三頁）。

といっている。明治以来の黒板・相田・佐藤の諸氏を含めた伝統的な日本古文書学全体をさす言葉として用いることにする。

（9）私は、古文書学の研究対象・研究条件の複雑・多様化とともに、古文書学も専門分化するのは当然だと考えている。もはや、相田二郎『日本の古文書』や、佐藤進一『古文書学入門』などの四〇年も五〇年も前のいわゆる「定説的古文書学」の段階ではないのである。それとともに、たんに分化・独立するだけではなく、文書のアーカイブズとしての共通性は、古代から近現代にいたるまで一貫して確認されなければならないのも当然である。さきに拙著『中世アーカイブズ学序説』において、これまで非連続性だけが強調されていた室町時代の御判御教書と江戸時代の朱印状・公帖の連続性を確認したのも、ささやかなものではあるがその一例である。

（10）村井氏の論稿は、「古文書研究」五〇号（一九九九年）に発表された。後に同『中世史料との対話』（吉川弘文館　二〇一四年）に収められている。以下の引用は、すべて『中世史料との対話』からのものである。また、服部氏の論稿は、歴史学研究会・日本史研究会編『日本史講座4　中世社会の構造』（東京大学出版会　二〇〇四年）に収められている。

（11）以下では、「文書」「書面」を意識して使いわけたつもりであるが、かならずしも徹底しているとはいえないと思う。というよりは、私がここで取りあげるのは「文書」だと考えている。しかし、村井氏は主として「書面」を用いている。この点については、それなりに配慮したつもりだが、まだ不十分な点があるかもしれない。それぞれご判断いただきたい。

（12）文書の「機能的情報」といえば、文書の「働き」に関する情報である。これは、文書そのものに備わった「働き」

であるから、村井氏のいうA実体情報は「機能的情報」といえるとしても、「複数の書面相互や書面と環境との関係に依存する情報」であるB関係情報を「機能的情報」といえるかどうかは疑問である。そこで、本書では氏のいう「機能的情報」をたんに文書の機能＝働きにかぎらず、広く文書に含まれたすべての情報と考えることにする。

(13) 平成二三年〜平成二五年度科学研究費補助金　基礎研究(C)　研究成果報告書『古文書学の再構築――文字列情報と非文字列情報の融合――』(二〇一四年　研究代表者岡野友彦)。

(14) おそらく、これ以外にも触れなければならない研究はあるのではないかと考える。しかし、現在の私には、学界ともほとんど交渉がなくなってしまっているので、不十分な点についてはお許しいただきたい。そして、これは本書全体につうずることとご理解いただきたい。

(15) これは、後に「記録史料学の課題」と改題して、前記同『記録史料学と現代――アーカイブズの科学をめざして――』に収められている。

(16) 高埜利彦「[コラム　歴史の風]　静かな民主革命」(『史學雜誌』一二〇編九号　二〇一一年)をみていただきたい。

本来の史料論と現実とのひずみ
佐藤進一「中世史料論」

第二章　佐藤進一「中世史料論」

前章第二節「新しい史料論・史料学の提起」でみたように、昭和五十一年（一九七六）に『岩波講座　日本歴史』が刊行されて、新しく「史料論」なる学問分野が提唱された。これが、その後重要な学問研究の課題として定着することになるが、本来の史料論・史料学のあるべき姿と、現実のひずみは余りにも大きいと考えるのである。その最大のものは、現在中世史料論として論じられているのは、すべて完全に文字資料としての文書であり、「もの」としての文書という観点はまったく忘れさられているということである。それ故に、非常に狭い窮屈な議論になってしまっているということだけはどうしてもまず最初に確認しておかなければならない。この点だけを述べておいて、以下、すこし具体的に考えてみようと思う。

前記『岩波講座　日本歴史』（一九七六年版）の「中世史料論」を執筆したのは佐藤進一氏である。この「中世史料論」は、

はしがき
一　文書と記録の間
二　公式様文書の構造
三　新様式の開発㈠――宣旨・官宣旨と庁宣
四　新様式の開発㈡――下知状と御教書

と、「はしがき」をのぞいて四章建てである。この一「文書と記録の間」では、新しく「文書概念の再検討」が提案された。二「公式様文書の構造」以下は、わが国の文書様式について述べたものである。すなわち、この「中世史料論」は大きく、Ⅰ「文書概念の再検討」と、Ⅱ「新様式の開発」という二つの論点に整理することができる。しかし、これについては検討すべき課題はすくなくないと考える。以下、それについて述べることにする。

佐藤進一「中世史料論」
「文書概念の再検討」を提案
史料論・史料学のもっとも重要なテーマとなる

第一節 「文書概念の再検討」について

第一項 「文書と記録の間」――従来の文書とは明らかに別種のもの――

この佐藤進一氏の「中世史料論」の第一節にあたるのが一「文書と記録の間」で、ここで氏は「文書概念の再検討」を提案した。これが、その後の古代・中世をつうじて史料論・史料学のもっとも重要なテーマとなるものである。

佐藤氏は、さきの『古文書学入門』の「結び――古文書学の課題」で、［引用9］でみたように「文書史の目的は文書の機能の歴史を明らかにすることにある」として、機能論が「古文書学の骨骼となるべきであろう」と提唱した。これは「様式論」を中心とした『古文書学入門』を執筆して、その最終結論というか新構想として、古文書学としては「様式論」よりは機能論を「古文書学の骨骼」にすえるべきことを、まったく新しい提案としてだしたのである。これについては、第一部第四章「古文書の機能・機能論」で詳しく検討した。それを一歩進めて史料論として提起したのが「文書と記録の間」である。氏はここで、

［引用12］　差出者と受取者の間に授受関係があり、受取者に対して働きかけるものを文書といい、作成者の側に留めおかれて、他への働きかけの認められないものを記録とする従来の区分では、大きな落ちこぼれができるだろう。差出者と受取者の授受関係はないけれども、明らかに予想された相手に一定の働きかけをする書面が存在する。従来の文書の概念を拡大して、この種のものを文書に含めるか、別種の概念を用いるかは別問題として、この種のものが従来の記録よりは文書に近いことだけは明らかである。人間の実生活における意識の表出（自己表現）の手段としての記載の中、他者に働きかけるという一点において、この種のものは従来のいわゆる文書と同じ範疇に属するとともに、機能的に文書と密接に関係しあうからである。そして、いわゆる文書を含めて、他者に働きかける書面を総合的に観察して、諸書面の有機的関係を明らかにしようとすれば、授受関係の有無だけに注目しては、個々の書面の機能を明らかにできない場合も生ずることに留意する必要がある（同書二七五頁）。

として、まず「文書概念の再検討」を提案した。これが、その後の中世古文書学・史料論の最大の議論となるものである。

この「中世史料論」の提案をさらにわかりやすく具体的に述べたものとして、氏の「武家文書の成立と展開」[1]がある。ここで、氏は、

〔引用13〕　黒板にはじまる日本古文書学では、文書とは、甲から乙に対して何らかの意志を伝えるために作成されたものをいうと定義される。たとえば上から下に出される法令・命令・布告・辞令・通達等、逆に下から上に出される申請・訴願・報告その他、或いはまた種々私的な契約や日常の所用のために個人相互の間に授受されるものなどで、すべて意志の伝達と、そのための授受に文書の本質があると説かれる。しかしこのような理解では、たとえば律令制下に作られた戸籍・計帳、中世の図田帳・検注帳、近世の郷帳・宗門改帳等は、地方・下級の機関で作成して中央・上級の機関に提出されたものとして文書として扱われるけれども、もともとこれらの諸帳簿は人民管理のために作成して、中央・上級の機関に常時保管しておくべきもので、必要とあればそこに書き上げられた人間一人一人、田畠一枚一枚をその帳簿と照合して、帳簿と現実との合致如何を確かめる、つまり管理のための照合がその機能であって、授受関係の有無は一次的な意味をもたないのではないか（同書二頁）。

とする。すなわち、「律令制下に作られた戸籍・計帳、中世の図田帳・検注帳、近世の郷帳・宗門改帳等」はⅠ管理のための照合がその機能であって、授受関係の有無は一次的な意味をもたないのではないかという。これはいうまでもなく、さきの「中世史料論」の具体的提案をさらに大幅に増補したものである。

ついで、佐藤氏は、

〔引用14〕　このように考えると、同じく照合を機能とする多種多様なものがあることに気づく。たとえば近年平城宮址、藤原宮址などの遺跡から大量に発掘される木簡の主要部分を占める付札（調や贄を貢納する際に、品名・数量等を記して品物に付けられた木札）、品物の名称・数量だけを列記した目録、人名だけを列挙した名簿（中世の交名注文）など、あるいはまた鎌倉時代、北条氏の得宗家御用船に使用されたと伝える船旗、江戸幕府公認の御朱印船に与えられた朱印状などの特許証、さらには今日広く行われる身分証、免許証や名刺などは、同定のための照合を機能とするものということができる。そしてこれらの同定のための照合用証書

佐藤進一「武家文書の成立と展開」

管理のための照合がその機能である書面

同定のための照合がその機能である書面

従来のいわゆる文書とは明らかに別種のもの

佐藤進一『新版古文書学入門』

「少し狭すぎるようである」

の多くが、それぞれの窮極の保証を中央・上級機関に備えられた管理のための照合帳簿に求めていることは、住民票と住民台帳、学生証と学籍簿の関係を顧みるだけで明らかである（同書二・四頁）。

という。これも、「武家文書の成立と展開」で本格的にとりあげられるようになった内容だが、木簡の主要部分を占める付札をはじめいくつかの書面は、同定のための照合がその機能である書面であって、さきのⅠ管理のための照合が機能である書面だけではなく、Ⅱ同定のための照合を機能とする書面なども同じで、「授受関係の有無は一次的な意味をもつものではない」とする。

その上で、

［引用15］　要するに、管理のための照合、同定のための照合を機能とする帳簿・証書・記名札等は、意志の伝達を機能とする従来のいわゆる文書とは明らかに別種のものといわなければならない。しかし他面これらのものが、現実の政治・経済・社会生活において、人間関係に現実の働きかけをする点で、いわゆる文書と共通の性質をもつばかりでなく、両者は機能的に密接に関係し、規定し合っていることも明らかであって、特定の時代、特定の国家・団体において形成された文書の体系の全体像は、従来のいわゆる文書と、ここに特記した照合帳簿その他との相互関係・相互規定の総体を明らかにしてはじめて把えることができるし、古文書学の目的もその点にあると考えられる（同書四頁）。

と述べる。すなわち、氏はⅠ管理のための照合、Ⅱ同定のための照合を機能とする帳簿・証書・記名札等は、授受関係の有無は一次的な意味をもつものではなく、意思の伝達を機能とする従来のいわゆる文書とは明らかに別種のものだとするのである。

これら佐藤氏の提言の最終的なものとしてだされたのが、同『新版古文書学入門』の補注である。氏は、『新版古文書学入門』を刊行するにさいして補注をくわえて『旧版』を補訂しているが、『旧版』の、

甲から乙という特定の者に対して、甲の意思を表明するために作成された意思表示手段、これが古文書である（［引用2］）。

という規定では「少し狭すぎるようである」ということから、［補注一］としてつぎのように述べている。

［引用16］　現在の私の考えでは、この規定は少し狭すぎるようである。つまりここに述べたように、甲から乙への意思の伝達の手段として作成されるのが文書だとすると、例えば律令制下に作られた戸籍・計帳、中

同定のための照合がその機能である書面

従来のいわゆる文書とは明らかに別種のもの

佐藤進一『新版古文書学入門』

「少し狭すぎるようである」

の多くが、それぞれの窮極の保証を中央・上級機関に備えられた管理のための照合帳簿に求めていることは、住民票と住民台帳、学生証と学籍簿の関係を顧みるだけで明らかである（同書二・四頁）。

という。これも、「武家文書の成立と展開」で本格的にとりあげられるようになった内容だが、木簡の主要部分を占める付札をはじめいくつかの書面は、同定のための照合がその機能である書面であって、さきのⅠ管理のための照合が機能である書面だけではなく、Ⅱ同定のための照合を機能とする書面なども同じで、「授受関係の有無は一次的な意味をもつものではない」とする。

その上で、

［引用15］　要するに、管理のための照合、同定のための照合を機能とする帳簿・証書・記名札等は、意志の伝達を機能とする従来のいわゆる文書とは明らかに別種のものといわなければならない。しかし他面これらのものが、現実の政治・経済・社会生活において、人間関係に現実の働きかけをする点で、いわゆる文書と共通の性質をもつばかりでなく、両者は機能的に密接に関係し、規定し合っていることも明らかであって、特定の時代、特定の国家・団体において形成された文書の体系の全体像は、従来のいわゆる文書と、ここに特記した照合帳簿その他との相互関係・相互規定の総体を明らかにしてはじめて把えることができるし、古文書学の目的もその点にあると考えられる（同書四頁）。

と述べる。すなわち、氏はⅠ管理のための照合、Ⅱ同定のための照合を機能とする帳簿・証書・記名札等は、授受関係の有無は一次的な意味をもつものではなく、意思の伝達を機能とする従来のいわゆる文書とは明らかに別種のものだとするのである。

これら佐藤氏の提言の最終的なものとしてだされたのが、同『新版古文書学入門』の補注である。氏は、『新版古文書学入門』を刊行するにさいして補注をくわえて『旧版』を補訂しているが、『旧版』の、

甲から乙という特定の者に対して、甲の意思を表明するために作成された意思表示手段、これが古文書である（［引用2］）。

という規定では「少し狭すぎるようである」ということから、［補注一］としてつぎのように述べている。

［引用16］　現在の私の考えでは、この規定は少し狭すぎるようである。つまりここに述べたように、甲から乙への意思の伝達の手段として作成されるのが文書だとすると、例えば律令制下に作られた戸籍・計帳、中

> 世の図田帳・検注帳、近世の郷帳・宗門改帳等は、地方・下級の機関で作成して中央・上級の機関に提出されたものとして、文書として扱われるけれども、もともとこれらの諸帳簿は人民管理のために作成して、中央・上級の機関に常時保管しておくべきもので、必要とあればそこに書き上げられた人間一人一人、田畠一枚一枚をその帳簿と照合して、帳簿と現実との合致如何を確かめる、つまり管理のための照合がその機能であって、授受関係の有無は一次的な意味をもたない。
>
> そう考えると、古代遺跡から大量に発掘される木簡の主要部分を占める調・贄などの付札、単に品物の名称・数量だけを列記した目録、人名だけを列記した名簿（中世の交名注文）、江戸幕府公認の御朱印船に与えられた朱印状などの特許証等々は、同定のための照合を機能とするものということができる。そしてこれらの同定のための照合用証書の多くが、それぞれの窮極の保証を、中央・上級機関に備えられた管理のための照合帳簿に求めているのである。かかる管理のための照合、同定のための照合を機能とする帳簿、証書、記名札等は、意思の伝達を機能とする、従来のいわゆる文書とは明らかに別種のものである。しかし他面これらのものが、現実の政治・経済・社会生活において、人間関係に現実に働きかける点で、従来のいわゆる文書と共通の性質をもつばかりでなく、両者は機能的に密接に関係し、規定し合っていることも明らかであって、特定の時代、特定の国家・団体において形成された文書の体系の全体像は、従来のいわゆる文書と、ここに記した照合帳簿その他との相互関連、相互規定の総体を明らかにしてはじめて把えることができるし、古文書学の目的もその点にあると考えられる。
>
> 以上のように考えれば、ここに記した照合帳簿その他を、文書と密接に関係する別種の記録とするか、これを従来のいわゆる文書と併せて広義の文書として、文書の体系（そして古文書学の体系）を再構成するか、が今後の問題である（同書二頁）[2]。

という。これは、さきの［引用13・14・15］をまとめたものであるが、これで氏の新しい問題提起の意図が具体的にはっきりした。黒板氏以来伝統の「甲から乙への意思の伝達の手段として作成されたものを文書という」という規定だけでは「少し狭すぎるよう」で、「落ちこぼれ」ができる。そして、「管理のための照合、同定のための照合を機能とする帳簿、証書、記名札等は、意思の伝達を機能とする、従来のいわゆる文書とは明らかに別種のものである」として「文書概念の再検討」を提案したのである。

狭すぎて落ちこぼれができる

管理のための照合が機能

同定のための照合が機能

従来のいわゆる文書とは明らかに別種のもの

両者は機能的に密接に関係し、規定し合っている

今後の問題

この長期間にわたる佐藤氏の提案全体を集約すると、

[論点Ⅰ]　従来のように、甲から乙への意思の伝達の手段として作成されたものを文書と規定すると、狭すぎて落ちこぼれができる。差出者と受取者の授受関係はないけれども、明らかに予想された相手に一定の働きかけをする書面が存在する。したがって、授受関係の有無だけに注目しては、個々の書面の機能を明らかにできない場合も生ずる（[引用12]）。

[論点Ⅱ]　例えば、律令制下に作られた戸籍・計帳、中世の図田帳・検注帳、近世の郷帳・宗門改帳等は、Ⅰ管理のための照合が機能であって、授受関係の有無は一次的な意味をもたない（[引用13]）。

[論点Ⅲ]　また、古代遺跡から大量に発掘される木簡の主要部分を占める調・贄などの付札、単に品物の名称・数量だけを列記した目録、人名だけを列記した名簿（中世の交名注文）、江戸幕府公認の御朱印船に与えられた朱印状などの特許証等々は、Ⅱ同定のための照合を機能とするもので、同じく授受関係の有無は一次的な意味をもたない（[引用14]）。

[論点Ⅳ]　かかるⅠ管理のための照合、Ⅱ同定のための照合を機能とする帳簿、証書、記名札等は、意思の伝達を機能とする、従来のいわゆる文書とは明らかに別種のものである（[引用15]）。

[論点Ⅴ]　ただ、これらのものは、現実の政治・経済・社会生活において、人間関係に現実に働きかける点で、従来のいわゆる文書と共通の性質をもつばかりでなく、両者は機能的に密接に関係し、規定し合っている（[引用15]）。

[論点Ⅵ]　以上のように考えると、これらの照合帳簿その他を、文書と密接に関係する別種の記録とするか、これを従来のいわゆる文書と併せて広義の文書として、古文書学の体系を再構成するか、が今後の問題である（[引用16]）。

ということになろうか。

　すなわち佐藤氏は、文書を従来のように甲から乙への意思の伝達の手段として作成されるものというように授受関係だけに限定すると、狭すぎて落ちこぼれができるとして「文書概念の再検討」を提案したのである。具体的には、律令制下に作られた戸籍・計帳、中世の図田帳・検注帳、近世の郷帳・宗門改帳などのⅠ管理のための照合を機能とする書面、さらに木簡の主要部分を占める調・贄などの付札、たんに品物の名称・数量だけを列記

授受関係の有無は一次的な意味をもつものではない

最終的な結論は保留

いまや完全に定説化

従来の規定の適否が問題

「従来のいわゆる文書とは明らかに別種のもの」といえるのか

した目録、人名だけを列記した中世の交名注文などの名簿、江戸幕府公認の御朱印船に与えられた朱印状などの特許証などのⅡ同定のための照合を機能とする書面は、いずれも照合を機能とするもので、授受関係の有無は一次的な意味をもつものではないから、従来のいわゆる文書とは明らかに別種のものであるというのである。

その上で、佐藤氏は、ⅠⅡの書面は従来の文書の概念に納まりきれないのだから、(a)文書と密接に関係する別種の記録とするか、(b)従来のいわゆる文書と併せて広義の文書とするかは「今後の課題である」とする。すなわち、「文書概念の再検討」の必要性を問題提起したが、最終的な結論は保留しているのである。ここで注目されるのは、佐藤氏は文書の機能を非常に重視していることである。これは、さきにもいったが、『古文書学入門』の最後の「結び」で提起されたものの具体化であるが、ここではこの点だけを確認しておくことにする。

この佐藤氏の提案は非常に重要で、それだけにまた全体が慎重な表現になっているので、たいへん面倒な説明になったが、ほぼ氏の真意が確認できたのではないかと思う。ともあれ、この佐藤氏の「文書概念の再検討」の提案は、従来の古文書学・史料論にとっては画期的なものである。「文書とは何ぞや」ということを含めて、これまでの文書概念に関する常識に根本的な再検討をせまるものであることはまちがいない。そして、前章第三節「新しい中世史料論の研究㈠」でみたように、従来の文書／記録／編著というカテゴリーは、「もはや動脈硬化をおこしている」ともいわれるように、この佐藤提案はいまや完全に定説化して、これを基礎にして古代・中世史料論が論じられているというのが現状である。

しかし、新しい中世古文書学としては、この現在の学界の動向には大いなる疑問を感ずるものである。それを大きく整理すると、

［問題点Ⅰ］「古文書とは何ぞや」ということが改めて問いなおされなければならない。すなわち、黒板勝美氏以来の伝統的な「甲から乙への意思の伝達の手段として作成されるのが文書である」という規定が「狭すぎる」かどうかという問題ではなく、黒板氏以来の規定自身の適否が検討されなければならない。

［問題点Ⅱ］そして、佐藤氏が検討の対象としたⅠ管理のための照合が機能である書面、Ⅱ同定のための照合が機能である書面は、いずれも照合を機能とするものであって、授受関係は一次的な意味をもつものではない。しかし、これは「従来のいわゆる文書とは明らかに別種のもの」といえるのかどうなのかが、つぎに問われなければならない。

ということになる。以下、これについて検討することにする。

第二項　管理のための照合が機能である書面

いまみたように、佐藤進一氏は黒板勝美氏以来の伝統的な「甲から乙への意思の伝達の手段として作成されるのが文書である」という規定では「狭すぎる」という。それは、Ⅰ管理のための照合、Ⅱ同定のための照合を機能とする書面は、「差出者と受取者の授受関係はないけれども、明らかに予想された相手に一定の働きかけをする書面」である。すなわち、いずれも照合を機能とするもので、伝達を一次的な機能とするものではない。したがって、従来のいわゆる文書とは明らかに別種のものであるとして「文書概念の再検討」を提案した。これは、古文書学・史料論の根本に関する問題である。それだけに慎重に検討しなければならない。

照合を機能とする書面

「大宝の戸籍」と「現代の戸籍」

(1)「大宝の戸籍」と「現代の戸籍」

佐藤氏が、この「文書概念の再検討」を最初に提案したのは前記「中世史料論」である。そして、この提案の前提として、まず具体的な問題としてだしたのが「大宝の戸籍」と「現代の戸籍」である。氏は、

［引用17］　たとえば、正倉院文書の中に伝存する大宝二年（七〇二）の美濃国、筑前国等の戸籍は、各国の国司が作成して中央政府に送進したものとして、文書の中に数えて何人も怪しまないが、現代の戸籍は一体どうであろうか。現代では戸籍の編成以下の戸籍事務は市町村長が管掌し、戸籍は市役所・町村役場に備えつけられることになっていて、差出者・受取者の存在を要件とする文書の概念には入らないようである。しかし人民一人一人の身分関係を法的に明確にして、爾後の現実を規制するための規準（原簿）として機能するという意味では、大宝の戸籍も現代の戸籍も同じではないか。大宝・養老の令制によれば、戸籍は六年ごとに作成されることになっていたから、ある年の戸籍の記載は、その後六年間は現実に優位して現実を規制する法的な力をもつばかりでなく、その記載と整合性を欠く記載を許さないという意味で次期の戸籍作成をも規制するのである。現代の戸籍には作成替えの規定はないから、一度編成され確定した戸籍の記載は、適法な訂正を行なわない限り、人民一人一人の身分関係の法的基礎として、爾後の法的生活を規制するのである。このように考えれば、大宝の戸籍は国司が作成して中央に送達するから文書であり、現代の戸籍にはそ

のような授受手続がないから文書ではないとして、両者を別種の書面と認識するよりは、大宝の戸籍も現代の戸籍も同種の機能をもつ同種の書面と認識する方が、より有効ではないだろうか。つまり大宝の戸籍と現代の戸籍とでは、作成手続はちがっても、機能的には同じと見ることの方が大事ではないか。文書を、人間の実生活における表現手段の一つとして考えうるとすれば、個々の文書がどのような働きをするかが問題となるべきであって、それがどのような手続で作成されたかは、文書の働き、すなわち機能を考えるための補助的な認識にとどまるというべきではないか（同書二七二頁）。

「文書概念の再検討」の出発点

という。これが「文書と記録の間」すなわち「文書概念の再検討」提案のそもそもの出発点で、その趣旨が端的に、しかも具体的に示されているのである。

佐藤氏のいわんとするところは、

　大宝の戸籍は国司が作成して中央に送達するから文書であり、現代の戸籍にはそのような授受手続がないから文書ではないとして、両者を別種の書面と認識するよりは、大宝の戸籍も現代の戸籍も同種の機能をもつ同種の書面と認識する方が、より有効ではないだろうか。

作成手続はちがっても、機能的には同じと見ることの方が大事

ということである。すなわち、「大宝の戸籍と現代の戸籍とでは、作成手続はちがっても、機能的には同じと見ることの方が大事」なのである。それ故、古文書学の研究課題は、「個々の文書がどのような働きをするかが問題となるべきであって」「それがどのような手続で作成されたかは、文書の働き、すなわち機能を考えるための補助的な認識にとどまるというべきではないか」と結論する。

これを要するに、佐藤氏は文書の基本的性格、その作成目的たる伝達＝授受関係よりも、文書がどのような働きをするか、すなわち機能を重視する立場である。そして、文書の作成目的たる伝達＝授受関係ということを外して、ただ機能が同じだということだけで、作成手続のまったくちがう「大宝の戸籍」と「現代の戸籍」を同一の書面としようというのである。これが最終的に佐藤氏がいわんとするところだと思う。もうすこしいうと、「現代の戸籍」も「大宝の戸籍」も、その機能が同一だから、作成手続などは問題でなく、同一の書面とすべきだという主張である。もちろん、氏は言葉としては非常に慎重で、このような端的な表現はしていないが、いわんとするところは、以上のように考えることができると思う。はっきりいって、徹底して機能重視の主張である。

徹底して機能論重視の主張

しかし、これには新しい中世古文書学としては、大いなる疑義を呈さなければならない。

「大宝の戸籍」は完全な文書

「現代の戸籍」は完全な帳簿

たしかに、佐藤氏がいうように「大宝の戸籍は国司が作成して中央に送達するから」まちがいなく完全な文書である。たとい、それが人民管理の台帳として予定されていたとしても、その基本的な性格は国司から中央への現状報告、すなわち文書として作成されているのである。そして、人民管理の台帳として使用されるのは、現状報告という作成目的＝本質的効力が終了した後、現状報告という本質的効力とは別に、新しい付随的効力がみいだされて、人民管理の台帳として機能しているのである。この点については、さきに第一部第二章第二節第四項「相田二郎氏の古文書の「永続的効力」」で所領安堵の院宣や御判御教書などについて、すこし詳しく述べたので参照いただきたい。

これに対して、「現代の戸籍」は、はじめから人民管理の台帳を目的として作成されたものである。作成目的＝本質的効力は人民管理の台帳そのものである。同じく人民管理という機能を考えるとしても、「大宝の戸籍」は現状報告という本質的効力が完了した後の付随的効力であるが、「現代の戸籍」は照合が本質的効力そのものである。古文書学上、本質的効力と付随的効力はまったく別概念である。作成手続はもちろんだが、具体的な記載内容、さらにはその機能も本質的効力と付随的効力とではまったくちがっている。ただ同一なのは、「人民管理の書面」という両者の機能だけである。

もうすこしいうならば、「大宝の戸籍」は、国司が作成して中央に送達した報告書、すなわち伝達を目的とした書面で、まちがいなく完全な授受関係のある文書である。いっぽう、「現代の戸籍」は最初から人民管理の台帳として、すなわち照合を目的として作成された書面で、授受関係のない完全な帳簿である。すなわち、「大宝の戸籍」の作成目的＝本質的効力は現状報告であって、授受を機能とするものである。いっぽう、「現代の戸籍」の作成目的＝本質的効力は人民管理であって、照合を機能とするものである。まず、作成目的がまったくちがう。したがって、作成手続はもちろんだが、記載の内容もちがっている。明らかに「大宝の戸籍」は文書であって、「現代の戸籍」は帳簿である。古文書学の研究者ではなく一般の人でも、すこし細かく検討した場合、同じく「人民管理の書面」という機能だけで、「現代の戸籍」を「大宝の戸籍」と同じ性格の書面とすることには大いなる違和感を感ずると私は思うのである。それを、現在の古文書学あるいは史料論の世界では、この佐藤氏の提案に誰一人として疑義を呈することもなく、これを前提とした機能論と「文書概念の再検討」が着実に展開しているのである。どうも不思議でならない。もう一度、原点に立ちかえって、じっくり考えてみる必要があるのではなかろうか。

⑵若狭国惣田数帳案について

佐藤氏は、いまみた「中世史料論」の「大宝の戸籍」と「現代の戸籍」の提案についで、前記「武家文書の成立と展開」の［引用13］、また『新版古文書学入門』の［補注一］の［引用16］などで、律令制下に作られた戸籍・計帳、中世の図田帳・検注帳、近世の郷帳・宗門改帳などは、管理のための照合が機能であって、授受関係の有無は一次的な意味をもたないのではないかという。ここでも、氏の文書の機能を重視する機能論がはっきり確認できる。そこで、新しい中世古文書学の立場から、中世の図田帳・検注帳などについて、より具体的に考えてみよう。

まず、有名な、

文永二年（一二六五）一一月　日　若狭国惣田数帳案（ユ函一二号）

は、全長三六メートルにおよぶ一巻の巻物になっていて長大なものであるが、その書出は、

若狭国
　注進　文永二年実検田数所当米事

であって、最後が、

合弐仟弐佰拾柒町陸段弐佰参拾参歩
右実検惣田数并所当米員数如件、
　文永二年十一月　日
　　　　　　文所　判
　　　　　　田所　判
　　　　　　――　判
　　　　　　――　判
　　　　　　――　判

となっている。これは、案文ではあるが、文永二年（一二六五）当時の若狭国全体の土地の状況を報告したもので、文所・田所などの若狭国在庁官人によって作成され、中央に提出されたれっきとした文書の形をとっている。

あくまでも、現状確認の報告書である。百合文書には、これ以外に備中国新見庄をはじめ、各庄園の土地台帳類や年貢算用状などが多数収められているが、皆このような形式の文書である。

現状確認の報告書

これらの文書は、地方・下級の機関で作成して中央・上級の機関に提出されたものである。この点が、これらの文書の基本的な性格である。それぞれの部署の担当者が、責任をもって作成した文書であって、これがその文書の作成目的＝本質的効力である。要するに現状確認の報告書である。すなわち、下級機関から上級機関への報告＝授受関係の有無こそがこの文書の生命であって、それ故に、後になって人民管理のための台帳としても機能するのである。何の責任も権限もない者が適当に作成したものならば、人民管理の台帳などにはなりえない。まず、この点はしかと確認しておかなければならない。佐藤氏がいうように、「管理のための照合がその機能」として予定されているとしても、基本的な性格すなわち本質的効力は下級機関から上級機関への現状確認のための報告書である。立派な文書である。

地方から中央への報告書

そして、人民管理ということは、この上級機関への報告という本質的効力が終了したあとの、この文書の付随的効力としての機能であって、これらの文書の本来の一次的な機能といえば、あくまでも下級機関から上級機関への現状の報告書というべきではなかろうか。たとい、それに人民管理が予定されていたとしても、建前は地方から中央への報告書なのである。そのために「「かたち」をととのえて」いるのである。そのもっとも重要なものは、「若狭国惣田数帳案」の場合には、前記の「若狭国」以下の九行で、とくに文所・田所などの若狭国在庁官人の署判を欠いたものは「惣田数帳」ではない。

文書と帳簿ははっきり区別される

すこし極端なことをいうならば、「若狭国惣田数帳案」は、三六メートルの内容全部を「中略」として省略して、前記九行だけでも「若狭国惣田数帳案」として通用するのである。個々の記載は二次的な意味しかもっていない。いっぽう、「現代の戸籍」は個々の記載がそれぞれに重要で、その一つを欠いても「現代の戸籍」としての用をなさなくなる。明らかに帳簿である。したがって、機能の面からいっても、文書と帳簿ははっきり区別されるのである。この点が確認されてこそ、それぞれの文書の存在意義があるといえる。新しい中世古文書学の立場からは、「若狭国惣田数帳案」はまさに文書そのものなのである。そして、文書としての本質的効力が終了した後、付随的効力として照合という機能がみいだされたものである。

以上のことは、ここでとりあげた「若狭国惣田数帳案」をはじめとする中世の図田帳・検注帳などだけではなく、前項でみた「大宝の戸籍」はもちろん、近世の郷帳・宗門改帳なども同じと考えてよいのではなかろうか。これらⅠ管理のための照合を機能とする書面は、個々に細かく検討しなければならないが、いずれも現状確認・現状報告のための授受関係がある文書であるとしてよかろう。そして、佐藤氏の「文書概念の再検討」の提案の基礎になっているのは、「機能を軸にして、各時代の文書体系と、その史的展開を明らかにすることが、古文書学の骨骼となるべきであろう」（[引用9]）という氏の機能論の提唱だが、この氏の機能論に関しては、第一部第四章「古文書の機能・機能論」ですこし詳しく検討した。すなわち、機能論は氏の提唱のように「古文書学の骨骼となるべきもの」と位置づけられるものではなく、また様式論に代わって機能論だけが突出するのではなく、形態論・関係論・構造論・伝来論などとともに、古文書学研究の一分野として、調和と均衡を保ちながら研究を進めるのが適当だということだけを付言しておく。そして、もし氏のこの提案が認められるということになれば、厳密な概念規定が要求される古文書学という学問は成立しえなくなるのではなかろうか。

第三項　同定のための照合が機能である書面

さきにみたように、佐藤氏は「文書概念の再検討」の具体的な内容として、Ⅰ管理のための照合が機能である書面、Ⅱ同定のための照合が機能である書面の二つをあげる。Ⅰ管理のための照合が機能である書面については、前項と前々項ですこし詳しく検討した。すなわち、これらの書面は、地方・下級の機関で作成して中央・上級の機関に提出された授受関係のある文書そのものであって、管理のための照合の機能は、たといそれが予定されていたとしても、現状報告という本質的効力の終了後の、その文書に付随した機能にすぎないことがはっきりした。そこで、つぎにⅡ同定のための照合が機能である書面について検討するが、これはⅠの場合よりさらに面倒である。

このⅡ同定のための照合が機能である書面について、佐藤氏がその内容を具体的に述べたもののうちでもっとも詳しいのは、前記「武家文書の成立と展開」の[引用14]である。すなわち、氏は、

> 近年平城宮址、藤原宮址などの遺跡から大量に発掘される木簡の主要部分を占める付札（調や贄を貢納する際に、品名・数量等を記して品物に付けられた木札）、品物の名称・数量だけを列記した目録、人名だけを列挙した名簿（中世の交名注文）など、あるいはまた鎌倉時代、北条氏の得宗家御用船に使用されたと伝える

> 船旗、江戸幕府公認の御朱印船に与えられた朱印状などの特許証、さらには今日広く行われる身分証、免許証や名刺など。

をあげる。これ以上に詳しくその内容を示したものはない。

わかりやすい特殊なもの

しかし、Ⅱ同定のための照合が機能である書面といえば、佐藤氏が示したこれら木簡などの事例は、そのうちでも「意思の伝達を機能とする従来のいわゆる文書とは明らかに別種のもの」ということがわかりやすい、いわば特殊なものであって、もっと一般的で重要な書面が多数みられるのである。もうすこしいうならば、木簡は別として――後ほど詳しく述べるが、木簡は古文書学ではなく、それとは別の新しい木簡学としてとりあげるのが適当であろう――、それ以外にあげられたものは、「同定のための照合が機能である書面」といっても、そのわずかな例外的なものとするのが可能であって、わざわざ「文書と記録の間」として大きくとりあげるほどのものではないと私は考える。

土地財産に関する文書

一般的な多数のⅡ同定のための照合が機能である書面といえば、佐藤氏が、『古文書学入門』の第二章「古文書の伝来」の第一節三「本質的効力による伝来」で、永続的効力の文書として、第一に長期間法的な拘束力をもつ公文書、第二として土地財産に関する文書の二つをあげるが、その第二の土地財産に関する文書が、これに相当するのである。この点については、第一部第二章第三節「佐藤進一氏の「古文書の伝来」」でも触れているが、この第二の土地財産に関する文書については、

> 平安・鎌倉時代以降に及んでは、荘園についても、個々の名田についても、すべてそのうえに自己の権利を主張するには、その土地を正当に自分が伝え得たものであることを証明し得る文書が必要であった。ある人から買ったとすれば、売った人の売渡状が、ある人から譲られたとすれば、譲渡した人の譲状が必要であった。これを逆にいえば、すべて土地に関する権利を移転するには（例＝売却・譲与・寄進）、その土地に関する既存の文書全部とともに、権利を移転する意思を明示する文書を作成して移転先に交付せねばならぬ。こうして土地の権利者が変わるに従って、その土地に関する文書はだんだん数を増しつつ、つぎつぎと移ってゆく。つまり手から手へと受け継ぎ伝えられてゆく。こうした一連の文書を手継券文とか手継証文とよんだ。例えば東寺文書のなかに京都左京七条一坊の家地（宅地）についての手継券文があるが、これは実に一九通連続した文書であって、その年代は延喜十二年（九一二）から文応元年（一二六〇）に及んでいる（その

間に中断がある)。朝廷幕府や荘園領主が新たに土地あるいは土地上の権利を与え、課税免除等の特権を与え、また、その後に至ってそれらの権利を確認する等の文書、さらにまた、その土地に関して起こった争訟に対する判決文なども、その土地の権利者にとっては手放すことのできない文書であって、これらもつぎつぎに伝えられてゆく(同書二一・二二頁)。

という。佐藤氏が、「文書概念の再検討」を提案した前記「中世史料論」の「文書と記録の間」、「武家文書の成立と展開」、また『新版古文書学入門』の[補注一]では、いずれもこの点については一言も触れてはいないが、実は、ここにあげられた東寺百合文書の京都左京七条一坊十五町内の屋地(宅地)の手継券文などの第二の土地財産に関する文書は、すべて完全なⅡ同定のための照合が機能である文書なのである。

というのは、いまみたように、氏はこれらの文書が「その土地を正当に自分が伝え得たものであることを証明し得る文書」であり、また「それらの権利を確認する等の文書」だという。「正当に伝えてきたことを証明し」「権利を確認する」ということは、まさに「同定のための照合」であって、ここでいう京都左京七条一坊十五町内の屋地の売券などは、すべて「同定のための照合」を機能とする文書なのである。

「同定のための照合」を機能とする文書

このように考えるならば、Ⅱ同定のための照合が機能である書面としては、佐藤氏のいう木簡などはもちろんである。しかし、それよりもさらに重要なものとして、いま検討した佐藤氏の「古文書の伝来」の「本質的効力による伝来」で、氏のいう永続的効力の文書のうちで、第二の土地財産に関する文書がこれにあたるということを指摘しておかなければならない。

多数の手継券文・証文

さらにいうならば、相田二郎氏は『日本の古文書　上』の前編第二章第三節「永続的効力に依る古文書の伝来」で、この京都左京七条一坊十五町内の屋地の売券だけではなく、山内首藤家文書の譲状(一五通)、醍醐寺の報恩院の法流相承文書(一一通)などの多数の手継券文・証文を、いずれも永続的効力の文書としてあげる。そして、これらは東寺の京都左京七条一坊十五町内の屋地の売券はもちろん、山内首藤家の家督相続、醍醐寺の報恩院の法流の相承などがいずれも正当なものであることを同定(証明)する文書である。まちがいなく、これらはすべてⅡ同定のための照合が機能である文書なのである。そして、相田氏はこれを「永続的効力に依る古文書の伝来」とするが、佐藤氏の「古文書の伝来」では永続的効力の文書の第二の土地財産に関する文書としているのである。

「同定のための照合」を目的として集積されたもの

照合を機能とするすべての書面

永続的効力の文書

以上、佐藤氏がⅡ同定のための照合が機能である書面とするのは、氏がたとえば［引用14］であげる木簡などだけではなく、そして、それよりさらに重要な書面が多数あることがはっきりしたと思う。そして、これらの書面は、伝達というその作成目的＝本質的効力の終了後、それこそ「同定のための照合」を目的として集積されたもので、付随的効力の文書であることもいうまでもない。

ここで、確認しておいた方がよいと思われることがある。いま私は、佐藤氏のⅡ同定のための照合が機能である書面をそのまま、氏の伝来論の第二の土地財産に関する文書として論じた。しかし、佐藤氏がⅡ同定のための照合が機能である書面としてとりあげたのは、［引用14］の木簡などの主要部分を占める付札、品物の名称・数量だけを列記した目録、人名だけを列挙した名簿、北条氏の得宗家御用船に使用されたと伝える船旗、江戸幕府公認の御朱印船に与えられた朱印状などの特許証などのごくかぎられたもので、広く第二の土地財産に関する文書全体を含むものではないという議論がでるかもしれない。Ⅰ管理のための照合が機能である書面についても同じである。しかしこれは、佐藤氏がわかりやすい例として木簡などをあげただけで、氏はⅠ管理のための照合が機能である書面、Ⅱ同定のための照合が機能である書面すべて、すなわち照合を機能とする書面すべてを「意思の伝達を機能とする、従来のいわゆる文書とは明らかに別種のものである」としていることはまちがいがない。

というのは、Ⅰ管理のための照合が機能である書面にしても、Ⅱ同定のための照合が機能である書面にしても、いずれもその機能は「照合」だけであって、「意思の伝達という機能」はまったくそなわっていない。したがって、佐藤氏の新しい提案については、場合によってはこれ以外の多様な解釈がおこなわれることも考えられるが、氏は文書・書面にはA「意思の伝達を機能とするもの」と、それ以外にB「照合を機能とするもの」の二つがあると主張する。そして、B「照合を機能とするもの」には、A「意思の伝達」という機能を欠くから、文書とは「別種」のものであるとして、「文書概念の再検討」を提案したと考えられるのである。いろいろな議論がおこらないためにも、この点はどうしても確認しておかなければならない。

第四項　永続的効力の文書はすべて付随的効力の文書――「文書概念の再検討」の対象ではない――

(1)永続的効力の文書はすべて照合が機能である書面

前項までの検討で、佐藤氏の「文書概念の再検討」の内容がはっきりした。氏が再検討の対象としてあげるⅡ

同定のための照合が機能である書面は、たんに氏が〔引用14〕であげる木簡などだけではなく、『古文書学入門』の「古文書の伝来」でいう永続的効力の文書の第二の土地財産に関する文書も包括することにまちがいがない。そこで、改めて佐藤氏の「古文書の伝来」について、永続的効力の文書全体を考えてみよう。

さきに、第一部第二章第三節「佐藤進一氏の「古文書の伝来」」ですこし触れたように、佐藤氏は永続的効力の文書として、その第一に長期間法的な拘束力をもつ公文書として法令・命令・土地台帳・戸籍台帳などをあげる。また、その第二に土地財産に関する文書として、いまみた東寺百合文書の京都左京七条一坊十五町内の屋地の売券などをあげる。

「文書と記録の間」の書面

これによってみると、佐藤氏の『古文書学入門』の「古文書の伝来」における永続的効力の文書は、そっくりそのまま「中世史料論」以下の「文書と記録の間」の書面として取りあげられていることがわかる。もちろん、個々の内容、具体的な説明の仕方は同じではない。しかし、『古文書学入門』の「古文書の伝来」でいう永続的効力をもつ第一の長期間法的な拘束力をもつ公文書が、「中世史料論」以下のⅠ管理のための照合が機能である書面であり、また前者の第二の土地財産に関する文書が、後者のⅡ同定のための照合が機能である書面と同じであることはまちがいがない。

照合を機能とする書面

すなわち、佐藤氏は、『古文書学入門』の伝来論の永続的効力の文書を、そっくりそのまま「中世史料論」以下では照合を機能とする書面として、「従来のいわゆる文書とは明らかに別種のもの」ということで「文書概念の再検討」の対象として提案したのである。この点は重要なので、しかと確認しておかなければならない。

⑵照合が機能である書面はその本質的効力が完了した文書

照合の目的のために集積・保存された付随的効力の文書

しかし、氏がその伝来論でいう永続的効力の文書とは、第一の長期間法的な拘束力をもつ公文書にしても、また第二の土地財産に関する文書にしても、いずれもその文書の伝達という本質的効力が終了した後、改めて照合の目的のために集積・保存された付随的効力の文書である。これはまちがいなく古文書であって、もはや現用の文書ではない。「「かたち」をととのえた」厳密な意味での文書である必要はない。すべて授受関係が完了した付随的効力の文書なのである。書札様文書でいえば、本紙・礼紙・封紙と三紙揃った「「かたち」をととのえた」文書ではなく、文字を書いた本紙の一紙片だけで十分である。場合によっては、天地左右の余白部分を切断して

付随的効力の文書

現用段階の文書以外にはありえない

文書の本質的効力の完了・消滅したもの

巻物にしたものでもまったく問題はない。要するに、広く照合の機能によって集積された古文書である。したがって、これらはすべて新しい中世古文書学でいう付随的効力の文書であって、これが厳密な意味での「文書概念の再検討」の対象になるものではない。

厳密に「文書概念の再検討」といえば、当然その作成目的＝本質的効力にもとづいた文書が検討の対象となるべきで、それは現用段階の文書以外にはありえない。そして、文書の作成目的＝本質的効力といえば、「ある意思の伝達」以外にはありえない。それにもかかわらず、佐藤氏は授受関係が完了した半現用段階の付随的効力の文書を、Ⅰ管理のための照合が機能である書面、Ⅱ同定のための照合が機能である書面としてとりあげて、それがもはや授受関係がないから「従来のいわゆる文書とは明らかに別種のもの」として「文書概念の再検討」をおこなっているのである。すなわち、伝達という本質的効力の完了したものをとりあげて、伝達という機能がないから、それは「従来のいわゆる文書とは明らかに別種のもの」といっても、失礼だが、どうしても方法論の誤りといわねばならないのではなかろうか。

もうすこしいうと、第一部第二章第二節第二項「相田二郎氏の伝来論の概要」の最後の相田氏の「古文書の伝来の素因」のまとめをみていただきたい。相田氏は、a案文による伝来の文書、b正文による伝来の文書をB永続的効力の文書として、「後日迄も保存の必要ありと認めて作り、且つ永く保存すべき文書」とする。これがまちがいであることはすでに同第三項「相田二郎氏の古文書の「本質的効力」」と同第四項「相田二郎氏の古文書の「永続的効力」」で詳しく検討した。この相田氏の永続的効力の文書の考え方をそのまま引きついだのが佐藤氏であって、氏が「古文書の伝来」でいう永続的効力の文書に相当する「中世史料論」以下のⅠ管理のための照合が機能である書面、Ⅱ同定のための照合が機能である書面を、「文書概念の再検討」の対象としたのである。

以上ではっきりしたと思う。佐藤氏のいうⅠ管理のための照合が機能である書面にしても、Ⅱ同定のための照合が機能である書面にしても、伝達という文書の本質的効力の完了・消滅したものを、「後日の照合」を目的として改めて集積したものである。したがって、「授受関係がない」のは当然で、また、

> かかる管理のための照合、同定のための照合を機能とする帳簿、証書、記名札等は、意思の伝達を機能とする、従来のいわゆる文書とは明らかに別種のものである（〔引用16〕）。

こともいうまでもない。それを、「文書概念の再検討」として提案しても、問題設定そのものが再検討されなけ

伝達という機能が欠けている

同一の文書の存在の「場」のちがい

ればならないと私は思うのである。

第五項　同一の文書の存在の「場」のちがい

以上、佐藤進一氏の「文書と記録の間」すなわち「文書概念の再検討」について、論ずべきことはほぼすんだのではないかと考える。佐藤氏は、文書の作成目的たるＡ伝達の機能が終了した後、改めてＢ照合を目的として集積したⅠ管理のための照合が機能である書面、Ⅱ同定のための照合が機能である書面をとりあげて、これにはＡ伝達という機能が欠けていて、「従来のいわゆる文書とは明らかに別種のもの」だから「文書概念の再検討」が必要だという。しかし、ⅠⅡのＢ照合のための書面といえば、Ａ伝達という本質的効力の消滅した後、改めてＢ照合という目的で集積された書面である。Ａ伝達という機能が欠けているのは当然である。これをもって、Ａ伝達という機能が欠けているから文書とはいえないということには同意しがたいことはいうまでもないが、さらに確認しておかなければならないことがある。

佐藤氏のいうＡ伝達を機能とする文書といい、Ｂ照合を機能とする書面といい、これは、実は同一の一通の文書の存在形態＝存在の「場」のちがいだけなのである。すなわち、文書はまず「ある意思の伝達」を目的に作成される。そして、Ａ伝達という機能＝本質的効力が完了すると、その本質的効力は消滅する。しかし、文書は他の一般の人類の文化的創造物とはちがって、ここで廃棄されるのではない。その特殊的性格によって、新たにＢ照合という機能がみいだされて集積される。これが佐藤氏のいうⅠ管理のための照合が機能である書面であり、Ⅱ同定のための照合が機能である書面である。そして、「差出者と受取者の授受関係はないけれども、明らかに予想された相手に一定の働きかけをする書面」であって、新しい中世古文書学ではこれを付随的効力の文書といっている。

ともあれ、Ａ伝達を機能とする文書といい、Ｂ照合を機能とする書面といい、両者は同一の文書の存在の「場」のちがい、すなわちライフサイクルのちがいだけにすぎないのであって別のものではない。現用段階に焦点をあわせた場合には、Ａ伝達を機能とする文書であるが、半現用段階でみた場合には、それはＢ照合を機能とする古文書なのである。したがって、同一の文書の存在の「場」のちがいだけであって、これが「文書概念の再検討」の対象になるものではない。このように考えると、新しい中世古文書学としては、佐藤氏の提案になる

「文書概念の再検討」にはどうしても賛同しがたい

京都左京七条一坊十五町内の屋地の売券

延喜十二年の七条令解

「文書概念の再検討」にはどうしても賛同しがたいのである。

ここで、同一の一通の文書について具体的に考えてみよう。何度も名前をあげる文書として、東寺百合文書の京都左京七条一坊十五町内の屋地の売券がある。これは相田氏がその「古文書の伝来」で「永続的効力に依る古文書の伝来」の代表としてあげるものである。また、佐藤氏も「古文書の伝来」において、永続的効力の文書の第二の土地財産に関する文書のトップにあげるものである。そして、相田・佐藤両氏の永続的効力の文書は、佐藤氏の「文書概念の再検討」の対象であるB照合を機能とする書面であることもすでに述べた。はたして、これら京都左京七条一坊十五町内の屋地の売券は、B照合を機能とする書面で、A意思の伝達を機能とする従来のいわゆる文書とは「明らかに別種のもの」なのだろうか。この点については、前章第三節第二項「「カテゴリーの牢獄」からの脱出」で簡単に触れたが、改めて詳しく考えてみることにする。

この京都左京七条一坊十五町内の屋地の売券の関係文書は、現在二四通残っているが、その最初の文書が、

延喜一二年（九一二）七月一七日　七条令解（『大日本古文書　東寺文書之二』へ函一号五）

である。これは、『大日本古文書』編纂当時は、東寺百合文書に収められていたが、その後他出し、現在は天理図書館の所蔵となっている。この文書に関する詳しい説明はすべて省略せざるをえないが[3]、山背忌寸大海当氏が左京職の許可をえて、上記の屋地を源朝臣理に売りわたした売券である。その後約五〇〇年にわたって、京都の市井を転々として、応永三年（一三九六）十月二十一日この土地が東寺に寄進されることによって、東寺に収められて現在に伝わった文書である[4]。

この延喜十二年（九一二）の七条令解について考えてみよう。この七条令解によって山背忌寸大海当氏は左京職から屋地の売却が承認されたので、これを源朝臣理に渡す。ここで屋地の売買は成立して、この文書の作成目的＝本質的効力たるAある意思の伝達という機能は完了・消滅する。現用文書としての働きが終了したのである。しかし、これは売買を証明する唯一の重要な書類であるため、公験としてB照合という新しい機能によって集積される。これは約五〇〇年にわたって二四通――おそらくもっとあったと思われるが――にもなって、この土地の所有の正当性を証明することになる。B照合を目的とした文書で、半現用段階の付随的効力の文書である。さらに近世になると、これらの文書は付随的効力も失うが、新たに重要な史料としての応用的効力によって現在に伝えられるのである。

同一の文書の存在の「場」のちがい

文書の機能を重視

根本的な再検討が必要なのではなかろうか

これで、はっきりしたと思う。佐藤氏のA伝達を機能とする文書といい、B照合を機能とする書面といい、これは、たとえば延喜十二年（九一二）の七条令解という同一の文書の存在の「場」のちがい――現用段階の文書なのか、半現用段階の文書なのか、あるいは非現用段階の文書なのか――だけなのである。したがって、これは「文書概念の再検討」の対象になるものではないことはいうまでもない。

かくして、佐藤氏の「文書と記録の間」「文書概念の再検討」はその提案後、古代・中世の史料論をつうじて動かすべからざる大前提となっているようだが、それ自身、十分に再検討されるべきではないのだろうか。そしてこれは、文書の機能を重視する氏の早くからの提言と直接関係するものである。この文書の機能を重視する氏の構想についても問題であることは、さきに第一部第四章「古文書の機能・機能論」で述べたところである。現在の中世史料論は、この機能論の提唱、それにもとづく「文書概念の再検討」を核に議論がおこなわれているやに考えられるが、この機能論の提唱とそれにもとづく「文書概念の再検討」は実は一体のものなのである。そして、何度もいうことだが、これは文書をたんに文字資料すなわち歴史叙述の史料としてみるか、動態の「もの」としてその特殊的性格を確認するかどうかのちがいであって、もし文書を「もの」として認めることができるならば、氏の提案全体は根本的な再検討が必要なのではなかろうか。

というよりも、佐藤氏が『岩波講座　日本歴史』（一九七六年版）の「中世史料論」で「文書と記録の間」として「文書概念の再検討」を提案してから四〇年以上になる。これによって、中世古文書学界・史料論の世界では「文書概念の再検討」が滔々たる流れとなっているが、誰一人としてこれに疑義を呈する人はいないという状態である。

そもそも、佐藤氏の「文書概念の再検討」の提案の出発は、この「文書と記録の間」で、

(イ)差出者と受取者の間に授受関係があり、受取者に対して働きかけるものを文書といい（引用12）。

それとは別に、

(ロ)差出者と受取者の授受関係はないけれども、明らかに予想された相手に一定の働きかけをする書面が存在する（同前）。

としたことであった。しかし、いま延喜十二年（九一二）の七条令解でみたように、(イ)といい(ロ)といい、別の二つの文書・書面が存在するのではない。すなわち、(イ)はA伝達を機能とする文書であり、(ロ)はそのA伝達という

本質的効力が終了した後、B照合を目的として集積されたものである。(イ)といい(ロ)といい、またAといいBというも、同一の一通の七条令という文書の存在の「場」のちがいだけなのである。氏の提案については、他にもまだいろいろと触れなければならない多くの問題があるが、それはこれまで述べてきたことにまかせるとして、(イ)(ロ)という一点だけでも、氏の提案が成立しえないことがはっきりしたと思う。

照合を機能とする書面

ここで、本節第一項「文書と記録の間」の最後に設定した［問題点Ⅱ］についてまとめておこう。たしかに、佐藤氏がさきの［論点Ⅱ］で指摘したⅠ管理のための照合が機能である書面、［論点Ⅲ］で指摘したⅡ同定のための照合が機能である書面が存在して、それは授受関係の有無は一次的な意味をもたないB照合を機能とする書面であることにはまちがいはない。しかし、これをもって佐藤氏のように、A意思の伝達を機能とする従来のいわゆる文書とは明らかに別種のものであって（［論点Ⅳ］）、これまでのように、甲から乙へのA意思の伝達の手段として作成されたものを文書と規定すると、狭すぎて落ちこぼれができる（［論点Ⅰ］）とはいえないことがはっきりした。

狭すぎて落ちこぼれができるとはいえない

もうすこしいうならば、佐藤氏は、Ⅰ管理のための照合が機能である書面、Ⅱ同定のための照合が機能である書面は、いずれもB照合を機能とするものであって、A授受関係は一次的な意味をもつものではない。したがって、これはA意思の伝達を機能とする「従来のいわゆる文書とは明らかに別種のもの」だという。しかし、佐藤氏のいうB照合を機能とする書面は、A「意思の伝達を機能とする、従来のいわゆる文書」が、その作成目的＝本質的効力の終了後、B照合を目的にして集積されたものである。したがって、B照合を機能とする文書・書面といい、A意思の伝達を機能とする文書・書面というも、これらはいずれも同一の文書・書面であって、ただ存在の「場」のちがいだけなのである。現用段階でみた場合にはA意思の伝達を機能とする文書・書面であり、半現用段階・非現用段階でみた場合にはB照合を機能とする文書・書面なのである。

帳簿論

この佐藤氏の提案は、主として古代史研究の方では帳簿論として重要な論点になっている。また、中世研究でも、書面がおかれた「場」と「時」におうじてカテゴリー間の遷移や二重化がおこるともいわれて、「文書概念の再検討」として、古代史・中世史の研究をつうじていろんな面から注目されている。しかし、氏がここでいうA意思の伝達を機能とする従来の文書の規定は狭すぎて、これとは「明らかに別種」のB照合を機能とする書面が存在するというのは、いま詳しくみたように、申し訳がないが、氏の完全な誤りといわなければならない。そ

機能論重視の問題点

して、これは「個々の書面の機能を明らかにできない場合も生ずる」（［論点Ⅰ］）というように、氏の「機能偏重」ともいうべき機能論重視の問題点ともいえよう。

「定説的古文書学」の文書概念

かくして、現在、古代・中世の史料論でもっとも重要な論点となっている「文書概念の再検討」は、すくなくとも佐藤氏の提案を前提とするかぎり、その出発点から再検討の必要があることがはっきりしたのではなかろうか。ただし、これは佐藤氏の提案に関してだけである。それは、一つには従来の様式論に代わって文書の機能だけを重視したことの問題点でもある。それとともに、文書を文字資料、すなわち歴史叙述の史料としてしか考えない従来の古文書学の欠陥がはっきりしたものといえるのではなかろうか。しかし、この氏の提案とはまったく別の観点から、ここ四・五〇年の古文書学をめぐる学問の進展、研究環境の「激変」などによって、「定説的古文書学」の文書概念は抜本的に見なおさなければならないこともまた事実である。それについては次項で述べることにする。

第六項　「古文書とは何ぞや」

佐藤氏の提案自身が問題

以上で、佐藤進一氏の提案の「文書と記録の間」「文書概念の再検討」については、ほぼ検討が終わった。そして、実は、佐藤氏の提案自身が問題であって、新しい中世古文書学としては、氏の提案そのものの再検討が必要であることを確認した。これが、本節第一項「文書と記録の間」の最後に設定した［問題点Ⅱ］に対する解答である。しかし、そのときに設定したもう一つの［問題点Ⅰ］は保留したままである。そもそも、佐藤氏の新しい提案の出発点は、黒板勝美氏以来の伝統的な「甲から乙への意思の伝達の手段として作成されるのが文書である」という規定では「狭すぎる」ということであった。そこで、「古文書とは何ぞや」という［問題点Ⅰ］を最後に検討することにする。

⑴従来の古文書の定義は狭すぎるのか

古文書とは何ぞや

これまで、古文書学を学ぶには、まず最初に「古文書とは何ぞや」ということからはじめるのが通例であった。相田二郎『日本の古文書　上』の最初の「序説」では、「古い書き物」＝文献をⅰ編纂物、ⅱ記録、ⅲ文書にわけて、第一人者から第二人者に向つて、その意志を伝達する用具として記載したもの。

を「学問上文書と云ふ」（[引用1]）とする。また、佐藤進一『古文書学入門』の第一章第一節は「古文書とは何か」である。ここでは、歴史学研究の史料としての文献には、大きくⅰ古文書と、ⅱ一般の著述・編纂物・備忘録・日記などがある。ⅱは主格の一方的な意思表示の産物である。これに対して、ⅰ古文書は、

古文書に関する一般的な定義

「特定の対象に伝達する意思をもってするところの意思表示の所産」、すなわち甲から乙という特定の者に対して、甲の意思を表明するために作成された意思表示手段、これが古文書である（[引用2]）。

と規定している。これが、古文書に関する一般的な定義であるが、これでは「少し狭すぎるようである」というのが、今回の佐藤氏の提案の主旨である。ともかくも、「甲から乙への意思表示手段」というのが、従来の古文書の定義であった。

もうすこしいうならば、さきにみた[引用13]で、佐藤氏は、

黒板にはじまる日本古文書学では、文書とは、甲から乙に対して何らかの意志を伝えるために作成されたものをいうと定義される。

という。そして、

差出者と受取者の間に授受関係があり、受取者に対して働きかけるものを文書といい、作成者の側に留めおかれて、他への働きかけの認められないものを記録とする（[引用12]）。

として、文書と記録の区別をする。これが、従来の一般的な古文書・記録の規定であるが、さらに、文書史の目的を述べたところでは、

文字資料ということだけが大前提

文書が、特定者から特定者に対して文字を使用して行なわれる意思伝達の手段であり（[引用9]）。

とする。この文章で「文字を使用して行なわれる意思伝達の手段」といっていることが重要である。これは、至極当然のこととして余り表面にはでていないが、従来の文書の規定には、文書とは「文字を使用して行なわれる意思伝達の手段」、すなわち「もの」としての文書ではなく、文字資料ということだけがその大前提になっているのである。

ここで、注意しなければならないのは相田氏である。すでに第一部第一章第二節「相田二郎『日本の古文書』」で指摘したことであるが、氏はさきの引用につづけて、

然るに文書に於ては、第一人者と第二人者と、即ち授受する者が明瞭に対立する関係から、其の作成の方法、其の材料、其の文章等種々の点に亙つて、他の文献よりも遥かに複雑した性質を具へてゐる。実にこの点は古文書の特色と申して差支ない。尚ほ古文書の性質は時代の変遷に伴ひ、地域の相違に依つて、更に複雑性が加つてゐる。かやうに授受する人の対人関係を中心にして、之に時代と地域との関係が随伴して、古文書の性質并にその形態は、他の種類の文献に比較して、何れのものよりも遙かに複雑したものとなつてゐる（[引用1]）。

「もの」としての文書を確認

という。文書が、i編纂物やii記録などの「他の文献」とちがうのは、「第一人者から第二人者に向つて、その意志を伝達する」ことにあるが、それだけではなく、さらに「「かたち」をととのえる」ことが必要だということを強調している。すなわち、「もの」としての文書ということをはっきりいっているのである。これは、他の研究者とちがう点として注目しておかなければならない。相田氏の場合には、時代的制約その他によって、この観点を十分には貫徹させることはできなかったが、どうしても継承・発展させなければならない視点である。

　しかし、従来の古文書学でこの相田氏の考え方が十分に確認されていたかというとそうではない。

甲から乙という特定の者に対して、甲の意思を表明するために作成された意思表示手段、これが古文書である（[引用2]）。

という黒板氏以来の規定がそのまま通用してきたことはまちがいがない。それでは「少し狭すぎるようである」というのが佐藤氏の新しい提案の趣旨である。はっきりいって、従来の古文書学の規定では問題のあることは事実である。しかし、それは氏の提案をはじめとする多くの再検討論とは別の観点からのものである。

大量の出土品をはじめとする新資料の発見

　佐藤氏の提案については、すでに詳しく検討したが[5]、そこで触れることのできなかった別の問題についてすこし述べておこう。佐藤氏の提案をはじめとする多くの文書概念の再検討論のいわんとするところは、A管理のための照合、同定のための照合など照合を目的として、授受を目的としたものでない書面があるということと、B大量の出土品をはじめとする新資料の発見などがあるというように、大きく二つにわけることができると思う。Aの提案の従来の文書の規定では狭すぎて、それとは「明らかに別種もの」があるということは適当でないことは、すでに前項で詳しく述べた。

　つぎに、Bの大量の出土品をはじめとする新資料の発見などがあるという点についていうと、a大量の出土品と、b正倉院文書の詳細な調査による新知見、c漆紙文書・紙背文書など多数の新資料の出現とすることができよう。まず、a大量の出土品をはじめとする新資料の主たるものは木簡である。これが、［引用14］のトップにあげられているように、Aとともにいわゆる再検討論の主たるものである。佐藤氏が問題提起した「中世史料論」や「武家文書の成立と展開」の段階と現在とでは、三〇年もたっており、木簡研究をとってみてもその規模といい、また内容といい格段の進展があるが、木簡などをただちに文書に引きよせて「文書概念の再検討」をいうのは問題ではなかろうか。

木簡研究の現状

たしかに、木簡は「差出人から受取人にある意思の伝達を目的として「かたち」をととのえて作成された書面」という意味で文書といえよう。それは、伝達という本質的効力の終了後破棄される一部の書状と同じである。しかし、ふつう文書・古文書といえば、その後その特殊的性格によって集積・保存されて現在におよぶ。木簡には、この文書の特殊的性格が完全に欠けているのである。したがって、木簡は文書とはいちおう切りはなして——しかし、伝達という本質的効力の終了後破棄される一部の書状類とは同じである——、アーカイブズとしての木簡として新しいジャンルを設定するのが適当なのではなかろうか。それは、現在、古文書学会と木簡学会が、まったく別の学会活動をしていることでもはっきりすると思う。アーカイブズとして本格的な検討が要請されるところである。

アーカイブズとしての木簡

bの正倉院文書を中心とした古代史の史料の研究については、私は発言する資格などまったくないが、ここでは、たんに歴史叙述の史料としてではなく、「もの」としての書面という観点から精細な研究が進んでいるようである。検討の結果は十分に尊重されなければならないだろう。その研究の成果に注目することとしよう。cについても細かい検討が進んでおり、abを含めてこれらは基本的に古代史研究に関することであり、とくに「もの」としての側面が基本となっていることが注目されるのである。

正倉院文書を中心とした古代史料

⑵新しい「古文書とは何ぞや」

動態の「もの」としてその「一生」を考える

ここで、もう一度「文書・古文書とは何ぞや」ということを考えてみよう。新しい中世古文書学として、文書を動態の「もの」としてその「一生」を考えるという立場からは、たしかに従来の文書概念では十分ではない。しかし、それは従来の文書の規定が狭すぎるのかどうなのか、「別種」のものがあるのかどうなのかといった問

文書とはアーカイブズのうちの一つ

新しい研究分野としての聖教類や木簡など

「文書の一生」を動態としてとらえる

文書の特殊的性格を確認

題ではなく、基本的な観点から再検討する必要があると考えるのである。

たびたびいうことではあるが、新しい中世古文書学では、文書とはアーカイブズのうちの一つであって、「差出人から受取人にある意思の伝達を目的として「かたち」をととのえて作成された書面」と規定する。これは、文章表現としては従来の「文書概念」とさほどちがいはみられない。しかし、いわんとする内容は、従来の「文書概念」とは抜本的にちがったまったく新しい定義なのである。

まず、文書とは、大きくアーカイブズのうちの一つなのである。すなわち、「一つしかない生の記録情報資源」＝一次的記録情報資源のうちの一つである。中世でいえば、文書をはじめ記録・帳簿・編纂物、さらには新しい研究分野として聖教類や木簡などもこれに含まれよう。このうちで、「差出人から受取人にある意思の伝達を目的として「かたち」をととのえて作成された書面」が文書である。たんに「甲から乙への意思表示手段」ではなく、「「かたち」をととのえて作成された書面」である。いわんとするところは、従来の「文字を使用して行なわれる意思伝達の手段」というように、たんに文字資料としてだけではなく、「もの」としての文書であることを確認しているのである。同じく文書とはいうものの、新しい中世古文書学と従来の古文書学とでは決定的なちがいがみられるのである。この点は、どうしてもはっきりさせておかなければならない。

従来の古文書学と新しい中世古文書学のちがいは、まず第一に、以上のように文書をたんに文字資料としてみるか、あるいは「もの」としてみるかだけではない。文書を「もの」としてみた場合には、当然のこととして、第二に「文書の一生」を動態としてとらえることになる。すなわち、これによって、文書を従来のようにi伝達を機能とする文書、ii照合を機能とする書面というように、静態として個別的・並列的にとらえるのではなく、新しくA作成からB伝達・C集積・D保存にいたるまでの「文書の一生」、すなわち現用段階・半現用段階・非現用段階、さらにはその本質的効力の段階・付随的効力の段階・応用的効力の段階というように動態として包括的・時系列的にとらえることができるのである。そしてこれは、当然のこととして、つぎの文書の特殊的性格の確認ということによって裏づけられているのである。

第三に、文書はその特殊的性格を確認してはじめてその本質にせまることができるのである。文書は、他の文化的創造物と異なった特殊的性格をもっているだけではなく、文字資料としての文献としても特殊的性格をもっているのである。この点については、さきに序章第三節「文献としての古文書の特殊的性格」で詳しく述べた。

他の寺院史料とはまったくその性格を異にしている

根本的な再検討が要求される

すなわち、文書は、文献としての記録・帳簿・編纂物などとはまったく別の性格であるだけではなく、東寺文書のように寺院史料をとってみても、文書は他の寺院史料たる経典類・聖教類・記録類とも完全にちがった特殊的性格をもっているのである。したがって、文書と他の記録・帳簿・編纂物などの文献、さらには寺院史料としても経典類・聖教類・記録類などの他の寺院史料とはまったくその性格を異にしているのである。これは、従来の古文書学では完全に看過されていた観点であるが、この点をのぞいて、文書の本質にせまることはできないと私は考えるのである。

かくして、「文書・古文書とは何ぞや」ということも、ほぼ本来のあるべき姿がはっきりしたのではなかろうか。もう一度いうが、文書とはアーカイブズのうちの一つであって、「差出人から受取人にある意思の伝達を目的として「かたち」をととのえて作成された書面」である。この「「かたち」をととのえて」というのは、動態の「もの」としての文書を意味するものである。ここには当然のこととして、文書の特殊的性格が確認されているのである。文書の特殊的性格を認めてこそ、本格的に文書の本質にせまることができるのである。したがって、「甲から乙への意思の伝達の手段として作成されるのが文書」だとする従来の規定自身「狭すぎる」〔引用16〕のは当然である。そして、その再検討には、たんに文書を文字資料としてのみとりあげてその機能だけを重視するのではなく、「もの」として、その「一生」を動態として取りあげることが必要であろう。そして、研究のあり方としては、はじめは様式論だけを、代わってそのつぎには機能論だけをとくに重視するのではなく、形態論・関係論・構造論・伝来論・機能論などの古文書学の各研究分野が、それぞれに調和と均衡を保ちながら研究を進めることが必要であろう。それ故、この視点が欠けていた従来の「古文書とは何ぞや」の規定はどうしても根本的な再検討が要求されることとなる。

以上で、佐藤氏の提唱による「文書概念の再検討」に関して、私のいいたいことはほぼ終わった。そして、私は佐藤氏の提言とはまったく別の観点から、従来の「文書概念」は根本的に再検討が必要であるということを確認した。しかし、この私の考え方で十分だなどとは毛頭思っていない。常に古文書学の重要課題として問いつづけられなければならない問題である。そしてそれは、もはや静態の「個」としての歴史叙述の史料である文書として、伝達という機能だけなのか、それよりも働きかけの機能の方が重要ではないかというような狭い観点からではなく、動態の「もの」として、そのA作成からB伝達・C集積・D保存にいたる全過程の存在形態そのものを確認することの方が重要なのではなかろうか。文字資料としての文書、歴史叙述の史料としての文書という観点からの古文書学の限界は、上述のことではっきりしたと思う。そして、動態の「もの」としての文書、ことに文書の特殊的性格という視点を抜きにして、まっとうな古文書学が論じられないということも確認できたと思う。

第二節　「新様式の開発」について——文書様式抜きの「新様式の開発」——

佐藤進一氏の「新様式の開発」

前節の叙述で、佐藤進一氏の「中世史料論」の第一のテーマであった「文書概念の再検討」については、ほぼ検討がすんだと考える。そこで、第二の「新様式の開発」を考えることにする。

重要な問題がある

この論稿のとくに三「新様式の開発㈠——宣旨・官宣旨と庁宣」と四「新様式の開発㈡——下知状と御教書」——以下、三「新様式の開発㈠——宣旨・官宣旨と庁宣」を「中世史料論」の第三節、四「新様式の開発㈡——下知状と御教書」を同第四節と略することにする——は、宣旨・官宣旨・庁宣と下知状・御教書を平安時代から鎌倉初期にかけての新様式の文書として、その個々について詳しく説明したものである。その豊かな内容に魅せられて、それだけで十分満足していたものである。そして、私自身、これまで全然しらなかったことだが、本稿の第三稿にかかったときに、改めてこの「中世史料論」を読みなおして、重要な問題があることにはじめて気づいた。

公家様文書・武家様文書はまったく使われていない

というのは、佐藤氏の『古文書学入門（旧版）』が刊行されたのは、昭和四十六年（一九七一）である。そして『古文書学入門』の、第三章「古文書の様式」の三本柱が、Ⅰ公式様文書・Ⅱ公家様文書・Ⅲ武家様文書であったことはたびたび確認してきた。その後、昭和五十一年（一九七六）には、佐藤氏はこの「中世史料論」を執筆している。ここでは、公式様文書という言葉はしばしば用いられているが、不思議なことに公家様文書・武家様文書はまったく使われていない。武家文書は一度だけ使われているが、「新様式の開発」を論じた「中世史料論」には、公家様文書・武家様文書はもちろん、公家文書・武家文書もついにみいだすことはできない。この論稿は、それこそこれまでに何度もなんども読んだものであるが、このような驚くべき事実があったということにはまったく気づかなかった。

「中世史料論」の構成（章建て）はさきに紹介したが、その二「公式様文書の構造」が『古文書学入門』の第三章第一節「公式様文書」に相当するもので、以下第三節が同第三章第二節「公家様文書」に、そして第四節が同第三章第三節「武家様文書」に当たるものとみてよかろう。

さらに、その内容についてみると、この「中世史料論」では、第三節の冒頭で、

> 奈良朝に開花した公式様文書は、平安朝に入るや、新しい文書様式の出現によって大きな体系的変化を見ることとなる。宣旨と官宣旨という二つの様式が発生して……（同書二八一頁）。

宣旨・官宣旨と庁宣を平安時代の「新様式」の文書として説明

という。すなわち、宣旨・官宣旨と庁宣を平安時代の「新様式」の文書として説明するのである。これは、『古文書学入門』が第三章第二節「公家様文書」の最初に、

> 〔引用18〕この節では、叙上の平安朝政治の展開とともに発生・発達した新様式文書を、爾後の公家政治運営上の中心となったという意味で公家様文書とよび、比較的重要なもの数種について説明することにしたい（同書七八頁）。

として、宣旨・官宣旨などを説明するのとまったく同じである。このように両者がたいへんよく似ているのに、『古文書学入門』の第三章第二節で詳しく説明された「公家様文書」なる言葉が「中世史料論」の第三節では一語もみられない。また、『古文書学入門』の第三章第三節「武家様文書」と「中世史料論」の第四節の場合も同じである。不思議というよりは異様といった方がぴったりするのではないかと思う。とにかく、「中世史料論」では、公家様文書・武家様文書という言葉は一度も使われていない。

もちろん、『古文書学入門』と「中世史料論」とでは、論点がまったくちがうことはいうまでもない。『古文書学入門』はあくまでも様式論の概説である。いっぽう、「中世史料論」は「新様式の開発」に焦点をあわせた研究である。そして、「中世史料論」の第三節は「宣旨・官宣旨と庁宣」について述べたもので、また第四節は「下知状と御教書」について述べたものであるといえばそれまでである。しかし、やはり公家様文書について述べている「中世史料論」の第三節、また武家様文書について述べている第四節で、公家様文書・武家様文書がまったくみられないということは異常であることはまちがいがない。

古文書学の術語としては「形式」と「様式」とは厳密に区別すべきもの

ここで、すこし厳密を期していうならば、さきにもいったように、「個」としての文書の形態（かたち）の具体的表現が様式であって、その書式・形状（すがた）を同じくするものを一つの様式と規定するならば、「宣旨・官宣旨・庁宣」また「下知状・御教書」などは、個別の文書の「形式」であるとしても文書の「様式」では

「形式」ではあるとしても、「様式」ではない

綸旨・御教書は姿を消している

ない。古文書学の術語として、「様式」と「形式」とは厳密に区別すべきものであろう。佐藤氏は、たとえば「宣旨と官宣旨という二つの様式が発生して」（同書二八一頁）というが、「宣旨・官宣旨」は個々の文書の個別の文書名あるいは「形式」ではあるとしても、「様式」ではない。古文書学上「様式」といえば、『古文書学入門』にしたがうならば公式様文書・公家様文書・武家様文書以外にはありえない。したがって、厳密にいえば「中世史料論」の第三節は「新形式の開発㈠――宣旨・官宣旨と庁宣」、また第四節は「新形式の開発㈡――下知状と御教書」とするのが適当だと思うのである。氏の「中世史料論」の第三節・第四節をつうじて、文書の様式については まったく触れられていないと考える。

さらに、もう一つ注目すべきことがある。さきにみたように『古文書学入門』では公家様文書として、

一宣旨　二官宣旨　三庁宣・大府宣　四綸旨・御教書

が取りあげられていた。しかし「中世史料論」の第三節では、宣旨・官宣旨・庁宣は取りあげられているが、『古文書学入門』では同じく公家様文書である綸旨・御教書は姿を消している。御教書はつぎの第四節で、武家の御教書は取りあげられるが、公家文書として中世でもっとも重要な働きをした綸旨・院宣は、氏の「新様式」としてはまったく触れられていない。この点も、どうも理解しがたいのである。

この佐藤氏の「中世史料論」は、原稿の紙数の制約の関係かとも思われるが、第四節も含めて、全体の叙述は源頼朝まで、つまり、ほぼ鎌倉前期で終わっている。しかし、中世に本格的な働きをする綸旨・院宣が「中世史料論」でまったく触れられていないというのは、どうしても納得がいかないのである。

以上述べた問題点を整理するならば、まず第一に公式様文書はともかくとして、『古文書学入門』で基本的な文書様式であった公家様文書・武家様文書が、「新様式の開発」（傍点上島）を論じた佐藤氏の「中世史料論」では、その言葉すらまったくみられないのは理解できない。しかも、第二に「新様式の開発」として論じられているのは、宣旨・官宣旨・庁宣、また下知状・御教書であって、これは個別文書の形式であるとしても文書様式とはいえない。さらに、第三として、厳密に文書様式の問題としていうならば、「中世史料論」の第三節で述べられる「宣旨・官宣旨と庁宣」は、厳密に様式として規定するならば、下文様文書とすべきものである。第三節は下文様文書を新様式としたもので問題はない。しかし、第四節は「下知状と御教書」が取りあげられている。ここで述べられているのは武家様文書ではあるが、厳密な意味の「新様式」ではない。すなわち、厳密に文書様式

文書様式抜きの「新様式の開発」

公家様文書・武家様文書がまったくみられない

十分に徹底したとはいえない

綸旨・院宣が「中世史料論」から完全に欠落

でいうと、下知状は下文様文書であるが、御教書は書札様文書である。はっきりいうならば、第四節では、下文様文書の下知状と、書札様文書の御教書が一つの「新様式㈡」として論じられているのである。どうしても「新様式の開発」というのは無理ではなかろうか。

これにともなって、第四に問題を個別の文書の形式にかぎるとしても、平安後期以降、新しい形式として重要な役割をはたす綸旨・院宣が、「中世史料論」ではまったく取りあげられていないのである。これは、佐藤氏の「新様式の開発」を『古文書学入門』と比べてみて気づいたことであるが、どうも不思議なというかわからない点が多い。

これについて最終的にまとめると、

［論点Ⅰ］『古文書学入門』で基本的な文書様式であった公家様文書・武家様文書という言葉が、「新様式の開発」を論じた「中世史料論」でまったくみられないのは、文書様式抜きの「新様式の開発」といわざるをえないのではなかろうか。

［論点Ⅱ］この「中世史料論」に公家様文書・武家様文書がまったくみられないのは、佐藤氏は『古文書学入門』執筆後、公家様文書・武家様文書の矛盾に気づき、「中世史料論」ではいっさいその使用をやめたと考えざるをえないのではなかろうか。

［論点Ⅲ］しかし、それが十分に徹底したものであるかというと、「新様式㈡」に下文様文書の下知状と書札様文書の御教書を同一の「新様式」としていて、十分だとはいえないのではなかろうか。

［論点Ⅳ］それを裏づけるのが、中世でもっとも重要な役割をはたす綸旨・院宣が「中世史料論」から完全に欠落してしまったことである。

この［論点Ⅳ］については、もうすこし説明が必要であろう。『古文書学入門』では第二節「公家様文書」として宣旨・官宣旨・庁宣とともに綸旨・御教書が説明されている。しかし、その後、佐藤氏自身、両者は同一様式ではないことがわかった[6]。そこで、「中世史料論」の第三節では、下文様文書の宣旨・官宣旨・庁宣が取りあげられているが、書札様文書の綸旨・院宣はここで説明することはできない。結局行き場所がなくなって、「中世史料論」では取りあげられなくなったということではなかろうか。

これらを総合すると、佐藤氏は『古文書学入門』の執筆後、様式論として公家様文書・武家様文書の矛盾に気

「良賈は深く蔵して虚しきが如し」式の体質

づいていたと考えるのがいちばん適当な解釈ではなかろうか。それ故に、「中世史料論」では、公式様文書はみられるが、公家様文書・武家様文書はいっさいみられないのである。(7) そして、『古文書学入門』では、公家様文書として一括説明されていた宣旨・官宣旨・庁宣・綸旨・御教書のうち、「中世史料論」では第三節で同一の下文様文書の宣旨・官宣旨・庁宣で取りあげられるが、書札様文書の綸旨・御教書は省略せざるをえなくなったと考えるのである。そして、全体として文書様式抜きの「新様式の開発」ということになったのではなかろうか。私は、故意にネガティブに解釈するつもりはないが、これ以外には考えようがないと思うのである。しかしこれは、中世の「新様式の開発」を論ずる「中世史料論」としては、紙幅などの関係があるとしても問題が多いといわざるをえないのではなかろうか。

以上、私なりの勝手な解釈をしたようだが、佐藤氏のことであるから、私のような皮相な考え方ではなく深い意図があってのことだろうと思う。深淵すぎて非才の私には理解できなかったのかもしれないが、やはり、それでは困るといわなければならない。もし、そうであるならば、さきにもいったが「良賈は深く蔵して虚しきが如し」式の体質は、どうしても返上しなければならないと思うのである。

ここで最後に、もう一つ確認しておこう。佐藤氏が「中世史料論」で論じたのは、「文書と記録の間」すなわち「文書概念の再検討」にしても、また「新様式の開発」にしても、いずれも静態の文字資料としての文書、すなわち歴史叙述の史料としての文書が「個」として論じられているのである。動態の「もの」としての「文書の一生」はまったく論じられていない。「中世史料論」で論じているのは、古文書学ではなく、史料論だから当然だといえばそれまでだが、以後歴史学界・古文書学界で論じられるのは、すべて静態の文字資料としての文書であって、学界全体として完全に史料論化してしまうのである。しかし私は、古文書学にしろ、史料論にしろ、すべての基礎は動態の「もの」としての文書の研究からはじまると考えるのである。

註

(1) これは、『週刊朝日百科「日本の歴史」別冊「歴史の読み方」5』(一九八九年)に掲載された。そして、前記同「中世史料論」発表後一三年たっており、また一般向けの論稿ということもあって、氏の真意をよくうかがうことができる。

(2) 『新版古文書学入門』のこの［補注一］は、補注という制約のため文字も小さく、しかも段落の改行もないためにたいへん読みにくい。そこで、すこし長くなったが、本書では「引用16」としてその全文を引用し、私なりに改行をした。

（3）この文書に関しては、前記相田二郎『日本の古文書　上』二二〇頁以降六頁にわたって詳しい説明があるので、参照いただきたい。

（4）この左京七条一坊十五町内の屋地・土地が東寺に寄進されて、これらの文書が一括して東寺に納められるようになった経緯は長い間不明であった。前記相田氏もそれについては一言も触れていないが、京都府立総合資料館『続々図録東寺百合文書』（一九八一年）の八〇号「法印権大僧都良宝田地等寄進状」の解説で明らかにしているので参照いただきたい。

これらの関連文書としては、『大日本古文書　東寺文書之二』に左京七条一坊屋地手継券文として、「へ函一号」として六通、「へ函三号」として一三通が収められている。それとは別に、

応永三年（一三九六）一〇月二一日　法印権大僧都良宝田地等寄進状（ウ函六四号）

とその関連文書が五通あり、全体として二四通となる。

（5）ここで、細かい点になるがすこし触れておきたいことがある。佐藤氏は、前記「中世史料論」において、室町幕府の「政所賦銘引付」や「事発日記」「問注申詞記」などとともに、東寺の「廿一口方評定引付」を「日記や備忘録」ではない、すなわち記録ではないとする。いま、私には「政所賦銘引付」その他について論及する準備はないが、「廿一口方評定引付」を記録ではないというのは、「文書の発信者が文書の控（案）を日付順に書綴った日記風のもの」（同書二七四頁）だからだという。これは、失礼だが佐藤氏の誤解であって、東寺文書の「引付」には文書も引用されているが、「文書の控（案）を日付順に書綴った」ものではなく、たとえば廿一口方供僧の評定（会議）の議事録であって、供僧の「後日の照合」にそなえるために、日付順に会議の内容を記録したものである。現在いろいろな形で作成されている会議の議事録とまったく同じ性格であって、典型的な記録である。すなわち、「廿一口方評定引付」などの東寺百合文書にみられる「引付」については、その出発点になる佐藤氏の認識に問題があるのであって、記録そのものであることがはっきりしたと思う。佐藤氏の提案以後、「廿一口方評定引付」がいかにも文書だといわんばかりの考え方がみられるので一言しておく。

（6）本来、宣旨・官宣旨・庁宣は下文様文書であるが、綸旨・御教書は書札様文書で、様式はまったく別である。『古文書学入門』で両者を一括して公家様文書としていること自身が問題なのである。

（7）佐藤氏には、その後、前記「武家文書の成立と展開」がある。これは、主として鎌倉時代の武家文書について述べたものである。ここでも、武家様文書という言葉はまったくみられず、すべて武家文書である。そして、公家文書ではなく公家様文書が数回みられる。「中世史料論」で撤回されたと思った公家様文書が復活しているのである。この辺のことは、余り想像をたくましくするのではなく、事実だけを指摘しておく。

第三章　最近の中世史料論

古文書をいかに有効に歴史叙述に生かすか

いまみたように、佐藤進一『古文書学入門』以降、ことに『岩波講座　日本歴史』（一九七六年版）ではじめて史料論が提唱されてからの中世古文書学は、古文書の本質を究明するという古文書学本来の課題とは別に、歴史叙述の史料としての古文書をいかに有効に歴史叙述に生かすかという立場からのいわゆる史料論として議論されているというのが実情である。その代表として富田正弘氏があげられよう。氏は、前記『中世公家政治文書論』の最後で、みずからを、

　古文書学に立脚した中世史料論を展開しようとする筆者（同書三六七頁）。

といっている。「古文書学に立脚した中世史料論」というのは私にはよくわからないが、氏は古文書学そのものではなく、古文書を歴史叙述のための素材・史料として論じようとしていることだけは確認できよう。

古文書学は、あくまで古文書学として論ずべきもの

　古文書学は、あくまで古文書学として論ずべきものである。古文書学として確実な成果がえられた上で、それを歴史学の叙述・研究に反映させるのが史料論である。古文書学と史料論はまったく別の学問分野で、それは安易に結びつけられるものではない。早く、「古文書学を歴史学の補助学とよぶ誤解」（〔引用4〕）と指摘されているように、両者の関係は慎重の上にも慎重に処理されなければならない。結論だけをさきにいうと、氏の中世史料論は、従来の立場の古文書を素材とした古文書史料論であるとしても、厳密な古文書学的検討を経た史料論とはいいがたいということを、まず確認しておかなければならない。そして、これはさきに佐藤氏が「古文書学を歴史学の補助学とよぶ誤解」（〔引用4〕）としたものと同じだといえるのではないだろうか。ともあれ、氏の立場は純粋に古文書学の立場ではなく、文書をたんに文字資料、すなわち歴史叙述の史料としてしかみない。いわゆる古文書史料論であるということだけはまちがいのないことといえよう。

いわゆる古文書史料論の立場

　富田氏は、前記『中世公家政治文書論』の序説「古代中世文書様式の体系・系譜論に関する先行研究」――以下、これを富田論文とよぶことにする――で、佐藤進一氏の『古文書学入門』の古文書の分類は、政治体制論・

「様式分類ではなく意識的・意図的に発給者別の分類を採用した」

「もの」としての文書にはまったく触れていない

国家論を目ざしたもので、様式分類ではなく意識的・意図的に発給者別の分類を採用したものだという新説を発表した。これは、いまみた中世古文書学のいわゆる史料論化の最終の決着点というべきものである。この富田氏の著書全体が、文書を徹底して歴史叙述の史料として、すなわち文字＝文書の記載内容だけを論じて、「もの」としての文書にはまったく触れていないといういわゆる史料論であって、古文書の本質を究明する古文書学に関する著書ではないということをまず確認しておかなければならない。それを典型的に代表するのが、この『古文書学入門』の古文書の分類は、政治体制論・国家論を目ざしたもので、様式分類ではなく意識的・意図的に発給者別の分類を採用したものだという説である。これについては、すこし細かく検討しておかなければならない。

第一節　政治体制論・国家論を意図した発給者別分類なのか

相田氏の様式分類の欠点

前記富田論文においては、相田氏の様式分類ではわが国の政治体制の変遷や国家論が十分に説明することができないという欠点があるので、佐藤氏は『古文書学入門』で意識的・意図的に発給者別分類を採用したと強調する。そこで、富田論文のこれに関する主張をみると、つぎのようである。

［引用19］　相田氏の分類においては、公家政治の文書は「平安時代以来の公文書」と「書札様文書」に分かれて搭載され、武家政治の文書は「平安時代以来の公文書」「書札様文書」さらに「印判状」に分散されて収録されていた。したがって、公家政治の変質に伴う公家文書の変遷や、武家政治の発展に伴う武家文書の変化を、十分に説明することができない嫌いがあったのである。………佐藤氏の古代中世古文書体系は、言うならば相田氏の分類法のこのような欠点（間違いではない）を克服するために、発給主体の文書体系とその変遷を考慮に入れた分類を目指したものといえよう（同書一六・一七頁）。

［引用20］　以上、佐藤進一氏の古代中世文書体系論を概観してみた。公文書・書札様文書といった同一様式の文書を同じグループに分けることを最優先させた相田氏の体系論と異なり、佐藤氏は、発給主体別に文書をグループ分けすることを優先させた。そのことによって、佐藤氏の文書体系論は、黒板氏の「武家様」文書論の室町時代への展開を可能にし、ひいては王朝国家論・鎌倉幕府論・室町幕府論を見通せる射程に立ったということができる。佐藤氏は、『古文書学入門』の結びで、古文書学の課題として次のように述べてい

る。

> 端的にいって、古文書学とは文書史である、（中略）それでは、文書史の目的は何か。文書が、特定者から特定者に対して文字を使用して行なわれる意思伝達の手段であり、しかも、単なる伝達ではなくして、相手方に種々さまざまの反応の起こることの期待を含んだ伝達であることを考えると、文書史の目的は文書の機能の歴史を明らかにすることにある、といわなければなるまい。より具体的にいえば、機能を軸にして、各時代の文書体系と、その史的展開を明らかにすることが、古文書学の骨骼となるべきであろう。

佐藤進一氏は、古文書の機能を軸にして各時代の文書体系とその史的展開を明らかにするために、発給主体別を中心とする大分類を意識的に採用していることがわかる。相田氏のように大分類に様式別を優先させる方法を採らなかった理由も了解できるのである。佐藤氏の結論は、古文書学とは文書史であり、文書史の目的は文書機能の歴史を明らかにすることだという。文書様式よりも文書機能を重視する考えである。そして、わたしたちは、佐藤氏のような文書体系論から、ある程度の政治体制論を展望できる可能性があるのだということを教えられたのである。筆者も、古文書の体系を考えるとき、佐藤氏のこの研究姿勢に影響されていたひとりであることを、告白しなければならない。ただし、能力が伴うかどうかは、別の問題である（同書二一頁）。

［引用21］　佐藤氏の大分類「公家様文書」には宣旨・官宣旨（下文様文書）と院宣・綸旨・御教書（書札様文書）とが含まれ、同じく大分類「武家様文書」には下文・下知状（下文様文書）と御教書・奉書（書札様文書）とがはいっているが、これでは「公家様文書」でも「武家様文書」でも、下文様文書と書札様文書とが混在していることになる。したがって、「公家様文書」「武家様文書」という分類は一つの様式ではないから、様式の分類ではないというのである。佐藤氏が『古文書学入門』において意図的に発給者別の分類を採用していることは誰が見ても明らかであるのに、上島氏はまずこのように佐藤氏の分類法が様式分類になっているかどうかというように土俵を設定するのである。筆者に言わしめれば、古文書分類には、その目的があり、目的に応じた分類法があるのであり、様式を主体にした分類をしなければいけないということはないのである。分類した結果が、何を語るか、なにが面白いか、何がわかるか、それが勝負というものである。さきに

政治体制の変遷や国家論を十分に説明することができない

「意識的」「意図的」に発給者別分類を採用した

政治体制論が展望できるようになった

様式を主体にした分類をしなければいけないということはない

見たように、佐藤氏の分類は、王朝国家論や幕府論を直接やっているわけではないが、それが展望できるようになっている、まことに興味深い分類を提示しているのである（同書二六頁）。

［引用22］　以上の点の確認からもいっても、官符・官宣旨・院宣すなわち公式様・下文様・書札様は異なる様式である、と上島氏は説明する。佐藤氏が「公家様文書」として一緒に分類している官宣旨と院宣とは別の様式であり、佐藤氏の「公家様文書」を一つの様式とみなす考えには無理があるというのである。しかし、筆者が思うに、佐藤氏にしてみれば、「王朝国家」発給文書を「公家様文書」として、何種類かの様式の文書を意識的に括っているのであって、「公家様文書」は一つの様式であるなどとはどこにも言っていないのである。それを佐藤氏の「公家様文書」は同一様式ではないと批判しても、的はずれというものである（同書二八頁）。

以上、すこし長くなったが、重要なことなので厳密を期して、煩をいとわずそのままを引用した。

これを大きくまとめると、

［論点Ⅰ］　相田氏のような古文書の様式分類では、政治体制の変遷や国家論を十分に説明することができないという欠点がある。

［論点Ⅱ］　そのため、佐藤氏は『古文書学入門』において、相田氏のように様式分類を優先させる方法をとらず、「意識的」「意図的」に発給者別分類を採用したのは、誰がみても明らかである。

［論点Ⅲ］　それによって、『古文書学入門』では王朝国家論・鎌倉幕府論・室町幕府論という政治体制論が展望できるようになった。

［論点Ⅳ］　そして、これをささえるものとして、「古文書分類には、その目的があり、目的に応じた分類法があるのであり、様式を主体にした分類をしなければいけないということはないのである」という論理が用意されている。すなわち、文書体系論の新たな提唱である。

の四点とすることができる。これはたいへんな新説である。中世史学界としてはまったく予想していなかったことではないかと思う。そして、何故、ここまでのことをいわなければならないのかと、驚くよりははっきりいって情けなくなったことであった。

ここで、上記の論点の検討に入る前に、どうしても触れておかなければならないのは、富田氏は、［引用20］

佐藤氏の後継者たることを自称

現在の中世古文書学界・中世史料論の世界にのみ通用する特殊な現象

現在の中世古文書学界・中世史料論の世界の特異な体質

の最後で、

筆者も、古文書の体系を考えるとき、佐藤氏のこの研究姿勢に影響されていたひとりであることを、告白しなければならない。ただし、能力が伴うかどうかは、別の問題である。

といっていることである。控え目な表現だが、佐藤氏の後継者たることを自称している。これは、自らを黒板氏・相田氏・佐藤氏と継承されたわが国古文書学の「正統」と位置づけようとしているのである。そして、この論稿全体は、この一言に大きく規制され、権威づけられていることはいうまでもない。完全な自称の「お墨つき」というべきであろう。しかし、これは石井進氏や網野善彦氏が現存ならばいいえた言葉なのだろうか。

これを読んでの私の最初の感想は、中世古文書学界は、ここまで落ちたのか。まだこのように先学の後継者を自称することが要求されるのか。そして、これには「佐藤氏の古代中世古文書体系は、言うならば相田氏の分類法のこのような欠点（間違いではない）を克服するために」（［引用19］）のようないかにも不自然な文章、また後にみるような「さながら鎌倉幕府論、室町幕府論である」（［引用24］）のごとき「過分」ともいうべき対応が必要なのかという驚きであった。それなりの効果が期待できるから、わざわざそれを書いたのだろう。しかし、これは現在の中世古文書学界、中世史料論の世界にのみ通用する特殊な現象である。おそらく、古代から近現代を含めた現在のわが国の歴史学界では、そして若い新鋭の研究者が自由に発言している現在の歴史学界では、もはや恥ずかしくてこのようなことはいえないであろうと思う。まだ、このようなことが十分に通用するのが中世古文書学界であり、中世史料論の世界なのかと、その後進性にはつくづく情けなくなった。これが、現在の中世古文書学界・中世史料論の世界の特異な体質でもあるのである。とにかく、何の権威がなくても、自由に真実を語ることができる古文書学界であってほしいと心から願うものである。そして、この後進性・この体質を打破しないかぎり、中世古文書学は本来の学問とはいえないと思う。本書の執筆の意図も、何の因習にも、何の権威にも、また何の利害関係にも惑わされることなく、ただ真実のみが通用する古文書学であってほしいと念願してのものであることは、本書の全文をつうじておわかりいただけると思う。

第二節　古文書学には古文書学固有の課題がある

古文書学には古文書学固有の研究課題がある

ここで、まず最初に確認しなければならないのは、本書で論ずるのは中世古文書学であって、いわゆる史料論ではないということである。古文書学には古文書学固有の研究課題があり、それは歴史学や史料論とはまったく別のものであるということである。いまさら、このようなことをいうのは、いかにも情けないことだが、この富田論文を読んで、改めてその必要性を痛感するものである。後ほど詳しく検討するが、そしてすでに引用したことでもあるが、早く佐藤氏自身、

> このような問題は、古文書学固有の分野の問題ではなく、古文書学と歴史学との関係の場の問題である。古文書学にとっては、古文書の個々の様式の個別性とそれのもつ効力の特殊性を明らかにすることが、より本質的な問題である。この点の研究を深めることなしには、古文書学の発達もあり得ないし、史学における実証的方法の精緻化も期待できないであろう（[引用11]）。

といっていることを、改めてここで確認しておく。

政治体制論や国家論を古文書学に求めるのは著しい本末顛倒である

佐藤氏のいう「このような問題」とは、「古文書の様式とその史的背景との関連の究明を古文書学そのものに求める」ことである。これを富田論文の表現でいえば「政治体制の変遷や国家論」を「古文書の様式分類」に求めるということである。それを佐藤氏は、「全く誤りとはいえないにしても、著しい本末顛倒であろう」と穏やかにいうが、実際は「全くの誤り」といいたいところなのである。そして、古文書学には固有の研究課題があり、それの深化なしには、古文書学だけではなく、歴史学の健全な発展ものぞめないとまでいっているのである。古文書学が、本来の古文書学であってこそ、歴史学もまた史料論も、その本来の役割を十分にはたせるのである。

すぐれて古文書学の専門書

いうまでもないことだが、佐藤氏の『古文書学入門』は、その本来の性格が古文書の学習書として執筆されたという制約はあるが、すぐれて古文書学の専門書であって、歴史学や史料論を論じたものではない。しかし、どうも富田氏は、それを完全に混同しているように思われる。

佐藤氏の古代中世古文書体系は、言うならば相田氏の分類法のこのような欠点（間違いではない）を克服するために、発給主体の文書体系とその変遷を考慮に入れた分類を目指したものといえよう（[引用19][1]）。

歴史学やいわゆる史料論の問題と完全に混同してしまっている

様式を主体にした分類をしなければいけないということはないのである

完全な古文書学と歴史学・史料論との混同

などというのは、いまみた〔引用11〕の佐藤氏の精神と真正面から衝突するだけではなく、佐藤氏がその著書を『古文書学入門』と題して「古文書学の入門書」として執筆したその真意とも完全に相反するもので、これだけで『古文書学入門』を云々する資格はまったくないといってまちがいはないと私は考える。

富田氏は、何を勘ちがいしたのか、

公文書・書札様文書といった同一様式の文書を同じグループに分けることを最優先させた相田氏の体系論と異なり、佐藤氏は、発給主体別に文書をグループ分けすることを優先させた。そのことによって、佐藤氏の文書体系論は、黒板氏の「武家様」文書論の室町時代への展開を可能にし、ひいては王朝国家論・鎌倉幕府論・室町幕府論を見通せる射程に立ったということができる（〔引用20〕）。

という。もう一度いうが、佐藤氏は『古文書学入門』において古文書学そのものを講じているのである。それを、歴史学やいわゆる史料論の問題と完全に混同してしまっている。政治体制論や国家論などは歴史学やいわゆる史料論の問題ではあろうが、いま引用した〔引用11〕にみられるように、古文書学の重要課題でも何でもない。氏もいうように、せいぜい「必ずしも排除すべきものでもない」（後ほど引用する〔引用23〕）程度のものであって、それ以上のものではない。いまみた〔引用19〕〔引用20〕などに代表される富田論文の主張は、古文書学と歴史学・史料論を完全に混同させたもので、純粋に古文書学を論じた『古文書学入門』を検討する議論としては場ちがいのものというべきであろう。

それだけではない。その混乱の総仕上げとなるのが、〔論点Ⅳ〕の「古文書分類には、その目的があり、目的に応じた分類法があるのであり、様式を主体にした分類をしなければいけないということはないのである」（〔引用21〕）という論理である。たしかに、古文書の分類にはその目的におうじたいくつかの分類は可能である。しかし、その「いくつかの目的」というのは、政治体制論であり、国家論であり、また社会構造論であるというように、歴史学・史料論の場の問題であるとしても、古文書学本来の課題ではない。何度も確認するが、佐藤氏は古文書学を講ずるために『古文書学入門』を執筆したのであって、やれ政治体制論だ、やれ国家論だなどという歴史学・史料論の場の問題を論ずるためではない。完全な古文書学と歴史学・史料論との混同である。

文書を「差出人から受取人にある意思の伝達を目的として「かたち」をととのえて作成された書面」であると規定するならば、古文書学としての古文書の分類は、「個」としての文書の書式・形状を統一した様式分類以外

古文書学は、政治体制論や国家論や社会構造論を論ずる場ではない

相田氏のような様式分類では政治体制の変遷や国家論が十分に説明することができない

古文書学の課題ではない

にはありえない。富田論文で、「公家政治の変質に伴う公家文書の変遷や、武家政治の発展に伴う武家文書の変化を、十分に説明することができない嫌いがあった」（［引用19］）という「欠点」を指摘する相田氏の分類以外にはありえない。古文書学は、政治体制論や国家論や社会構造論を論ずる場ではなく、佐藤氏の穏やかな表現によれば、それは「全く誤りとはいえないにしても、著しい本末顛倒であろう」（［引用11］）としていることをまず確認しておかなければならない。

第三節　政治体制論や国家論は古文書学の課題ではない

いま、富田論文の論点を［論点Ⅰ］［論点Ⅱ］［論点Ⅲ］［論点Ⅳ］とまとめたが、そのうち［論点Ⅰ］［論点Ⅱ］［論点Ⅲ］についていうと、相田氏のような様式分類では政治体制の変遷や国家論が十分に説明することができないという欠点がある。そこで、佐藤氏は『古文書学入門』において、相田氏のように様式分類の方法をとらず、「意識的」「意図的」に発給者別分類を採用したと富田氏は強調する。そして、これによって王朝国家論・鎌倉幕府論・室町幕府論という政治体制論が展望できるようになったとその成果を誇るのである。すなわち、佐藤氏は政治体制を展望するために『古文書学入門』で相田氏の様式分類を放棄して、意図的に発給者別分類をとったというのである。

そもそも、政治体制論や国家論などということは、古文書学とは直接的な関係はない。政治体制論とそのための発給者別分類などは、歴史学やいわゆる史料論の課題であるとしても、佐藤氏のいう「古文書のもつ複雑な性質を理解し、古文書に関する知識を整理し体系立てるところの学問」（［引用3］）である古文書学の課題ではないことは実に明白である。『古文書学入門』は、古文書学の学習書であって、すぐれて古文書学の専門書である。政治体制論や国家論を論ずる歴史学や史料論の著書ではない。富田論文の論法にしたがうならば、佐藤氏は『古文書学入門』と銘をうちながら、古文書学とはまったく別の史料論の課題を論じたということになる。それでよいのだろうか。

富田氏は、その論稿の「はじめに」において、

［引用23］　古文書学において、文書様式の体系と変遷を考えることがこの学に課された重要な命題であるこ

「邪道」として「排除すべき」もの

まったく場ちがいの言葉

とは間違いないが、体系と系譜をさらに当該時期の政治体制の構造や変遷に安易に結び付けようとすることには、いささか邪道の誹りを受けるかもしれない。しかし、それがうまく説明できれば、文書様式の体系と系譜の意味がより一層明確になるわけであり、必ずしも排除すべきものでもないように思う（同書一頁）。

という。まず最初に、氏自身、文書の様式研究が古文書学にとって「重要な命題」であるといっているのである。この点は重要な論点なので、しかと確認しておかなければならない。その上で、発給者別分類[2]は「いささか邪道の誹りを受けるかもしれない」という。これは氏独特のレトリックで、当然のことながら「邪道」に徹すべきものである。古文書学としては、まったく関係のない問題として、「邪道」として「排除すべき」ものである。しかし、「それがうまく説明できれば、……必ずしも排除すべきものでもないように思う」というようにまず小さな「抜け道」「風穴」を作る。巧妙な手法である。そして、これが伏線となって、いつのまにか、「邪道の誹りを受ける」ということがすっかり消去されて、最終的には、

〔引用24〕　以上、佐藤氏の大分類「武家様文書」を概観したが、これはさながら鎌倉幕府論、室町幕府論である。……佐藤氏における「武家様文書」は、黒板氏の「公家様文書」の下文と奉書、相田氏の「印判状」をも取り込むことによって、鎌倉幕府と室町幕府の文書体系を展望し、その変遷を生き生きと展望することができたのである（同書二〇頁）。

のように、「発給者別分類・政治体制論万歳」ということになる。ちなみに、いかほど佐藤氏の著書を称揚するとしても、古文書学に関する著書に対して「さながら鎌倉幕府論、室町幕府論である」や「その変遷を生き生きと展望することができた」などはまったくの場ちがいの言葉であることを確認しておく。

そして、

佐藤進一氏は、……発給主体別を中心とする大分類を意識的に採用していることがわかる。……そして、わたしたちは、佐藤氏のような文書体系論から、ある程度の政治体制論を展望できる可能性があるのだということを教えられたのである（〔引用20〕）

ということでしめくくる。これによって、(a)「いささか邪道の誹りを受けるかもしれない」（〔引用23〕）に大きな「風穴」があけられたことになる。

こうなると、後は一気呵成に前に進めばよい。つぎに(b)「それがうまく説明できれば、文書様式の体系と系譜

「さながら鎌倉幕府論、室町幕府論である」

の意味がより一層明確になるわけであり、必ずしも排除すべきものでもないように思う」（〔引用23〕）と飛躍する。そして、最後には、いまみた(c)「さながら鎌倉幕府論、室町幕府論である」（〔引用24〕）のように政治体制論＝発給者別分類礼賛で終わる。この論法は、富田氏が得意とするところで、他にも私が指摘した「三段飛びの飛躍」[3]である。しかし、政治体制論＝発給者別分類などは古文書学にとっては直接関係のないものであり、さらにいうならば「いささか邪道の誹りを受けるかもしれない」ではなく、はっきりって「邪道」である。実に巧妙に仕組まれた論法である。もうすこしいおう。いま引用した文章だけでも、佐藤氏の「武家様文書」は「さながら鎌倉幕府論、室町幕府論である」という。まさに「政治体制論礼賛」そのものである。

古文書学と歴史学・史料論との完全な混同

それはともかくとして、私ははじめに、政治体制論だ国家論などというのはまちがいだ、あるいは誤解だといった。しかしこれは、いまみた周到な論理を考えるならば、たんなるまちがいや誤解ではなく、計算されつくした論法であったことがよくわかったと思う。しかし、それを含めた上で、最終的に「（幕府論や国家論の）変遷を生き生きと展望することができたのである」（〔引用24〕）などというのは古文書学と歴史学・史料論との完全な混同だといわざるをえないのではなかろうか。

第四節　いくつもある古文書体系論も古文書学の課題ではない

古文書学としての古文書の分類は様式分類

以上で、さきにあげた〔論点Ⅰ・Ⅱ・Ⅲ〕はほぼ解決した。富田氏もいうように、古文書学としての古文書の分類は様式分類であって、政治体制論だ国家論だなどというのは「邪道」そのものである（〔引用23〕）。それを佐藤氏の『古文書学入門』が「さながら鎌倉幕府論、室町幕府論である」などというのは、完全なまちがいだということだけ確認しておく。最後に残るのは〔論点Ⅳ〕である。富田氏は、〔論点Ⅰ〕〔論点Ⅱ〕〔論点Ⅲ〕と積みあげて、

> 筆者に言わしめれば、古文書分類には、その目的があり、目的に応じた分類法があるのであり、様式を主体にした分類をしなければいけないということはないのである。分類した結果が、何を語るか、なにが面白いか、何がわかるか、それが勝負というものである。さきに見たように、佐藤氏の分類は、王朝国家論や幕府論を直接やっているわけではないが、それが展望できるようになっている、まことに興味深い分類を提示

しているのである（〔引用21〕）。

佐藤氏が『古文書学入門』において論じているのは古文書学

という。しかし、これも古文書学の問題としては完全な筋ちがいの議論である。もう一度いうが、佐藤氏が『古文書学入門』において論じているのは古文書学であって、歴史学やいわゆる史料論ではない。古文書学における古文書の分類といえば、「個」としての文書の「かたち」による分類、すなわち様式分類以外にはありえない。それを、いまみたように、

筆者に言わしめれば、古文書分類には、その目的があり、目的に応じた分類法があるのであり、様式を主体にした分類をしなければいけないということはないのである。

とくる。そして、

佐藤氏の分類は、王朝国家論や幕府論を直接やっているわけではないが、それが展望できるようになっている、まことに興味深い分類を提示しているのである。

古文書学といわゆる史料論との典型的な混同

という。古文書学といわゆる史料論との混同の典型的な例といえよう。

たしかに、古文書の分類には、それぞれ目的があって、その目的におうじたいくつもの分類が可能であろう。しかし、それは「古文書学と歴史学との関係の場の問題」すなわちいわゆる史料論の問題であって、それを古文書学にもとめようとするならば、それは「著しい本末顛倒」（〔引用11〕）なのである。古文書学としての古文書分類といえば「個」としての文書の「かたち」の分類、すなわち様式分類一つである。これは、氏自身が、「文書様式の体系と変遷を考えることが古文書学に課された重要な命題であり」「（それを）当該時期の政治体制の構造や変遷に安易に結び付けようとすることには、いささか邪道の誹りを受けるかもしれない」（〔引用23〕）といっていることではっきりしている。そして、また本章第二節「古文書学には古文書学固有の課題がある」の最後で確認したところでもある。佐藤氏が、『古文書学入門』において、歴史学や史料論の問題を論じたというのであるならば話は別だが、佐藤氏は『古文書学入門』において古文書学の問題として古文書の様式分類を論じているのである。佐藤氏が、その著書に『古文書学入門』と銘をうちながら、実は歴史学や史料論の問題を論じたなどというのは、まったくの誤解である。そして、富田氏のいうとおりであるならば、佐藤氏がとんでもないピント外れのことをしたことになり、佐藤氏に対しても、たいへん失礼であることすらわかっていないのである。

文書体系論は古文書学とは無縁

それ故、その目的におうじたいくつもの分類が可能であるという新たな提唱の文書体系論なるものは、歴史学

やいわゆる史料論の課題であるとしても、古文書学とはまったく無縁のものである。それを混同してもらってはこまる。そして、いくつもある「文書体系論」を主題とした前記富田論文は、いわゆる史料論に関する論文ではあろうが、古文書学とは別個のものだといわざるをえないと思う。

第五節　意識的・意図的な発給者別分類なのか

第一項　公式様文書・公家様文書・武家様文書は様式分類

以上で、第一節「政治体制論・国家論を意図した発給者別分類なのか」で指摘した［論点Ⅰ］［論点Ⅱ］［論点Ⅲ］［論点Ⅳ］はすべて解決した。しかし、そのうちの、

> ［論点Ⅱ］佐藤氏は『古文書学入門』において、相田氏のように様式分類を優先させる方法をとらず、「意識的」「意図的」に発給者別分類を採用したのは、誰がみても明らかである。

は、重要な論点なのでもうすこし詳しく検討しておく必要があろう。

「意識的」「意図的」に発給者別分類を採用した

佐藤進一氏が『古文書学入門』において、様式分類を優先させる方法をとらず、「意識的」「意図的」に発給者別分類を採用したのかどうなのかなどということを議論すること自身、古文書学としてはまったくの見当はずれのことである。しかし、今回富田論文で『古文書学入門』の重要な論点として提起されたからには、それなりに処理をしておこうと思う。

『古文書学入門』は様式分類を意図したもの

ここで、まず第一に確認しなければならないのは、(a)『古文書学入門』の第三章の表題が「古文書の様式」であり、(b)その冒頭で「これより古文書の様式の説明に入るわけであるが」といっていることである。さらに、もう一ついうならば、(c)『古文書学入門』全巻をつうじて、「様式」なる言葉は多数みられるとしても、「発給者」「発給者別分類」などという言葉、またはそれを想像させるような言葉などは一語もみられない。これだけで、『古文書学入門』は様式分類を意図したものであって、意識的・意図的に発給者別分類を採用したものではないことがはっきりするが、もうすこし具体的にみてみよう。

佐藤氏は、三〇〇頁におよぶこの『古文書学入門』の約二五〇頁を第三章「古文書の様式」に宛てている。い

公式様文書・公家様文書・武家様文書は様式分類

佐藤氏に対しても失礼なこと

「公家文書」「武家文書」として講義している

うまでもなく、「古文書の様式」がこの著書の主題であることは誰がみても明らかである。しかも、その冒頭で「これより古文書の様式の説明に入るわけであるが」（〔引用7〕）とする。この第三章では、まちがいなく「古文書の様式」を説明しようとしているのである。さらに、それにつづけて、さきの〔引用7〕をはじめとして、約二頁にわたって様式に関する氏の見解が細かく述べられている。そして、当然のことながら『古文書学入門』全巻をつうじて、「発給者別」や「政治体制」などの言葉はまったくみられない。佐藤氏の本書執筆の「意識・意図」は、様式論の叙述そのものにあったのであって、発給者別分類などは頭のどこにもなかったことはまちがいない。

もう一つ大きな問題がある。佐藤氏の著書は第三章「古文書の様式」であり、その第一節が「公式様文書」、第二節「公家様文書」、第三節「武家様文書」である。「公式様文書」「公家様文書」「武家様文書」といえば、当然様式分類である。もし、はじめから「意識的・意図的に発給者別の分類を採用した」のであるならば、「公家様文書」「武家様文書」ではなく「公家文書」「武家文書」となるはずである。佐藤氏が、これくらいの区別ができなかったということになり、佐藤氏に対しても本当に失礼なことだということすらわかっていないのである。

すこし具体的な話になるが、後ほど詳しく述べるように、この『古文書学入門』の分類は、実際は様式分類ではなく、発給者別の分類であると最初にいったのは、三〇年も前の前記拙稿「古文書の様式について」である。これによって、多くの大学の古文書学の授業では、『古文書学入門』を使いつつ――この『古文書学入門』以外に、古文書学のテキストとして使用する適当なものがほとんどないから――、「公家様文書」「武家様文書」ではなく「公家文書」「武家文書」として講義している何人かの方をしっている。それだけではなく、私がしらない方でも、同じように「公家文書」「武家文書」として講義している人たちがいるのではなかろうか。すこし細かく検討すれば、「公家様文書」と「公家文書」、「武家様文書」と「武家文書」の区別くらいは誰にでもわかることである。すなわち、「公式様文書」「公家様文書」「武家様文書」となっているのは、「意識的・意図的に様式別の分類を採用した」ことの何よりの証拠といわなければならない。それが、富田氏にいわせるならば、佐藤氏は「様式分類をとらず、意識的・意図的に発給者別の分類を採用した」ということになる。まちがいなく『古文書学入門』では、「意識的・意図的」に様式分類を目ざしたものである。

それだけではない。

「公家様文書」は一つの様式であるなどとはどこにも言っていない

筆者が思うに、佐藤氏にしてみれば、「王朝国家」発給文書を「公家様文書」として、何種類かの様式の文書を意識的に括っているのであって、「公家様文書」は一つの様式であるなどとはどこにも言っていないのである。それを佐藤氏の「公家様文書」は同一様式ではないと批判してみても、的はずれというものである（[引用22]）。

などと平然といってのける。いうまでもなく、これもとんでもないロジックである。第三節「政治体制論や国家論は古文書学の課題ではない」で、富田氏の、

体系と系譜をさらに当該時期の政治体制の構造や変遷に安易に結び付けようとすることには、いささか邪道の誹りを受けるかもしれない（[引用23]）。

が、いつの間にか政治体制論礼賛になってしまうことをみたが、とにかく変幻自在である。この論法なら何でもいえる。佐藤氏は「公家様文書」は一つの様式であるなどとはどこにもいっていないから、佐藤氏の「公家様文書」は同一様式ではないと批判してみても的はずれなのだそうである。もし、これが通用するのであれば、現在の古文書学界はいったい何だといいたい。これについては、わざわざ論評するほどのことはなかろう。これが、富田論法であって、それが堂々と通用するのが現在の古文書学界なのだということだけをいっておく。

現在の古文書学界

第二項　実際は発給者別分類

実際は発給者別分類

佐藤氏の『古文書学入門』の公式様文書・公家様文書・武家様文書の分類は、いまみたように意識的にはたしかに様式分類を意図したものであることはまちがいはない。しかし、実際の分類内容は、発給者別の分類である。その第二節「公家様文書」では、「まえがき」にあたる最初の部分で、まず平安時代の政治体制の変遷を述べたあと、

この節では、叙上の平安朝政治の展開とともに発生・発達した新様式文書を、爾後の公家政治運営上の中心となったという意味で公家様文書とよび、比較的重要なもの数種について説明することにしたい（[引用18]）。

という。そして、

一宣旨　二官宣旨　三庁宣・大府宣　四綸旨・御教書

公家発給の発給者別の分類

拙稿「古文書の様式について」

発給者別分類だということをはじめて
公式に認めた

をとりあげて具体的に説明がおこなわれている。これは、いうまでもなく様式分類ではなく公家発給の発給者別の分類である。第三節「武家様文書」も同様である。

この佐藤氏の『古文書学入門』の分類は、実際は様式分類ではなく、発給者別の分類だということをはじめて指摘したのが前記拙稿「古文書の様式について」である。この論稿で、私は佐藤氏の公式様文書・公家様文書・武家様文書というのは、

> これはまさに律令国家＝公式様文書、王朝国家＝公家様文書、武家政権＝武家様文書というこれまでのわが国の国家形態に関する通説的な理解に相応じた文書様式の分類といえる（同書四二頁）。

とした上で、

> 古文書の様式とは、書式・形態を共通にするものと考えるならば、公家様文書・武家様文書というのは発給者別の分類ではあるが、様式分類ではないといわざるをえない（同書四二頁）。

といい、はっきり、

> 文書様式としてはA公式様文書、B下文様文書、C書札様文書とするのがもっとも適当である（同書四二頁）。

とした。これは、おそらく余りにも大きな問題だということで、その後表面だってはまったく議論にはならなかった。それを今回やっと、富田氏がはじめて様式分類ではなく発給者別分類だということを公式に認めたものである。

もうすこしいうならば、富田氏がこれを認めたのはごく最近の前記『中世公家政治文書論』の序説「古代中世文書様式の体系・系譜に関する先行研究」の執筆にあたって、はじめて気づいたことなのである。そのわずか一年ほど前までは、「相田二郎・佐藤進一の研究が様式論に特化していく」（〔引用8〕）などといっていたが——この点については次項「相田二郎・佐藤進一両氏は「様式論に特化」」で詳しく述べる——、前記論稿の執筆にさいして、細かく検討してみると、いま述べたように『古文書学入門』の実際の分類は、様式分類ではなく、発給者別の分類であることがわかった。そこで、急遽佐藤氏は「意識的・意図的に発給者別をとった」といいだすことになったというのが実情ではなかろうか。ただ、佐藤氏は『古文書学入門』発表の四・五年あとには、公家様文書・武家様文書が様式分類ではなく、発給者別分類であることに気づいていたかのように考えられるが、この

点については、さきに、第二章第二節「「新様式の開発」について」で述べた。

第三項　相田二郎・佐藤進一両氏は「様式論に特化」

以上のことについて、もうすこし具体的にみてみよう。富田氏は、さきに第一部第三章第二節第二項(4)「「様式論中心」から「様式論に特化」」でみたように、この『中世公家政治文書論』刊行のわずか一年余り前に発表した前記「古文書の料紙研究の歴史と成果」において、

> 黒板の古文書学研究の系譜を引く、相田二郎・佐藤進一の研究が様式論に特化していく（〔引用8〕）。

といっている。「特化」という言葉に惹かれて、鮮明に私の記憶に残っているものである。

もちろん、氏も早く拙稿「古文書の様式について」を読んでおり、公家様文書・武家様文書が「様式分類」といえないくらいのことはわかっていたと思う。しかし、いまいった氏の料紙に関するこの論文は、非常に激しい口調の文章がならんだものである[4]。それだけに、本音がでたのだろうと思うが、ともあれ氏自身、佐藤氏は相田氏とともに様式論に「特化」するといっていたのである。それが、この『中世公家政治文書論』では、佐藤氏は、佐藤氏は相田氏とともに様式論に「特化」する

> 相田氏の分類法のこのような欠点（間違いではない）を克服するために、発給主体の文書体系とその変遷を考慮に入れた分類を目指したもの（〔引用19〕）。

ということになる。わずか一年であるがみごとな変身ぶりである。ただ、私にはこれが学問なのかという疑問がどうしてもぬぐうことができない[5]。

以上、いくつか具体的な事実を指摘してきたが、佐藤氏が『古文書学入門』において論じたのは「古文書の様式」であって、発給者別分類や文書体系論などはまったくその「意識」にはなく、古文書学界全体としてもそれが当然のこととしてうけとっていたことはまちがいのない事実である。それが、実は発給者別の分類であって、様式分類ではないと指摘したのは前記拙稿「古文書の様式について」である。それにもかかわらず、富田氏自身、ごく最近まで佐藤氏の分類が「様式分類」だとしていたことは、さきに引用した「相田二郎・佐藤進一の研究が様式論に特化していく」という言葉で証明される。それが、『中世公家政治文書論』を刊行するについて、従来の先行研究を詳しく整理しなおしてみると、私の指摘によって公家様文書・武家様文書はどうしても様式分類とはいえず、発給者別の分類であることがやっとわかった。

「誰が見ても明らかな」事実とちがった論理

しかし、佐藤氏の後継者を自称する氏としては、従来の黒板・相田・佐藤の三氏という「様式論」の系譜を論ずるにあたって、「考えてみれば、上島氏の指摘どおり、佐藤氏の公家様文書・武家様文書は様式分類ではなく、発給者別の分類であった」などとはいえなかったようである。そこで、私の指摘を逆用して、急遽一年前までの「様式論に特化」にかえて、「文書体系論」なる言葉をもちだしてきて、「佐藤氏が『古文書学入門』において意図的に発給者別の分類を採用していることは誰が見ても明らかである」（〔引用21〕）と、それこそ「誰が見ても明らかな」まったく事実とちがう驚くべき論理を主張しだしたのである。もし、そうでないというのならば、改めてわかりやすく正々堂々と佐藤氏は『古文書学入門』において、様式分類ではなく、「意識的・意図的」に発給者別の分類を採用しているということを証明してもらいたい。

以上、本節の最初に掲げた「論点Ⅱ」の佐藤氏は『古文書学入門』において、「意識的」「意図的」に発給者別分類を採用したのは誰がみても明らかであるというレトリックの綻びは解決したと思う。佐藤氏の『古文書学入門』の古文書の分類は、様式分類を意図したものであるが、実際の内容はさきにみたように、「律令国家＝公式様文書、王朝国家＝公家様文書、武家政権＝武家様文書というこれまでのわが国の国家形態に関する通説的な理解に相応じた」発給者別分類であった。これは、はやく拙稿「古文書の様式について」で明らかにしたことであるが、最近富田氏が「佐藤氏は、意識的・意図的に発給者別分類を採用した」といったことによって、大きくクローズアップされた。しかし、佐藤氏の意図はそれとはまったくちがって様式分類そのものであったことが確認できたと思う。

文字だけにこり固まってしまったいわゆる中世史料論の典型

すこし長くなったが、富田氏のいわゆる史料論について検討してきた。内容についてはまだまだ述べたい点が残っているが、もっとも重要な点については、いちおうのことは触れたかとも思う。それにしても、この文字だけにこり固まってしまった氏の政治体制論・国家論がいわゆる中世史料論の典型なのだろうか。文書といえば書式＝文字だけが検討の対象であり、内容として政治体制論や国家論が論じられること自体、「古文書の文字だけを素材とした中世史料論」であるかもしれないが、「古文書学に立脚した中世史料論」とはいいがたいのではなかろうか。いずれにしても、そこで論じられているのは、文書の記載内容＝文字だけである。一見整然としているが本当に窮屈で息がつまりそうである。同じく史料論とはいえ、前記村井章介「中世史料論」とはまったくちがう。村井氏の場合には、動態として文書が論じられている。論文全体が躍動感にみちていて、変化があって新鮮な気持で読むことができる。史料論とはいえ、もはや文字だけにこり固まっている段階ではないのではなかろうか。

註

（1）本来、相田氏は様式分類に徹して、政治史・社会史などの究明を古文書学に求めるのは完全な誤であるという立場である。それが、氏の公式様文書・平安時代以来の公文書・書札様文書という様式分類である。そして、佐藤氏は『古文書学入門』において、政治体制論や国家論を展望するために意識的・意図的に発給者別分類をとったという富田氏の立場からは、まさに「間違い」として批判されるべきものである。しかし、富田氏はそれを「欠点」として、わざわざ「（間違いではない）」と付言して、問題の本質を曖昧にしている。この辺が、富田論文の巧妙なテクニックであって、いちいち指摘するのは煩瑣だということもあって、富田論文を正面切って批判することを非常に困難にしている所以である。しかし、富田論文の現在の学界における影響力を考えた場合、その実態を明らかにしておいた方がよいと思うので、すこし細微なことにわたる可能性はあるが、ある程度具体的に触れることがあることをご了解いただきたい。

（2）富田氏は、「体系と系譜をさらに当該時期の政治体制の構造や変遷に安易に結び付けようとすること」というが、いうまでもなくこれは発給者別分類のことである。

（3）このような「三段飛びの飛躍」ともいうべき論法は、富田氏の得意とするところである。一例をあげると、前記拙著『中世日本の紙』の本論第一章第三節第三項1「報告書Ⅱとその「はしがき」——飛躍のない確実な論証を——」で具体的に述べているのでご覧いただきたい。

本稿の本文では、きわめて穏やかにものをいったが、はっきりいうならば、このようなロジックは完全な「ごまかし」である。もし、氏もまず「古文書学において」（［引用23］）というように、古文書学の問題として議論するのであるならば、「文書様式の体系と変遷を考えることがこの学に課された」（［引用23］）唯一の「命題」である。たんにいくつもあるうちの一つの「重要な命題」ではない。したがって、「体系と系譜をさらに当該時期の政治体制の構造や変遷に安易に結び付けようとすること」（［引用23］）は、古文書学の問題としては、完全な「邪道」である。これはいわゆる史料論の問題ではあっても、古文書学の問題ではない。このような論理から出発して、最後は［引用24］にみるように、何と「政治体制論万々歳」となる。現在では同調者が多いので、これがいかにも通用するかのごとくである。そして、他にもみられるこのような巧妙な「三段飛びの飛躍」は、現在の古文書学界・史料論の世界では、あるいは通用するかもしれないが、長い歴史の批判にたえるものではないといっておく。

（4）これに関しては、前記拙著『中世日本の紙』のとくにその『後編』で詳しく論じているのでご覧いただきたい。

（5）ここで一つ注目すべき事実を紹介しておこう。富田氏は、前記富田論文において、

上島氏の批判は、黒板氏の公式様・公家様・武家様という「様式論」の系譜を引く（と上島氏が想定した）佐藤氏の古文書分類を否定するものだったのである（同書三一頁）。

という。「黒板氏の「様式論」の系譜を引くと上島氏が想定した佐藤氏の古文書分類」だそうである。わずか一・二年前までは、「黒板の古文書学研究の系譜を引く、相田二郎・佐藤進一」といい、その研究が「様式論に特化する」といっていたはずである。さすが、「佐藤氏が『古文書学入門』において意図的に発給者別の分類を採用していることは誰が見ても明らかである」（〔引用21〕）といい、また「筆者が思うに、佐藤氏にしてみれば、………「公家様文書」は一つの様式であるなどとはどこにも言っていないのである」（〔引用22〕）などということをいう論者だといわなければならない。

第四章　最近の中世史料論の林屋・上島論文批判
――佐藤論文抜きの批判――

さきにみたように、富田正弘氏はその『中世公家政治文書論』の序説「古代中世文書様式の体系・系譜論に関する先行研究」(富田論文)において、佐藤進一氏は、同『古文書学入門』で政治体制論・国家論を意図して意識的に発給者別分類を採用したという。これが、完全な誤り――というよりは、氏独特の論法――であることはすでに述べたが、それとの関連でどうしても触れておかなければならないものとして、富田氏の林屋辰三郎氏と私に対する批判がある。これは、前記富田論文の第四節「黒板勝美・相田二郎・佐藤進一の文書体系論に対する諸批判」に一「林屋辰三郎の相田二郎所論批判」、二「上島有の佐藤進一所論批判」として発表されたものである。以下、すこし詳しく検討することにする。

第一節　林屋論文と佐藤論文

第一項　林屋辰三郎「御教書の発生」

いまいった富田批判の最初の対象となったのが林屋辰三郎「御教書の発生――日本の古文書と経済的基礎構造の関係――」[1]――以下、これを林屋論文とよぶこととする――である。まず、この論稿についてすこし紹介をしておこう。林屋氏は、この論文の執筆の趣旨を、

[引用25]　この小稿の目的は先ず従来の古文書分類法の批判より出発して、古文書も亦歴史的社会の産物であるという極めて平易にして、しかも看却せられている事実を確認し、歴史上に於ける政治社会機構の変遷、更には経済的基礎構造の変革が、いかに古文書に反映するかを窺うと共に、逆に古文書の発達史を通じて、これらの機構乃至構造の発展を考えんとするものである(同書三五二頁)。

古文書もまた歴史的社会の産物である

という。古文書もまた歴史的社会の産物であるというきわめてわかりやすい事実を前提にして、「従来の古文書分類法」を批判するというのである。

その批判の具体的内容というのは、

［引用26］　まことに従来の日本古文書学の理論は、単に古文書の形式的分類にとどまり、文書相互間の歴史的関係が考慮せられなかった。その最大の原因は、いわゆる古文書学者がその学の独立を強調し、理論の必要に迫られて、その構成の根本問題として徒らに形式主義的な分類法や様式論を強調した結果であると思われる。いうまでもなく古文書の真偽鑑定は歴史学のみならず、訴訟裁判の場合などにも必要であるから、古文書学が歴史学より遊離し独立したとしても非難するに当らないが、われわれ歴史学を専攻するものとしては、古文書学の独立と権威を主張するさきに、古文書が歴史的社会の産物であることを確認し、真実なる古文書によって各時代の歴史的事実を証明すると共に、各時代の社会的変革が如何に古文書を変化せしめるかという逆の場合をも考慮して、古文書をして歴史学の真の意味の「史料」たらしむる如く研究を進めたいと思う（同書三五四・三五五頁）。

ということである。そして、

［引用27］　古文書にせよ古記録にせよ、それを専攻するものがその学の自立独歩を念ずることは自然の情であるが、却ってそのために歴史学の「史料」たることより脱落することの、一層大きな損失なるを思うのである（同書三五五・三五六頁）。

ともいう。従来の古文書学は、その学問的独立を強調する余り、文書相互間の歴史的関係を考慮すること、すなわち古文書が歴史的社会の産物であることを忘れて、いたずらに形式主義的な分類法や様式論を強調したにすぎないというのである。

戦後民主主義のたいへんな高揚期

「唯物史観」の全盛期

この論文は、昭和二十五年（一九五〇）に発表された。昭和二十五年というと、ちょうど私が旧制大学の学部を卒業した年であって、いわゆる戦後民主主義のたいへんな高揚期であった。歴史学界でも、東京の歴史学研究会、京都の日本史研究会を中心に、いわゆる「下部構造派」＝下部構造は上部構造を決定するという論理、林屋氏の表現をかりるならば「経済的基礎構造の変革がいかに古文書に反映するか」（［引用25］）という理論、もうすこしいうならば後ほどみるように、佐藤氏のいう「唯物史観」の全盛期であって、古文書学などは歴史学の補助学というよりは、その付属品の一部にすぎなかった。それは、林屋氏の「古文書学が、その独立を主張することによって、歴史学の「史料」たることより脱落することの、一層大きな損失なるを思うのである」（[引用27]）という言葉でもうかがえると思う。その頃としては、きわめて当然のことであるが、徹底して歴史学の立場からの発言である。

空疎な文書の形式分類だけが並んでいる退屈な書物

その前年の昭和二十四年（一九四九）には、相田二郎『日本の古文書　上』が刊行された。すこし後のことになるが、まだ古文書学などには、まったく素養もまた関心もなかった私には、大部なものだが、空疎な文書の形式分類だけが並んでいる退屈な書物だとしか理解できなかった。というよりは、このような書物が「古文書は歴史的社会の産物である」とする歴史学の研究に何の役にたつのかと反発すら感じたものであった。そして、これは私だけではなく、私のしるかぎり、その頃の歴史学界全体共通の空気だったといってよいと思う。

当時の中世史学界の雰囲気

この学界大方の雰囲気を直接文章にしたのが、林屋氏のこの「御教書の発生」であった。林屋氏は、早速翌昭和二十五年（一九五〇）、『立命館創立五十周年論文集』にこの論文を発表したのであった[2]。いうまでもなく、当時のほとんどの中世史学界の空気を代表するものであったから、いっきょに中世史研究の「聖典」視され、中世史研究には必読のものとなった。ここで、批判の対象となったのは、相田氏の『日本の古文書　上』であった。林屋氏は、この論文で、

[引用28]　更に故相田二郎氏に至っては、その形式的分類を一々の場合について極度に推進めたもので、そのはかり知れぬ努力にもかかわらず、日本の古文書の理解にどれほど役立ったか疑問なきを得ない（同書三五三頁）。

といっている。以上、当時の中世史学界の雰囲気を伝えるために、すこし細かい点まで述べたかと思うが、これがその頃の実態であった。それだけではなく、古文書学などというものは、歴史学の補助学としての存在しか認められず、[引用27]の言葉がそのまま通用していたのが当時の状態だといってよかろう。

第二項　佐藤進一「歴史認識の方法についての覚え書」

佐藤進一「歴史認識の方法についての覚え書」

この林屋論文、そして当時の中世史学界の雰囲気を黙視することができず、筆をとったのが佐藤進一氏であった。氏は、昭和三十三年（一九五八）になって、雑誌「思想」四〇四号に前記「歴史認識の方法についての覚え

林屋氏の「御教書の発生」が直接の批判の対象

書」を執筆して、その考え方を述べている。これは、当時の歴史学界の歴史認識の方法には、唯物史観と観念論の二つがあったということからはじまる非常に奥の深いものである。ここには、これ以外の大きな論点もあるがそれを別にして、本書の問題に即していうならば、さきの林屋氏の前記「御教書の発生」の批判を直接の論点とするものである。これに関する氏の主張は、さきに［引用11］として掲げたが、重要なのでもう一度同じものを引用すると、

> 先年林屋辰三郎氏が「御教書の発生」と題する論文において、古文書における新しい様式の発生発達を論ずる場合、その背景となる政治史、社会史との関連に目を向けることの重要性を強調されて、平安時代に入って御教書という新様式が発生する過程とその背景としての摂関政治との関連を論ぜられたことがある。氏の主張が、さきにも述べたように、日本の古文書学が事実上歴史家の仕事の一部として行なわれており、その場合歴史家は専らそれぞれの歴史学の研究に有効な方法をそれから借りようとしているのだという現実に立脚していることは私にも分るし、その限りで氏のいわれることは納得できるのであるが、もし氏がこの論文で明らかにされたような古文書の様式とその史的背景との関連の究明を古文書学そのものに求めるとしたら、それは全く誤りとはいえないにしても、著しい本末顛倒であろう。このような問題は、古文書学固有の分野の問題ではなく、古文書学と歴史学との関係の場の問題である。古文書学にとっては、古文書の個々の様式の個別性とそれのもつ効力の特殊性を明らかにすることが、より本質的な問題であろう。この点の研究を深めることなしには、古文書学の発達もあり得ないし、史学における実証的方法の精緻化も期待できないであろう。

で、ほぼつきると思う。

この文章は、非常に抑えた表現になっているが、私なりに要約するならば、

古文書の様式とその史的背景との関連の究明

Ⅰ　古文書の様式とその史的背景との関連の究明は、古文書学と歴史学との関係の場の問題であって、これを古文書学そのものに求めるのはまったくの誤である。

古文書学固有の研究分野

Ⅱ　古文書学固有の研究分野は、古文書の個々の様式の個別性とそれのもつ効力の特殊性を明らかにすることにある。(3)

ということになろう。ここで、史的背景というのは政治史・社会史などとの関連ということであって、Ⅰ政治

史・社会史などの歴史的背景の究明を古文書学に求めるのは完全な誤であって、Ⅱ古文書学には、古文書の個々の様式の個別性とそれのもつ効力の特殊性を明らかにするという固有の研究分野があるということであった。これは、徹底して古文書学の立場からの発言であって、六〇年も前のものだが、現在でもほぼそのまま通用するものである。まだ、古文書学の「こ」の字もしらなかった、そして佐藤氏のいう「日本の古文書学が事実上歴史家の仕事の一部として行なわれており、その場合歴史家は専らそれぞれの歴史学の研究に有効な方法をそれから借りようとしているのだという現実」(〔引用11〕)だけしかしらなかった三〇歳過ぎの若造には、何となく——はっきりいうと、「何となく」でなく「非常に」——違和感をおぼえたものであった。そして、その当時は、林屋氏は佐藤氏に対してだまっているが、ただ論争をさけただけであって、実際は林屋氏の方が正しい主張なのだと考えていたものであった。しかし、この佐藤氏の提言は重要である。そして、この佐藤氏の「歴史認識の方法についての覚え書」は、やがて中世史研究者にとって必読のものとなったのである。

第二節　富田論文の林屋論文批判——基本問題抜きの批判——

以上、終戦間もない頃の学界の雰囲気も含めて、林屋論文と佐藤論文を紹介してきたが、これにはそれなりの理由があるのである。というのは、さきにもいったが、富田氏は前記富田論文において、わざわざ「林屋辰三郎の相田二郎所論批判」という一項を設けて、林屋氏のこの「御教書の発生」の相田氏批判を「批判」する。しかし、この項をお読みになって、富田氏が林屋氏の相田氏に対する何を「批判」しようとしているのかわかる人はほとんどいないと思う。はっきりいって、意図不明の文章である。

というのは、林屋氏の相田氏批判の最終的な論点は、

更に故相田二郎氏に至っては、その形式的分類を一々の場合について極度に推進めたもので、そのはかり知れぬ努力にもかかわらず、日本の古文書の理解にどれほど役立ったか疑問なきを得ない(〔引用28〕)。

ということであった。すなわち、相田氏の『日本の古文書』の分類は形式的で、いわゆる「歴史的背景」をまったく考慮しておらず、わが国の古文書学にいかほど役にたつかわからないというきびしいものである。これは、富田論文において相田氏の著書を最終的に、

完全に相対立する評価

古文書研究の歴史において画期的なことであり、高く評価されるべきものである（同書一五頁）。

という相田氏に対する「高い評価」と完全に相対立する評価であって、この点こそまず「槍玉」にあげて、十分な批判を展開すべきであろう。たしかに、富田氏は、

林屋氏は、これまでの古文書分類（相田氏の古文書体系を念頭にしている）をみると、古文書様式が並列的に並べてあるだけで、様式の変遷やその歴史的背景などが説明されていないと古文書学に咬みついたわけである（同書二一頁）。

といっている。要するに、林屋氏は相田氏に「咬みついた」というだけで、林屋氏が相田氏の「何に対して」「何故に」咬みついたのか、それがどうして富田氏の「批判」の対象となるのかなどのもっとも重要なことに関する論及はまったくみられない。代わって、その後の富田論文では、四頁以上におよぶ長い「林屋批判」で、林屋氏の政所政治論や院庁政治論など平安時代の政治過程の理解など、個別具体的な批判に終始するにすぎない。

そして、氏のこの項の最後のまとめでは、

林屋氏の論ずる御教書の発生と封建制の成立との関係という結論は、文書様式と経済体制との機械的な対応関係を指摘したまでのことであって、院宣・綸旨・御教書が摂関時代や院政時代において、政治文書としてどのような働きをなしたかという機能論的な考察を行っていないうえ、誤った政治論である政所政治論や院庁政治論を前提とした議論であるため、今から見ればはなはだ説得力に欠けているのである（同書二五・二六頁）。

という。これを要約するならば、林屋氏は、

Ⅰ　文書様式と経済体制との機械的な対応関係を指摘しただけである。

Ⅱ　しかし、院宣・綸旨・御教書などが、政治文書としてどのような働きをなしたかという考察を行っていない。

Ⅲ　しかも、その政治論は、政所政治論や院庁政治論を前提とした誤った議論である。

林屋論文の最大の主張

ということになる。林屋論文の最大の主張は、古文書も歴史的産物であって、古文書学にも古文書の歴史的背景の究明が必須のものである。それにもかかわらず、相田氏の著書にはそれが完全に欠けているということを強調したことである。林屋論文をとりあげるなら、そして、林屋論文に賛成ならば、この点こそもっとも大きな成果

もっとも重要な基本問題を抜きにした批判

として高く評価されるべきものである。そしてまた、反対ならば、この点が最大の批判点となるべきである。しかし、これに関しては、Ⅰにみるように実にそっけない「指摘」にとどまる。代わって、ⅡⅢの個別・具体的な、基本問題に対しては「枝葉末節」ともいうべき細かい問題をとりあげて批判する。はっきりいって、Ⅰというもっとも重要な基本問題を抜きにした批判にすぎない。不思議といえば不思議であるが、実はきわめて周到な配慮がおこなわれているのである。

　というのは、すでにおわかりだろうと思うが、富田論文全体の最大の論点は、佐藤氏の『古文書学入門』は、政治体制論や国家論をみとおすために意識的・意図的に発給者別分類をとったということを主張することにある。すなわち、

> 以上、佐藤氏の大分類「武家様文書」を概観したが、これはさながら鎌倉幕府論、室町幕府論である。……鎌倉幕府と室町幕府の文書体系を展望し、その変遷を生き生きと展望することができたのである（「引用24」）。

林屋論文も富田論文も基本的主張はまったく同じ

にみられるように、政治体制論礼賛そのものである。これは、林屋氏の政治史・社会史などの史的背景の究明を古文書学に求めるという主張と完全に一致する。林屋論文も富田論文も基本的主張はまったく同じなのである。それにもかかわらず、何故か林屋論文を批判の対象にえらんだから、この基本的な論点不明の、たんなる批判のための批判にならざるをえなかったのである。すなわち、林屋氏も富田氏もその主張の基本路線は同じである。同じ土俵の上での批判であるから、相田氏の古文書学をとりあげてその根本問題など論ずる必要はない。というよりは、できるはずがない。そして、意識的に本筋のいちばん重要な問題をはずして、六〇年以上も前の林屋氏の政所政治論や院庁政治論などといった細かい問題を、現在の研究水準で批判してみたところで、ほとんど積極的な意味があるとは思われない。そこで、富田論文の林屋批判は、たんに「林屋批判をしただけ」というきわめて迫力に欠けたものにならざるをえなかったのである。

きわめて迫力に欠けたもの

　ここにきて、よく考えてみれば何とも不思議なことがある。林屋氏は、

> 古文書が歴史的社会の産物であることを確認し、真実なる古文書によって各時代の歴史的事実を証明すると共に、各時代の社会的変革が如何に古文書を変化せしめるかという逆の場合をも考慮して、古文書をして歴史学の真の意味の「史料」たらしむる如く研究を進めたいと思う（「引用26」）。

基本的な考え方は完全に一致

として、古文書学の研究にも政治的・社会的な歴史的背景の究明が重要であるということを強調する。この林屋論文を、佐藤氏の「武家様文書」は「さながら鎌倉幕府論、室町幕府論である」（〔引用24〕）として「政治体制論万々歳」の富田氏が批判する。どうもよくわからない。林屋氏にしても富田氏にしても、政治的・社会的観点が古文書学の研究に必須のものであるという基本的な考え方は完全に一致する。それにもかかわらず、富田氏が論旨不明の林屋批判をしなければならなかったのは、前記の佐藤進一氏の「歴史認識の方法についての覚え書」があるからである。これについては、次節で述べることにする。

第三節　佐藤論文の意識的無視――富田論文は完全に破綻――

佐藤論文の完全無視

いま述べたように、富田論文の第四節一「林屋辰三郎の相田二郎所論批判」は、林屋氏の「御教書の発生」を批判したものである。そして、これもすでに紹介したように佐藤進一氏の「歴史認識の方法についての覚え書」も林屋氏の「御教書の発生」の批判を目的としたものである。両方とも、同一の林屋氏の「御教書の発生」の批判を目的としたものである。しかし、奇妙なことに、最近執筆された富田論文には、この佐藤論文に関しては一言も触れられていない。氏が古文書学に関する最大の「恩師」とも仰ぐ佐藤氏の古文書学に関するもっとも重要な論文の完全無視である。

重大な意味をもつ佐藤論文

これは、一体どういうことなのだろうか。もちろん、富田氏の論文は、氏の林屋氏批判であって、わざわざ佐藤氏の論文には触れる必要はないといえばそれまでのことではあるが、これほど重要でまた有名な論文である。もうすこしいうならば、佐藤氏はこの論文で林屋氏を完全に「論破」し、林屋氏は表面的には――私は、この段階に林屋氏の近くにいたので、それとは別の実態はよくしっているが――沈黙せざるをえなかったのである。そして、学界では二度とこれが問題となることはなかった。これほど重大な意味をもつ佐藤論文である。それにもかかわらず、富田論文では、この佐藤論文にはまったく触れず、完全に無視しているのは、不思議というよりは、本当に異常である。それだけではない。この佐藤論文は、中世史の研究者、ことに古文書学に関心のある者にとっては必読のもので、佐藤氏自身その代表作として前記『日本中世史論集』にも収められた論文である。富田氏がしらなかったなどとは絶対にいえた義理ではないのである。完全に意識的な佐藤論文の回避・無視といわざるをえない。

富田氏の慎重な計算

これには、富田氏の慎重な計算があってのことだといわなければならないだろう。すでに、多くの方はお気づきだと思うが、もし富田氏がこの佐藤論文に触れようものなら、それこそ富田論文全体が完全に「破綻」せざるをえなくなるというたいへんなことになるのである。この富田論文は、佐藤論文とまったく正反対のことをいっているのである。まず富田氏は、⑴林屋論文では院宣・綸旨・御教書などが、政治文書としてどのような働きをしたかという考察をおこなっていないと批判する。これは、いうまでもなく古文書の様式とその史的背景との関連の究明は、古文書学と歴史学との関係の場の問題であって、古文書学固有の問題ではないという前節第二項「佐藤進一「歴史認識の方法についての覚え書」」で述べた佐藤氏のⅠの主張と完全に抵触する。

佐藤氏の主張と完全に抵触

それだけではない。⑵富田論文の最終的な論点は、さきに［論点Ⅰ］［論点Ⅱ］［論点Ⅲ］［論点Ⅳ］としてまとめたが、佐藤氏の『古文書学入門』は中世の政治体制論・国家論をみとおすために、意識的・意図的に発給者別分類をとったということにある。そして、

> 佐藤氏は、発給主体別に文書をグループ分けすることを優先させた。そのことによって、佐藤氏の文書体系論は、黒板氏の「武家様」文書論の室町時代への展開を可能にし、ひいては王朝国家論・鎌倉幕府論・室町幕府論を見通せる射程に立ったということができる。……わたしたちは、佐藤氏のような文書体系論から、ある程度の政治体制論を展望できる可能性があるのだということを教えられたのである（［引用20］）。

佐藤論文の主張と真正面から衝突

と手放しの佐藤礼賛をおこなう。しかしこれは、古文書学には固有の研究分野があり、古文書学に政治史・社会史などの史的背景の究明を求めることはまちがいであるという前記佐藤論文のⅠⅡの主張と真正面から衝突するものであることはいうまでもない。富田論文と佐藤論文は、完全に相対立するもので、共通点などまったくない。あるとすれば、林屋批判という一点だけである。

こうなると、もし富田氏がその主張をとおそうとするのであるならば、まず第一に堂々とこの佐藤論文に反論した上で、佐藤氏は「相田氏の分類法の欠点を克服するために」、『古文書学入門』において意識的に発給者別分類をとったというべきであろう。これが、本来学問としてあるべき姿である。しかし、富田氏にこのようなことができるはずはない。そうでなく、第二として、富田氏が佐藤論文にしたがうのならば、佐藤論文と富田論文は完全に相反するものだから、いさぎよく富田論文全文を撤回しなければならない。これも、まったく不可能なこ

佐藤論文の完全無視

みごとな情報操作

とである。しかし、どうしても自説を主張しなければならない。そこで、第三に窮余の一策として考えだしたのが、佐藤論文はなかったものとして、完全に無視・隠蔽して、佐藤氏は『古文書学入門』において意識的に発給者別分類をとったと主張せざるをえなかったのである。何とも荒っぽい大胆な手法である。それこそ、「誰が見ても明らかであるのに」（〔引用21〕）、それを平然とやってのける。みごとな情報操作というべきであろう。いうまでもなく、富田論文は最初から完全に破綻しているのである。全面的に撤回するのが当然であろう。

現在の中世古文書学界の救いがたい体質

ここで、どうしてもいっておかなければならないのは、私がこの事実を明らかにしなくても、以上のことを気づいている研究者はそれなりにいるはずである。それにもかかわらず、何の躊躇もなく、堂々としてこのような論文が発表でき、またそれが有効に機能するところに、現在の中世古文書学界・中世史料論の世界の救いがたい体質があるということだけははっきりいっておかなければならない。

第四節　富田論文の上島論文批判

富田氏の上島論文批判

最後に、触れておいた方がよいと思われるものに、富田氏の拙稿批判がある。富田氏は、前記富田論文の最後の第四節「黒板勝美・相田二郎・佐藤進一の文書体系論に対する諸批判」で、さきの林屋批判についで、二「上島有の佐藤進一所論批判」として、私の前記「古文書の様式について」を批判する。六頁におよぶこの富田批判の内容は、最終的には、

> （上島は、佐藤氏の「公家様文書」「武家様文書」には、それぞれ下文様文書と書札様文書とが混在しているという。）したがって、「公家様文書」、「武家様文書」という分類は一つの様式ではないから、（佐藤氏の分類は）様式の分類ではないというのである。佐藤氏が『古文書学入門』において意図的に発給者別の分類を採用していることは誰が見ても明らかであるのに、上島氏はまずこのように佐藤氏の分類法が様式分類になっているかどうかというように土俵を設定するのである。筆者に言わしめれば、古文書分類には、その目的があり、目的に応じた分類法があるのであり、様式を主体にした分類をしなければいけないということはないのである。分類した結果が、何を語るか、なにが面白いか、何がわかるか、それが勝負というものである。さきに見たように、佐藤氏の分類は、王朝国家論や幕府論を直接やっているわけではないが、それが展望できるよ

発給者別の分類を採用していることは誰が見ても明らかである

佐藤論文の重み

「唯物史観と観念論の対立」

うになっている、まことに興味深い分類を提示しているのである（〔引用21〕）。

につきる。これを要するに、富田氏は、佐藤氏が『古文書学入門』で「意図的に（「公家様文書」「武家様文書」という）発給者別の分類を採用していることは誰が見ても明らかである」のに、私は拙稿「古文書の様式について」で、「「公家様文書」「武家様文書」という分類は一つの様式ではないから、（佐藤氏の『古文書学入門』の分類は）様式の分類ではない」と批判するということである。これ以外は、それこそ三〇年も前のものを、この期におよんで細かい点をとりあげるという、林屋論文批判と同じくたんなる批判のための批判の文章にすぎず、はなはだ内容の薄いものである。

まず、上記の点については、すでに詳しく述べたところで、改めてとりあげる必要はない。佐藤氏の分類は、結果的に発給者別分類であることはまちがいないが――これは拙稿ではじめて指摘したことである――、佐藤氏は『古文書学入門』において意図的に発給者別の分類をとったのではない。これに関して、一言だけいうならば、佐藤氏は、「相田氏の分類法のこのような欠点（間違いではない）を克服するために、発給主体の文書体系とその変遷を考慮に入れた分類を目指したもの」（〔引用19〕）ではない。もしそうであるなら、さきに佐藤氏が前記「歴史認識の方法についての覚え書」で、

古文書の様式とその史的背景との関連の究明を古文書学そのものに求めるとしたら、それは全く誤りとはいえないにしても、著しい本末顛倒であろう（〔引用11〕）。

といったことと完全に相反する。

この佐藤論文の重みを、当時の中世史学界の状況に即して実感としてしっている人はもはやほとんどいなくなったが、そしてこれは、たんに林屋氏が「だまってしまった」というだけではなく、中世史学界としては最大の論点であったのである。現在の、私と富田氏とのやりとりのように、中世史学界でも古文書学や史料論に関心のあるごく一部の人だけが興味をしめすにしかすぎないというようなスケールの小さいものではない。佐藤論文の最初にいうように、はっきりいって「唯物史観と観念論の対立」として受けとめられていたのである。そして私自身、その後も長い間、この佐藤氏の考え方には同調できなかった。しかし、その後、百合文書の整理を担当して、古文書に直接触れるようになって、やっとその重要性を理解できるようになったのである。このように重大な意義をもつ佐藤論文にもかかわらず、富田氏によれば、佐藤氏はその一〇年余り後の『古文書学入門』で、意

意識的にまったく正反対のこと

識的にまったく正反対のことを平然とやってのけているということになる。佐藤氏を完全な「二重人格者」に仕立てていることになるのだが、それでよいのだろうか。答えは、実にはっきりしていると思う。これについては、これ以上論ずる必要はなかろう。

目的に応じた分類法がある

　富田論文については、以上で十分であるが、もうすこし細かい点について触れておくと、富田氏は、

　　筆者に言わしめれば、……様式を主体にした分類をしなければいけないということはないのである（〔引用21〕）。

という。たしかに古文書の分類は、氏もいうように「目的に応じた分類法がある」ことはまちがいがない。しかし、その「目的に応じた分類法」というのは「古文書学と歴史学との関係の場の問題」、すなわちいわゆる史料論の問題であるとしても、古文書学固有の問題ではない。この点はどうしても確認しておかなければならない。古文書学固有の分類といえば、その書式・形状を統一した様式分類が唯一のものであって、これ以外にはありえない。「古文書分類には、その目的があり、目的に応じた分類法があるのであり」などというのは、それこそ歴史学やいわゆる史料論の発想であるとしても、古文書学固有の課題とはまったく無縁であるといわなければならない。

拙稿を批判したという形をととのえただけのもの

　さらに、富田氏は、

　　佐藤氏の分類は、王朝国家論や幕府論を直接やっているわけではないが、それが展望できるようになっている、まことに興味深い分類を提示しているのである（〔引用21〕）。

という。これなどは、すでに何度も触れてきたところで、もはや論評する必要などはあるまい。これも、「古文書学と歴史学との関係の場の問題」すなわちいわゆる史料論の発想であるかもしれないが、古文書学固有の問題とは何の関係もない。したがって、何頁にもわたる富田批判は、たんにいわゆる史料論の立場から、拙稿を批判したという形をととのえただけのものにすぎないことは明らかであろう。

私の「国家段階論」を批判

　そして、富田批判では、後半二頁ほどをとって私の「国家段階論」を批判する。これは、拙稿の本文が終わったあと、「むすびにかえて――文書様式の変遷と国家形態――」として、私の公式様文書・下文様文書・書札様文書の各文書様式は、律令国家・前期権門国家・後期権門国家という国家形態と対応するものであるとしたことに対する批判である。三節にわたる拙稿の本文では、もっぱら古文書学の問題として文書の様式についてのみ述

古文書学固有の分野の問題ではない

古文書学固有の研究目的がある

べて、国家形態云々などについてはまったく触れなかった。純粋に古文書学の問題として論じたのである。しかし、三〇年も前の私には、政治社会機構の変遷、また経済的基礎構造の変革が、古文書の存在形態を規制するという考え方がまだまだ根強く支配していた。そこで、拙稿は純粋に古文書学の問題であるにもかかわらず、無理矢理に前期権門国家・後期権門国家などという熟さない言葉を使って、国家形態の変遷と古文書の様式の関係を、本文とはいちおう別の「むすびにかえて」で論じたものであった。このように国家形態云々の問題は、古文書学固有の分野の問題ではなく、まさに「古文書学と歴史学との関係の場の問題」であるのだが、当時はまだそこまで考えがおよばず、「むすびにかえて」として述べたものである。それを、こともあろうに、この期におよんでむしかえしたのが富田氏である。もう一度いおう。このような問題は、歴史学あるいは史料論の場の問題であるとしても、古文書学固有の分野の問題ではない。いまから考えると、拙稿でも触れる必要のなかった問題なのである。富田氏は、徹底したいわゆる史料論者であることがわかる。

このようにみてくると、六〇年前の、

古文書学には古文書学固有の研究目的があって、古文書の様式とその史的背景との関連の究明を古文書学そのものに求めるとしたら、それは全く誤りとはいえないにしても、著しい本末顛倒であろう（「引用11」）。

という佐藤氏の指摘は非常に重いものである。そして、佐藤氏がいうように、

日本の古文書学が事実上歴史家の仕事の一部として行なわれており、その場合歴史家は専らそれぞれの歴史学の研究に有効な方法をそれから借りようとしているのだという現実（「引用11」）。

は、六〇年前と現在もまったくかわっていない。しかし、いつまでもこの現実に妥協するのではなく、一歩でも二歩でも前に進むことがどうしても必要であろう。

古文書学には、古文書の本質を究明するという古文書学固有の研究目的があるのである。政治体制論や国家論などという歴史的背景への論及は、古文書学固有の研究分野の問題ではない。富田氏は、あるいは「古文書学と歴史学との関係の場の問題」、すなわちいわゆる史料論の問題として論じているというかもしれない。しかし、これについても、すでにいったことであるが、

この点（古文書学の本質の問題）の研究を深めることなしには、古文書学の発達もあり得ないし、史学における実証的方法の精緻化も期待できないであろう（「引用11」）。

という佐藤氏の指摘のあることも確認しておかなければならない。これによって、古文書学と史料論の関係も明確になったものと思う。はっきりいおう。古文書学固有の研究目的の深化なしに史料論の存在意義もないと佐藤氏はいっているのである。史料論だの、「古文書分類には、その目的があり、目的に応じた分類法がある」などという富田氏自身、十分に玩味してもらいたい言葉である。それとともに、この第四節「富田論文の上島論文批判」では、私が意識的に佐藤氏の言葉をかりていいたいことをいった意味もしっかりとかみしめてもらいたい。古文書学だけではなく、歴史学の真の意味の発展のためにも、古文書学の本質的な問題の深化は必要なのである。いたずらに小手先の小細工を弄し、たんなる言葉の上の技巧だけで、古文書学や史料論を論ずるのはやめて、堂々と古文書学の本質を究明しようではないか。

註

（1） これは、林屋辰三郎『古代国家の解体』（東京大学出版会　一九五五年）に収められている。初出については、後ほどすこし詳しく述べる。

（2） 富田氏は、前記富田論文において、

林屋辰三郎氏は、相田二郎氏の『日本の古文書』下巻完成の翌昭和三十年（一九五五）に従来の古文書学の古文書分類法を批判する「御教書の発生——日本の古文書と経済的基礎構造の関係——」（『古代国家の解体』所収一九五五年）という論文を発表した（同書二一二頁）。

という。『古代国家の解体』の刊行に関するかぎりは誤ではないが、「御教書の発生」の初出稿の発表は昭和二十五年（一九五〇）で、いまいったような非常に昂揚した雰囲気のなかで執筆されたものであることだけはどうしても確認しておかなければならない。

（3） この佐藤氏の古文書学の研究に関するⅠⅡの考え方については基本的に賛成である。ことに、Ⅰはそのまま現在にも通用する原則で、しっかり確認すべきものである。Ⅱも五〇年前の提言としては画期的なもので、傾聴すべきものである。ただ、その研究目的を「古文書の個々の様式の個別性とそれのもつ効力の特殊性」に限定することは、現段階ではかならずしも十分ではないと考える。というのは、これは文書を文字資料とみた場合であって、大きく「もの」としてとらえた場合には、「もの」としての文書の本質を究明するのが古文書学であるとするのが適当であろう。

第五章　本書全体のまとめ

たいへんな違和感を感じるだろう

以上、序章と二部九章にわたって、新しい中世古文書学、アーカイブズ学としての中世古文書学について述べてきた。おそらくこれは、従来の「定説的古文書学」に慣れきっているほとんどの研究者には、たいへんな違和感を感じるのがふつうであろう。さらに、一顧の価値もない、まったく常識はずれの「独善的な自信満々の思いこみ」として反発を受けるのが関の山であろう。私も、それは十分に覚悟の上である。

「もの」としてその本質を究明

それはいうまでもなく、新しい中世古文書学と従来の古文書学とでは根本的なちがいがみられるからである。ここで、何よりもはっきりしているのは、文書は歴史叙述の史料として作成されたのではなく、「もの」としてある意思を伝達するために作成されたものであることである。したがって、歴史叙述の史料としてではなく、「もの」としてその本質を究明するというのが、文書の研究としてもっとも自然な姿だと考えるのである。これは実に明白なことだが、それを最後までぶれることなく貫徹させるか、歴史叙述の史料として利用されているという現実に適当に妥協するかのちがいだけである。まず、この点を確認しておいて、基本的なものとしてつぎの三点について述べることにする。

文書を「もの」として研究の対象とする

［論点Ⅰ］　新しい中世古文書学では、文書を「もの」として、すなわちアーカイブズとしてとりあげる。しかし、従来の古文書学では、表面にでるか、まったく表面にでないかは別として、文書を文字資料、すなわち歴史叙述の史料として研究の対象としてきた。これが、基本的な最大の相違点である。

文書の特殊的性格を確認

［論点Ⅱ］　新しい中世古文書学では、文書を「もの」と確認した上で、その特殊的性格という観点を重視し、これを欠いた場合には文書ではないと考える。これは、人類の他の文化的創造物はもちろん、同じくアーカイブズとしての記録・帳簿・編纂物や、寺院史料としての経典類・聖教類・記録類などともちがったものである。しかし、この文書の特殊的性格ということについては、従来の古文書学だけではなく、現在アーカイブズ・文書などを論ずる方たちもまったく無関心である。

文書の作成目的＝本質的効力は、その伝達の終了とともに消滅

〔論点Ⅲ〕　これと関連して、新しい中世古文書学では、文書の作成目的＝本質的効力は、その伝達の終了とともに消滅し、その後は付随的効力・応用的効力によって集積・保存されると考える。しかし、従来の古文書学では、その「永続的効力」に文書の本質的効力を認め、それが基本的なものとする。

新しい中世古文書学と従来の古文書学の相違点は、この三点にかぎられるものではなく、まだまだ論じなければならないことが数多くあるが、この三点さえ確認できれば、あとはこれにしたがって解決する問題だと考える。たしかに、これまで私は、従来の古文書学の常識とはまったくちがったことを多岐にわたって述べてきた。そこで、本書を終えるにさいして、この三点を中心にいちおう全体のまとめをしておこうと思う。ただ、これまで各章で述べてきたことは、正確にはそれぞれの該当の個所をご覧いただくとして、以下はおおまかな本書全体のまとめであることをご了解いただきたい。

第一節　文書は「もの」として作成される

文書は「もの」として作成される

文書・古文書そして古文書学については、すでに何度も触れてきたが、最後に改めて確認しておこうと思う。当然のことだが、文書・古文書はたんなる文字資料、もうすこしいうならば歴史叙述の史料として作成されたものではない。あくまでも、「もの」として「ある意思を伝達するため」に作成されているのである。これが、従来の中世古文書学や史料論と新しい中世古文書学との最大の相違点である。

いうまでもなく、文書とはアーカイブズの一つで、「差出人から受取人にある意思の伝達を目的として「かたち」をととのえて作成された書面」である。すなわち、「もの」として作成されているのである。これは、歴史学の立場であろうとも、古文書学の立場であろうとも、また史料論の立場であろうとも、まったく異論のない定義であると考える。

文書の特殊的性格

この文書は、その作成目的たる「伝達」という機能が終了した段階で、すなわちその本質的効力が消滅した段階で、もはやたんなる「一紙片」にすぎなくなる。その作成目的は完了しているのである。しかし、それに新しい働き（効力）をみいだされたのが古文書で、これは文書の特殊的性格によるものである。これについては次節で改めてすこし詳しく述べるが、この文書の特殊的性格ということは、従来の古文書学にまったく欠けていた観

A作成からB伝達・C集積・D保存にいたる全過程を対象とするのが新しい古文書学

古文書学は、それ自身独自の研究目的をもった学問である

点だが、これを確認しないかぎり、文書の本質にせまることはできないと考える。すなわち、文書は一般の文化的創造物とちがって、そして同じく歴史叙述の史料といわれる記録や帳簿や編纂物などの他の文献ともちがって、その本質的効力が消滅しても廃棄されることなく、新しく付随的効力、さらに応用的効力がみいだされて古文書として利用されることになる。簡単にいえば、表1―1「文書の伝来とそのライフサイクル・情報等」、表1―2「アーカイブズとしての文書とその情報」の全体が文書であり、また古文書なのである。

文書を本格的に「もの」として、その本質を究明しようというのは新しい中世古文書学が最初であろう。従来は、文書・古文書といえばたんに静態の「個」としての文書、文字資料としての文書、もうすこしいうならば歴史叙述の史料としてしかみられなかったというのが実際であった。しかし、新しい中世古文書学は、文書・古文書を動態における「もの」としてとらえ、そのA作成からB伝達・C集積・D保存にいたる全過程を対象として、その本質を究明・整理して体系化することを目的とする学問なのである。この点は、いま述べた文書・古文書の定義とともに従来の古文書学の定義とはまったくちがっているが、これまでのようにたんに建前ではなく、どうしても実際に学問研究の上に反映させられなければならない。

もはや、文書とは歴史叙述の史料であって、それをいかに有効に史料として利用するかを考えるのが古文書学だなどという人はいないと思う。そして、現在古文書学は「史学の右腕だ」などという人はなくなったとはいえ、実態は一九世紀・二〇世紀とまったくかわっていないといわざるをえないのではなかろうか。すなわち、「史学の右腕」に代わって、新しくいわゆる史料論という名のもとに、歴史叙述のための史料の研究が大手をふっておこなわれているのが現実であろう[1]。しかし、はたしてそれが古文書学の本質に迫ることなのだろうか。

古文書学は、それ自身独自の研究目的をもった学問である。すなわち、古文書学を「史学の右腕」と称したり、また「歴史学の補助学とよぶ」のは明らかな「誤解」であることはまちがいがない。そして、文書の文字情報だけを対象として、それをいかに歴史叙述の史料として利用するかを考える現在のいわゆる中世史料論などとはまったく別の学問である。現在の考古学や民俗学がそうであるように、本来、古文書学は歴史学・歴史叙述とは関係なく、独自に動態の「もの」としての文書・古文書の本質を究明し、その成果を整理し体系化することを目的とする学問である。そして、これによって従来よりはより正確で、より多彩で豊富な情報を歴史学に提供することができると私は確信している。

建前と現実の一致

古文書学を「歴史学の補助学とよぶ」のは明らかに誤りである。この建前は早くから確認されているが、建前は建前としておいて、実際は歴史叙述のための古文書学・史料論がそのままおこなわれてきたのである。この建前と現実の研究を一致させようとするのが新しい中世古文書学なのである。そして、本書はまだまだ完成度のそれほど高いものではない。しかし、ともかくも「もの」としての古文書の本質の究明を目ざしたものであることはまちがいはない。

史料管理論の観点が不可欠

ここで、どうしても確認しておかなければならないのは、新しい中世古文書学には、史料認識論だけではなく、史料管理論の観点が不可欠だということである。従来の古文書学に「もの」としての観点が欠けていたのは、史料管理論の考えがまったくなかったからである。そもそも、文書の本質を究明しようというのに、「もの」としての文書の「かたち」「かたまり」「かさなり」を除外して、文字だけを研究の対象とすること自体、その出発から完全な「誤り」といってもまちがいではなかろう。新しい中世古文書学では、原形態の尊重・原秩序の尊重・原伝存の尊重の三つの整理原則を重要なものとしてあげているが、整理・保存・公開の観点を欠いて、文字だけを追っかけている古文書学は、完全な古文書学とはいえないと確信している。「動態の「もの」としての文書・古文書の本質を究明する」というのは、たんに史料認識論だけではなく、史料管理論を含めているということを強調しておかなければならない。

研究条件の一変

それとともに、もう一つどうしても確認しておかなければならないのは、二一世紀の現在は、一九世紀や二〇世紀と研究条件が完全にかわっているということである。私が、はじめて庄園研究を手がけた若い頃には、東寺百合文書の原本は、東寺の秘庫に眠っていて、一部の刊本か、京都大学文学部の国史研究室や東京大学史料編纂所の影写本でしかみることができなかった[2]。しかしいまや、ほぼ原本に近いデジタル画像がそれぞれの研究室や各人の書斎で利用できるのである[3]。さらに、必要とあらば、直接原本について確認もできるようになっている。そして、現在の古文書研究の世界全体の状態にははなはだ疎いのだが、他の文書などについても状況は大きくかわっているやに考えられる。また、半世紀ほど前には全然みることのなかった文書館・資料館が各地に設立されている。所蔵史料の多くは近世・近現代の資料ではあるが、結構中世文書の原本も閲覧が可能となっている。

かくして、古文書の研究に関する条件・環境もここ半世紀の間に一変したといえると思う。それにもかかわらず、中世史に関する研究者の意識は、一九世紀・二〇世紀とまったくかわることなく新しい史料論の名のもとに、

研究者自身本格的な意識改革が必要

旧態依然として文字だけを追っかけているというのが現状ではなかろうか。ぼつぼつ、研究者自身本格的な意識改革が必要だと考えるがいかがなものだろうか。

第二節　文書の特殊的性格——従来の古文書学で完全に見落とされていた観点——

文書をその特殊的性格において把握する

従来の古文書学の最大の問題点

前節で触れた文書を「もの」としてみるということ、すなわちアーカイブズとして文書をとらえるということは、文書をその特殊的性格において把握するということである。いうまでもなく、文書は一般の人類の文化的創造物とは決定的にちがっているのである。そして、たんに一般の人類の文化的創造物だけではなく、同じく歴史叙述の史料たる記録や帳簿や編纂物などの文献とも、完全にその性格を異にするのである。この文書の特殊的性格ということについては、従来の古文書学ではまったく意識されることも、議論されることもなかったが、この文書の特殊的性格に関する完全な無関心というか、まったくの欠如が従来の古文書学の最大の問題点であるといえよう。

文書の本質的効力

すなわち、文書は人類の一般の文化的創造物とちがって、きわめて特殊な存在なのである。人類の一般の文化的創造物といえば、いつも例にだす仏像の場合をみてみよう。仏像は崇拝の対象として作成される。これが、仏像の作成目的＝本質的効力である。仏像はその作成目的＝本質的効力たる崇拝の対象ということがなくなったら、たんなる木の固まり・金属の固まりにすぎなくなる。そして廃棄される。人類の一般の文化的創造物はすべて同じである。

文書の付随的効力

文書の応用的効力

しかし、文書はまったく別である。「差出人から受取人へある意思の伝達」というその作成目的＝本質的効力が終了しても廃棄されることなく——一部には廃棄されるものもあるが——、新たに公験その他という新しい働き（機能）がみいだされて集積という場に移される。これが文書の付随的効力である。この付随的効力も時代の推移にともなって消滅することになる。ここで、また廃棄される文書もでてくるが、その多くは改めて歴史叙述の史料などとしての新しい働き（機能）がみいだされて、保存という場に移される。これが、文書の応用的効力である。

このように、文書はたんに「ある意思の伝達」というその作成目的＝本質的効力だけではなく、付随的効力、

従来の古文書学に完全に欠落していた観点

さらに応用的効力と三度もその働き＝機能をかえて現在にいたる。これは、文書だけにみられる特性で、一般の文化的創造物、また同じく歴史叙述の史料たる記録・帳簿・編纂物などの文献ともまったくちがったものである。これが、文書の特殊的性格であって、従来の古文書学には完全に欠落していた基本的な観点である。そして、この点の確認なくして、古文書の本質を語ることはできないと私は考えている。

「文書概念の再検討」の議論も再検討が必要

最近は、「文書概念の再検討」ということで、従来の文書の規定にも、また記録・帳簿・編纂物などの規定にもあてはまらないといわれるものが具体的に提示されている。それについては、まずもう一度、提案自身を検討しなければならないが、旧来の規定にあてはまらないものもあることも事実である。しかし、それでもって何十万通ものれっきとした中世文書全体の概念規定をかえるということにはならないと思う。個々の場合について、具体的に処理すべき問題ではないのだろうか。それよりは、文書については、その特殊的性格をしっかり確認することが重要であろう。文書は、一般の文化的創造物はもちろん、同じく歴史叙述の史料たる記録や帳簿や編纂物とも完全に性格を異にするものである。さきに第二章第一節「「文書概念の再検討」について」で詳しく述べたが、現在史料論の主流となっている「文書概念の再検討」の議論も再検討が必要だと私は考えている。

第三節　文書の本質的効力とは

文書の本質的効力をどのように考えるか

以上のように、文書はその特殊的性格を確認しないかぎり、その本質に迫ることはできない。これについて、その理解の「鍵」となるのは、文書の本質的効力をどのように考えるかということである。

文書の本質的効力、すなわち文書の作成目的とは、「差出人から受取人へのある意思の伝達」である。そのため、「「かたち」をととのえて」作成されているのである。これ以外には文書の作成目的＝本質的効力はありえない。しかし、相田二郎氏は『日本の古文書』の前編「古文書の伝来」で、文書の「本質上の働きに依る古文書の伝来」を、

A一旦要件を伝へれば、即ち第一人者と第二人者との間にその授受が済めば、それで差支ないといふもの（当座的効力の文書）

B授受の済んだ後も、必ず之を永く保存する必要を認めて作る。寧ろこの点に重きを置いて作るもの（永

続的効力の文書）の二つにわけて、最後に、

　以上説いた古文書の伝はる素因は、文書を作つたその目的を達する働きの上から生じたものである。即ち文書の本来の性質、文書の本質上の働きから後日に伝はること、なつたのである（〔引用5〕）。

という。すなわち、A「当座的効力の文書」――本書ではこれを「一時的効力の文書」といっている――は「授受が済めばそれで差支ない」ということでまったく問題にはされない。代わって、B「永続的効力の文書」に文書の「本質上の働き」を認めているのである。

　しかし、文書はその作成目的＝「本質上の働き」から「後日に伝はること、なつた」のではない。たとい、「永く保存する必要を認めて作る」文書があったとしても、[4]それはもはや「「かたち」をととのえた」文書ではなく、かつての「文書の一紙片」にしかすぎない。文書の「本質上の働き」は、あくまでも「ある意思の伝達」であって、それが終了した段階で、その文書の作成目的＝本質的効力は完全に消滅する。したがって、「永く保存する必要を認めて作る文書」があったとしても、それは「本質上の働き」ではなく、その文書に付随した働きにすぎない。この点だけはしかと確認しておかなければならない。

文書はその特殊的性格によって今日に伝わった

　ともあれ、文書はその「本質上の働き」＝本質的効力によって伝来したものではない。その特殊的性格によって今日に伝わったのである。もし、その本質的効力のみを問題にするのであるならば、すべての文書は木簡と同様、完全に廃棄・消滅してしまったであろう。本質的効力が消滅した木簡は、その素材が木片ということで、現在その存在が再確認されたが、文書はほとんどが紙ということから完全に消滅してしまったであろう。文書は、「ある意思の伝達」というその本質的効力とはちがった「後日の照合」という付随的効力によって、それが集積・保存されて現在におよんだのである。これが文書の特殊的性格である。そして、それを認めるか、まったく無関心かどうかが、新しい中世古文書学と「定説的古文書学」との決定的なちがいである。それとともに、この付随的効力を文書の「本質上の働き」としてきたのは、従来の古文書学の完全な誤り――失礼だが「誤り」といわせてもらう――といわなければならない。

従来の古文書学の完全な誤り

　いまいった「永く保存する必要を認めて作る文書」＝永続的効力の文書については、相田氏は、a案文による伝来の文書として(イ)文書布達の必要による場合など、b正文による伝来の文書として(ヘ)京都左京七条一坊十五町

一時的効力の文書と永続的効力の文書

永続的効力は本質的効力ではない

内の屋地の売券などをあげる。[5] また、佐藤氏は、第一に長期間法的な拘束力をもつ公文書、第二に土地財産に関する文書をあげる。そして、私自身ごく最近まで、文書を大きくⅰ一時的（時限的）効力の文書、ⅱ永続的効力の文書の二つにわけて、それなりの説明をしてきた。[6] しかし、誰がみても、文書の作成目的は「ある意思の伝達」であって、「「かたち」をととのえて作成された」のが文書である。そして、表1―1「文書の伝来とそのライフサイクル・情報等」をみるかぎり、また文書の特殊的性格を考えるかぎり、従来の古文書学でⅱ永続的効力というのは、本質的効力ではありえない。「ある意思の伝達」というその文書の作成目的＝本質的効力の終了後、「後日の照合」のために集積された文書である。機能としてはその文書に付随した働き＝付随的効力とするのが適当であろう。

従来の古文書学の最大の欠陥・問題点

相田・佐藤両氏のいう永続的効力の文書に、本質的効力をみいだすのは、文書を文字資料すなわち歴史叙述の史料とする従来の古文書学の最大の欠陥・問題点といわなければならない。すなわち、文書を歴史叙述の史料とみてこそ、いわゆる永続的効力の文書に本質的効力をみいだす意味があるのである。しかし、文書を「もの」とみた場合には、「ある意思の伝達」で、その本質的効力は消滅することは実にはっきりしている。したがって、これが従来の古文書学の大きな問題点の一つであるが、それだけではなく、次節以下でみるように、現在の古文書学を大きく規制しているという点で、根本的に再検討する必要があろう。

第四節　その他の重要な論点

以上、新しい中世古文書学としてのもっとも重要な論点として、Ⅰ文書は文字資料としてすなわち歴史叙述の史料としてではなく、「もの」としてすなわちアーカイブズとして研究の対象とすべきこと、Ⅱ文書はその特殊的性格の確認が不可欠であること、それとともにⅢ文書の作成目的＝本質的効力は「ある意思の伝達」であって、それの終了後本質的効力は消滅、代わって付随的効力・応用的効力によって現在に伝えられるという三つをあげて、これが従来の古文書学・史料論と根本的にちがう点であるということを確認した。そして、これが新しい中世古文書学としては本格的に取りくむべき課題なのである。それにともなって、さらに具体的に論ずべき問題がいくつか指摘できる。以下、詳細については各該当の章節にまかせるとして、簡単に項目整理程度のことを述べるとつぎのようになろうか。

第一項　伝来論の位置づけ

伝来論の位置づけ

まず、第一に伝来論の位置づけがある。従来の古文書学は「様式論中心」であった。「様式論一辺倒」といってもよかろう。そして、伝来論といえば、様式論とは何の有機的関係もなく、単独でいわば様式論の「お添え物」として、あるいはその「先払い」として論じられてきたにすぎない。しかも、その内容も「古文書の伝来の素因」、すなわちどのようにして文書が現在に伝えられたかという限られた視点からの伝来論にすぎず、文書の作成から現在にいたる伝来全体、すなわち「文書の一生」を論ずるという本来の古文書学の伝来論といえるかどうかも疑問である。

「文書の一生」を論ずるのが本来の伝来論

いっぽう、新しい中世古文書学にあっては、「個」としての文書の「かたち」を具体的に論ずるのが形態論であり、「群」としての文書の「かたまり」を論ずるのが関係論であり、「層」としての文書の「かさなり」を論ずるのが構造論である。そして、「個」としての文書、「群」としての文書、「層」としての文書の諸相を総括的に論ずる、すなわち動態の「もの」としての「文書の一生」を総体として論ずるのが伝来論である。いいかえれば、伝来論とは古文書の「個・群・層」の三相全体を総括して論ずることである。このように考えるならば、伝来論は古文書学のもっとも重要な研究分野であり、その「骨子」となり「骨格」となるべきものである。そして、伝来論そのものが文書史であり、古文書学そのものであり、それを裏でささえるのが機能論である。

第二項　佐藤進一氏の提案

機能論の研究を提案

「文書概念の再検討」を提起

第二に、新しい中世古文書学として検討すべき課題として、佐藤進一氏の提案がある。佐藤氏は同『古文書学入門』を終えるにさいして、その最後の「結び——古文書学の課題」でA機能論研究を提案した。それをうけて、つぎの『岩波講座　日本歴史』（一九七六年版）の「中世史料論」の第一節にあたる一「文書と記録の間」で、B「文書概念の再検討」を提起した。これらＡＢの二つは、実は、

> 機能を軸にして、各時代の文書体系と、その史的展開を明らかにすることが、古文書学の骨骼となるべきであろう（［引用9］）。

いわゆる史料論としての文書論

という氏のA機能論研究の提案がその基礎となっているのである。この提案は、現在の中世古文書学界・中世史料論の分野で重要な論点、というよりは中世古文書学界・中世史料論の分野では、これの継承・展開という観点からすべての議論がおこなわれており、その最重要課題として真剣に取りくまなければならないものである。ここで、最初にはっきり確認しておこう。この氏のAB二つの提案は、いずれも文字資料としての文書に関するもので、「もの」としての文書にはまったく触れられていない。本来の古文書学の観点からではなく、完全ないわゆる史料論としての文書論であるということである。この点だけは、どうしてもはっきりさせておかなければならない。

まず、Aについていうと、これは［引用9］につきるが、氏は「端的にいって、古文書学とは文書史である」とする。そして、「文書史の目的は文書の機能の歴史を明らかにすることにある」といって、その後にいま引用した「機能を軸にして、……」の文章がつづく。これによって、(a)文書史の研究と、それにもとづいて(b)機能論の研究を新たに提案した。これが、現在の史料論の分野で議論の対象となっているものである。たしかに、(a)文書史そして(b)機能論の研究は、古文書学にとって重要な研究課題である。ことに、機能論は、従来の様式論中心であった古文書学に代わる新しい提案として、今度は古文書学即機能論といわんばかりの議論がみられる。しかし、これらについては、新しい中世古文書学としては、いくつかの問題を呈さざるをえない。

文書史とは

(1)文書史とは

まず、氏のA(a)文書史についていうと、佐藤氏は「われわれが知りうる最古の文書から、今日、日々いや時々刻々作成され発行され続けている文書に至るまでのすべての文書が文書史であり」、これが「古文書学すなわち文書史における研究素材」であるという。たしかに、そのとおりである。新しい中世古文書学としても、「古文書学とは文書史である」ということについてはまったく同感である。そして、「時代の新古を問わず、あらゆる文書」が「文書史の研究素材」であることも一般論として十分に承認できる。

「文書の一生」が文書史

しかし、これはあくまでも一般論にすぎない。これがそのまま、中世古文書学の研究の具体的な対象となりうるわけではない。動態の「もの」としての文書を研究の対象とした場合には、そのA作成からB伝達・C集積・D保存にいたる全過程、すなわち「文書の一生」が取りあげられなければならない。これが文書史であり、また具体的に中世古文書学の研究の対象となるものである。まず、第一の基本的な相違点である。

(2)機能論について

機能論について

つぎに、A(b)機能論についていうと、佐藤氏は「文書史の目的」すなわち古文書学の研究目的は、「文書の機能の歴史を明らかにすること」であるとする。すなわち、氏はA(a)文書史の提案と関連して、「機能を軸にして、各時代の文書体系と、その史的展開を明らかにすることが、古文書学の骨骼となるべきであろう」と機能論の研究を提起した。これの延長線上にでてくるのが、広く現在の史料論にみられる文書史即機能論、さらに古文書学即機能論ともいわんばかりの議論である。

古文書学即機能論ともいわんばかりの議論

古文書学・文書史の研究目的

しかし、はたして古文書学すなわち文書史の研究目的は「文書の機能の歴史を明らかにすること」だけなのだろうか。はっきりいおう。古文書学・文書史の研究目的は、動態の「もの」としての文書・古文書のA作成からB伝達・C集積・D保存にいたる全過程を対象として、本質を究明しその成果を整理し体系化することである。

そのための研究分野としては、たんに機能論だけではなく、形態論（様式論）・関係論・構造論があり、その全体を包括するのが伝来論であり、伝来論と表裏一体となって伝来論をささえるのが機能論なのである。そして、これら各研究分野が調和と均衡を保って進められるのが古文書学のあるべき姿であろう。たしかに、「文書の機能の歴史を明らかにすること」はその一部として重要な役割をはたすものではあるが、あくまでもその一部である。その重要性は、形態論（様式論）その他とまったく同じである。

現用段階の文書だけに限定してよいのか

これに関連して、もう一つ問題になるのは、文書の機能を氏のように「特定者から特定者に対する意思伝達の手段」と現用段階の文書だけに限定してよいのかということがある。たしかに、「ある意思の伝達」は文書の機能の一つであり、しかもその作成目的、すなわちその本質的効力であることはまちがいがない。これは、つぎの(3)「「文書と記録の間」と「文書概念の再検討」」とも直接関連することだが、文書の機能といった場合には、「ある意思の伝達」だけにとどまるものではない。文書は、その本質的効力が終了した後も、公験その他として利用される。さらにまた、歴史叙述の史料などとしても利用される。それぞれ重要な働き＝機能をはたしながら現在におよぶのである。

それは、文書の作成目的、すなわち本質的効力にもとづくものではないが、まちがいなくそれぞれ文書の働き

本質的効力だけが文書の機能ではない

＝機能である。文書の付随的効力であり、応用的効力である。文書は、その段階その段階で、重要な働き＝機能しながら現在におよんでいるのである。これが、文書の特殊的性格であるが、文書の機能といえば、たんに「ある意思の伝達」だけに限定されるものではない。すなわち、その本質的効力だけが文書の機能ではなく、付随的効力・応用的効力も含めて、これら全体が文書の機能であり、そのすべてを論じてこそ完全な機能論なのである。

様式論に特化したり機能論だけが突出するのは古文書学として正常な姿とはいえない

　以上で明らかなように、文書史の目的すなわち古文書学の研究目的は、佐藤氏のいうように「文書の機能の歴史を明らかにすること」だけではない。いうまでもなく、それは動態の「もの」として文書・古文書の本質の究明ということである。繰りかえしになるが、その具体的な研究の基本となるのは、「個」としての文書の形態論であり、「群」としての文書の関係論であり、「層」としての文書の構造論である。そして、これらの各研究分野が調和と均衡を保ちながら、最終的にはそれを包括した伝来論に集約される形が古文書学としてあるべき姿ではないのだろうか。これを、いわばその裏でささえるのが機能論だと考える。かつてのように、古文書学が様式論に特化してみたり、また機能論だけが突出したりするのは古文書学として正常な姿とはいえないと思うのである。

「文書概念の再検討」の提案

(3)「文書と記録の間」と「文書概念の再検討」

　本書のまとめとして、どうしても確認しておかなければならない問題として、もう一つ佐藤進一氏の提案のB「「文書と記録の間」と「文書概念の再検討」」がある。佐藤氏はその『古文書学入門』の「結び――古文書学の課題」で、いまみたようにA(a)文書史の研究、そしてA(b)機能論の研究の二つを提案した。これは「様式論」を中心とした『古文書学入門』を執筆して、その反省というか、新しい構想としてだされたものと考えられる。そして、これを一歩進めたのがB「文書と記録の間」であり、具体的には「文書概念の再検討」の提案である。

　佐藤氏は、『古文書学入門』刊行五年後の昭和五十一年（一九七六）に『岩波講座　日本歴史』の「中世史料論」を担当、その第一節にあたる一「文書と記録の間」で、はじめて「文書概念の再検討」を提起した。その後、『週刊朝日百科「日本の歴史」別冊「歴史の読み方」5』（一九八九年）の「武家文書の成立と展開」に引きつがれ、最終的には『新版古文書学入門』（一九九七年）の［補注一］としてまとめられたものである。これは、さきに［引用16］として、長文だが全文を掲載したので、もう一度確認していただきたい。その後、佐藤氏には古文書学に対する新しい発言はないから、これが氏の古文書学に関する最終的な提案としてよいと思う。そして、佐

照合が機能である書面

従来のいわゆる文書とは明らかに別種のものである

藤氏の古文書学に対する注目すべき提言として、現在の史料論として広くおこなわれているものである。

これを、私なりにまとめるとつぎのようになろうか。黒板氏以来伝統の「甲から乙への意思の伝達の手段として作成されるものを文書という」とする文書に関する規定だけでは、狭すぎて落ちこぼれができる。「差出者と受取者の授受関係はないけれども、明らかに予想された相手に一定の働きかけをする書面が存在する」という。具体的にはⅠ管理のための照合が機能である書面、Ⅱ同定のための照合が機能である書面、すなわち照合が機能である書面がこれにあたるとする。そして、これらは「意思の伝達を機能とする、従来のいわゆる文書とは明らかに別種のものである」として、「文書概念の再検討」を提案した。これに関する詳しい検討は、すべて第二章第一節「「文書概念の再検討」について」にまかせることにするが、もっとも重要なこととして以下の点だけは確認しておこう。

「文書」と「書面」

結論だけをいうと、たとえば［引用12］をみると、佐藤氏の前提は、(A)「差出者と受取者の間に授受関係があり、受取者に対して働きかける文書」と、それ以外に(B)「差出者と受取者の授受関係はないけれども、明らかに予想された相手に一定の働きかけをする書面」とまったく別の二つの文書・書面があると考えているとしてよいと思う。それは、わざわざ「文書」と「書面」を区別していることでもはっきりする。そして、(B)は「意思の伝達を機能とする、従来のいわゆる文書とは明らかに別種のものである」とするのである。

文書といい書面というも同一の文書の存在形態のちがいだけ

しかし、これら(A)(B)の二つは、まったく別の「文書」と「書面」ではないのである。(A)伝達を目的として作成された文書は、伝達の終了とともにその作成目的＝本質的効力は消滅する。もはや「文書」ではなくなる。しかし、新たに(B)「明らかに予想された相手に一定の働きかけをする」という機能、すなわち照合という機能によって「古文書」として集積され、さらに保存されて現在におよぶのである。これは、氏のいう(A)伝達という機能といい、(B)照合という機能といい、別の文書・書面ではなく、同じ一通の文書の存在形態のちがいだけにすぎないのである。具体的には東寺百合文書の京都左京七条一坊十五町内の屋地に関する売券について、すでに二・三度述べた。

文書の特殊的性格が確認されなければならない

ここで、もう一度、文書に関する定義をみておこう。文書とは「アーカイブズの一つとして、差出人から受取人にある意思の伝達を目的として「かたち」をととのえて作成された書面」である。これとともに、文書といった場合には、その特殊的性格が確認されなければならない。現在、わが国の中世文書は何十万通ともいわれるが、

専門分化すべきもの

その九割以上のほとんどすべてがこの定義に合致すると考えられる。一部に、この定義から外れ、「狭すぎる」と考えられるものがあるとしても、それは個別に処理をすればよいことであって、「文書概念の再検討」まで必要はないと私は考えるのである。ただ、木簡は同じくアーカイブズではあるが、さきにもいったように全体として木簡学にまかせた方がよいと考えるし、詳細な正倉院文書の研究については、私は言及する力はないということだけは付言しておく。そして、従来の「定説的古文書学」のように、古代・中世をつうじて同一のものとして論ずるのではなく、明らかに対象がちがっているのだから、古代古文書学・中世古文書学等々と専門分化すべきものだと考える。

同一の文書・書面の存在の「場」のちがい

ともあれ、この「文書概念の再検討」は、佐藤氏の提言以後、中世史料論の基本的な潮流となっている。すべての研究が、その方向によって進められ、異論をだすこと自身はばかられるというのが現状である。しかし、文書を動態の「もの」として把握し、その特殊的性格に注目するならば、(A)伝達を機能とする文書といい、(B)照合を機能とする書面といい、同一の文書・書面の存在の「場」のちがいにすぎないのであって、氏の提案は根本的に再検討されるべきことがはっきりした。

しかし、それとは別に、動態の「もの」としての文書の特殊的性格に注目するならば、文書はその働き＝機能を本質的効力、付随的効力・応用的効力とかえて現在におよぶ。これは、照合という本質的効力がそのまま現在にまでおよんでいる記録・帳簿・編纂物など、また聖教類などの他の文献とは完全にその性格を異にするものであると考えるのである。

第五節　古文書学と史料論の同化

古文書学の史料論化が着実に進行

現在の中世古文書学の大きな問題は、古文書の本質を究明するという古文書学固有の研究は完全に姿をけして、古文書学のいわゆる史料論化が着実に進行しているということである。もうすこしいうならば、文書は「もの」として作成され、その本質を究明するのが古文書学であるということがすっかり忘れさられて、文字資料としての文書をいかに有効に歴史叙述に反映させるかがすべてであるといってよかろう。学界全体としては、まったく当然のこととして、ほとんど意識されていない。そして、現在の状態が古文書学また史料論の本来のあり方とし

現在の古文書学よりはもっと幅の広いおおらかな学問であった

歴史的背景の究明を古文書学に求めるのは完全な誤

堅実な個別研究がほとんどみられない

本格的な古文書学の体系化

て何の問題も感じられていないが、古文書学はもちろん史料論としても、そのあるべき姿からは大きく外れていると考えられるのである。

この中世古文書学のいわゆる史料論化という現象は、やはりここ四・五〇年ほどの間に、顕然化してきたことだと考える。もっとも、従来の古文書学全体として大きな問題は、「もの」としての文書という意識が欠けていたことであったが、相田氏はいうにおよばず、伊木壽一氏にしても、中村直勝氏にしても、現在よりはもっと幅の広いおおらかな学問であった。『日本の古文書』を中心にした相田二郎氏の研究は、大きく時代的な制約があったとはいえ、「もの」としての文書ということに関してはそれなりの配慮はおこなわれ、成果もみられた。これが順調に継承され、発展したならば、現在の古文書学界は、まったく別の姿になっていただろうと思う。

また、佐藤進一氏についていうと、その初期の同「歴史認識の方法についての覚え書」にみられたように、政治史・社会史などの歴史的背景の究明を古文書学に求めるのは完全な誤であるとする。どうしても確認しておかなければならないことである。そして、同『古文書学入門』では、はっきり「古文書学を歴史学の補助学とよぶ誤解」ともいう。しかし、『古文書学入門』が古文書学の研究書ではなく、学習書として執筆されたという制約があったこともあって、文字資料としての文書の叙述は精細であるが、「もの」としての文書という点についてはまったくといってもよいくらい触れられていない。これと、その後新たに史料論の提唱と相まって、初期の新鮮な「歴史認識」は漸次その影をひそめていったといえるのではなかろうか。

これと直接関連することであるが、古文書学に関する堅実な個別研究がほとんどみられない。本来の古文書学が大きく展開するためには、純粋に古文書学に関する堅実な個別研究の積みかさねが不可欠である。文書を歴史叙述の史料として論じた「文書論」や史料論はみられるとしても、佐藤氏が早く『古文書学入門』で指摘したように、「ほとんどまだ本格的な研究（個別研究）は現われていない」（〔引用6〕）という状態は、それ以降もまったくかわっていない。様式論（書式論）だけではなく、料紙論・封式論・署名（花押）論・筆跡論などの形態論の着実な基礎的研究は必須のものである。この土台の上に、さらに形態論をはじめ、関係論・構造論・伝来論・機能論などの堅実な研究の積みかさねなくして、本格的な古文書学の体系化などは望みうべくもない。この点については、古文書学を専門にする研究者ですらまったく無関心で、ただ文字資料としての文書を論じていたら、古文書学を論じたことになるというのが現状ではなかろうか。堅実で地道な個別研究の積みかさねなくして、本

現在の中世史料論

研究領域の拡大

研究内容の質的充実

日本史研究への橋渡し

格的な古文書学の体系化などは望みうべくもないのである。本格的な古文書学への道は、非常に険しいし遠い。

ここで、現在の中世史料論についてみると、前後三回にわたる『岩波講座　日本歴史（日本通史）』の史料論の役割が大きい。そもそも、最初の『岩波講座　日本歴史』（一九七六年版）の「刊行の辞」ともいうべき石井進氏の「「史料論」まえがき」では、史料論とは「日本史研究の方法」を論ずるため、Ⅰ学問領域の拡大と、Ⅱ個々の研究分野の質的充実をはかることが必要である。そして、Ⅲそれぞれの専門研究分野の高度な研究成果を日本史研究に反映させるよう「橋渡し」の役割をするのが史料論であるという規模壮大なものであったはずである。

もうすこしいうならば、本来史料論といえば、Ⅰ広汎な研究課題をもつ重要な学問分野である。さきにも触れたことだが、たんに古文書学だけではない。同じく文献として歴史叙述の素材（史料）となるものでも、記録・帳簿・編纂物、さらに特殊なものとして聖教などが考えられよう。さらに範囲を拡げるならば、さきにも述べた絵図史料論、絵画史料論その他の広汎な研究素材と研究領域がある。これらすべてが日本史研究としては必須の学問分野であるはずであり、史料論の対象となるものである。そして、これを古文書学にかぎるとしても、小さく文字資料だけにこり固まってしまうのではなく、大きく視野を拡げて動態としての「文書の一生」を研究の対象とするということを意味するものであろう。

そして、Ⅱこれら多数の個別の研究分野の質的充実・専門化・高度化をうながすことが必要であろう。各研究分野の内容の充実、質的高度化があってこそ、その研究成果が日本史研究に生かされることはいうまでもない。これを古文書学でいうならば、小さく様式論と機能論だけが古文書学研究の課題であるのではない。広く形態論をはじめとするすべての研究部門で、高度で専門的な研究がおこなわれることが要請されるのである。これが、本来あるべき古文書学の姿であろう。その上で、ⅢこれらのⅠⅡの成果を「集約し一般化して」日本史研究に役立てるように橋渡しをするというのが石井氏の提案の趣旨であり、史料論本来のあり方だと私は理解している。

従来の古文書学は、はっきりいって「歴史学の補助学としての古文書学」であった。しかし、それは「古文書学を歴史学の補助学とよぶ誤解」ということが確認された上でのことであった。いっぽう、最近の中世史料論は、新しい史料論の名のもとに、「古文書学を歴史学の補助学とよぶ誤解」ということすらすっかり忘れられて、いつの間にか史料論即「定説的古文書学」、もうすこしいうならば古文書史料論というように、文字だけの狭い窮屈なものに限定化・固定化されて、それがまったく当然のこととして、大手をふって通用するようになってしまった。

狭い文字資料としての古文書を論ずるだけ

しかも、文書といっても、広く動態の「もの」としての「文書の一生」を研究するなどということはまったく頭にはなく、もっぱら狭い文字資料としての古文書、歴史叙述の史料としての古文書を論ずるのがいわゆる中世史料論になってしまったというのが現状であろう。本来の史料論提案の趣旨からもっともかけはなれてしまったのが、現在のいわゆる中世史料論だと考えるのである。ここで、史料論本来のあり方に立ちもどって、幅広く「日本史研究の方法」を本格的に論ずることがどうしても要請されるのではなかろうか。現在の中世史料論即「定説的古文書学」といわんばかりの状態は、現在のいわゆる史料論であるかもしれないが、石井氏提案の、そして本来の史料論としては、決して正常な学問のあり方ではないといわなければならない。

中世古文書学のいわゆる史料論化

以上、中世古文書学のいわゆる史料論化という現状を概観しておいて、古文書学についてもうすこし述べてみよう。さきにもいったが、佐藤氏の『古文書学入門』は、いろんな制約から、その内容は「様式論」の説明と、文書を史料として解読するという二つに重点がおかれた。そのために、文書を「もの」としてみるという観点が完全に見逃されてしまった。

史料の解読という点に関しては、たびたびいうことだが、中世史に関する氏の蘊蓄によって、学ぶべき点が多い。いっぽう、「様式論」についていうと、何故か、相田氏の公式様文書・平安時代以来の公文書・書札様文書という分類——これが本来の様式分類であるが——ではなく、黒板勝美氏の公式様文書・公家様文書・武家様文書に立ちもどっている。『古文書学入門』は全体として、とくにその第二章「古文書の伝来」は相田氏の『日本の古文書』の影響が顕著にみられるが、このもっとも重要な様式分類にかぎってはまったく別である。深い理由があったものと思われるが、後学としてはうかがいしることはできない。

公家様文書・武家様文書は完全に姿をけす

ただし、佐藤氏も間もなく、この分類は様式分類としては適当でないことに気づいたのではなかろうか。事実だけをいうと、『古文書学入門』刊行の五年後の「中世史料論」では、公式様文書という言葉は章節の表題にも用いられ、広く用いられている。しかし、公家様文書・武家様文書になると、完全に姿をけす。すなわち、公式様文書に相当する第二節二「公式様文書の構造」であるが、つぎの公家様文書にあたるものが三「新様式の開発(一)——宣旨・官宣旨と庁宣」、さらに武家様文書に相当するものが四「新様式の開発(二)——下知状と御教書」と

意識的に発給者別の分類を採用したものという新説

古文書学としては大きな疑義を感じざるをえない

なっている他、まったく公家様文書・武家様文書という言葉はみられない。その後の氏の古文書学に関する論稿をみても、ごくたまに公家様文書・武家様文書という言葉がみられるが、まったくといってよいほどにみられない。そして、氏の古文書学に関する関心も、様式論から機能論へ、そして「文書概念の再検討」へと移っていく。

佐藤氏の忠実な後継者をもって自ら称して、その祖述にはげむのが富田正弘氏である。ただ、古文書学も含めて、たんにその忠実な祖述というだけではなく、発展的継承という観点からするならば、佐藤進一氏の学問的正統といえば、名実ともに石井進氏をはじめ何人かの方を推すべきだと私は考えている。それはともかくとして、富田氏は最近の「古代中世文書様式の体系・系譜論に関する先行研究」で、この佐藤氏の『古文書学入門』の公式様文書・公家様文書・武家様文書という分類は、様式分類ではなく、政治体制論・国家論を目ざしたもので、意識的に発給者別の分類を採用したものだという新説がだされた。ここで論じられているのは、完全に文字資料としての文書であって、「もの」としての文書はその片鱗もみられない。まさに「公家政治文書論」である。こうなると、これは歴史学あるいはいわゆる史料論ではあるかもしれないが、そして「古文書学に立脚したいわゆる中世史料論」かもしれないが、もはや古文書学や本来の史料論ではないといわざるをえないだろう。そして、佐藤氏の公式様文書・公家様文書・武家様文書万々歳ということになるが、ここまでくると古文書学としては大きな疑義を感じざるをえない。

すなわち、佐藤氏が古文書学のあり方について論じた代表作「歴史認識の方法についての覚え書」の、

> 古文書の様式とその史的背景との関連の究明を古文書学そのものに求めるとしたら、それは全く誤りとはいえないにしても、著しい本末顛倒であろう。このような問題は、古文書学固有の分野の問題ではなく、古文書学と歴史学との関係の場の問題である（［引用11］）。

という主張と完全に齟齬するからである。両者まったく相反する主張である。

この佐藤氏の「歴史認識の方法についての覚え書」と同『古文書学入門』とでは、執筆の時期が一〇年以上の開きがあるが、その間に佐藤氏の考え方がまったく正反対のものになったなどとは考えられない。したがって、佐藤氏の古文書学としては、最重要の論文であるにもかかわらず、富田氏はいっさいこれには触れていない。触れようものなら、『古文書学入門』の古文書の分類は様式分類ではなく、政治体制論・国家論を目ざしたもので、意識的に発給者別の分類を採用したものだという自説が完全に破綻することになる。実に巧妙に仕組まれた発給

者別分類論の主張なのである。

政治体制論や国家論などは古文書学や本来の史料論とはまったく無縁のもの

いうまでもなく、政治体制論や国家論などは、歴史学あるいはいわゆる史料論の課題であるとしても、古文書学や本来の史料論とはまったく無縁のものである。佐藤氏が早く、「このような問題は、古文書学固有の分野の問題ではなく」とした問題である。それを佐藤氏の『古文書学入門』の分類は、様式分類ではなく、政治体制論・国家論を目ざしたもので、意識的に発給者別の分類を採用したものだという。そして、古文書学の史料論化も、ここまできたということ、またこれだけのことが平然と主張できて、それが歓迎されるのが現在の中世古文書学界の特異な体質だということだけは確認しておかなければならないだろう。

古文書学として独自の研究目的をもった学問

ともあれ、『岩波講座　日本歴史』（一九七六年版）で、はじめて史料論・史料学が提唱されてから四〇年以上たつ。この間に、中世古文書学は、その本来の姿はすっかり忘れさられて、完全にいわゆる史料論化してしまった。これは、正常な学問のあり方とはいえないと思う。本来の古文書学は、現在のようにいわゆる史料論としての古文書学ではなく、あくまでも古文書学として独自の研究目的をもった学問である。すなわち、「もの」としての文書の本質を究明して、その成果を体系化することである。これは、現在の考古学や民俗学などと同じであって、古文書学独自の研究に徹することによって、いわゆる史料論としての古文書学よりは、さらに高度で正確で豊かな歴史情報を歴史学に提供することができるのである。そして、この高度の古文書学と歴史学を結ぶのが史料論だと考えるのである。このようにみてくると、ここで初心にかえって「史料論とは何ぞや」「現在の史料論は本来のあるべき姿なのだろうか」を改めて問いなおしてみる必要があるのではなかろうか。

註

（1）その代表として、前記富田正弘『中世公家政治文書論』の序説「古代中世文書様式の体系・系譜論に関する先行研究」がある。その一部については、第三章「最近の中世史料論」、第四章「最近の中世史料論の林屋・上島論文批判」で述べたが、氏自身「古文書学に立脚した中世史料論」というように、ここで論じられているのは完全に歴史叙述の史料としての文書であって、「もの」としての文書という観点はまったくみられない。

（2）私が、庄園研究というよりは、本格的に中世史研究をはじめたのは、それこそ六〇年も前のことである。その頃は、百合文書はまだ東寺の宝蔵で、深い眠りをつづけているときであった。毎年学校の春休や夏休には、東京大学史料編纂所の影写本を写真に収めるため東京へでかけたものであった。そのとき、いつも京都駅の近くの東寺に原本がありながら、影写本をみに東京まで足を運ばねばならない不便さを痛感したものであった。当時の模様を、拙稿「東寺百合文書と中世アーカイブズ学研究の黎明――百合文書のデジタル画像の公開によせて――」(京都府立総合資料館「資料館紀要」四三号　二〇一五年)では、

> 史料編纂所では、その頃影写本の写真撮影が許可されていたので、古い三五ミリのフイルムカメラと三脚その他撮影用具一式を入れた大きなバッグ――その頃には、現在のように便利なキャリーバッグなどはなかった――をかかえて、百合文書の原本の眠る東寺を横目にみながら、京都駅から東京へでかけたものである。その頃には、まだ新幹線などは走っていなかったので、京都駅発午後八時か九時頃の夜間特急――その当時「明星」だとか「銀河」などという名称でよばれていたように覚えている――にのり、車中で一睡、翌朝六時か七時頃東京駅着、東京駅の地下の浴場――その頃には、このような客目当ての浴場が地下にあった――で一風呂あびて眠気をさまし、同じく地下の食堂で朝食をとって、史料編纂所へ向かったものである(同書七五頁)。

と述べている。半世紀ほどの間のことだが、いかに研究条件がちがっているかの一端をしることができるのではなかろうか。

(3)　私は、本書でたびたび京都府立京都学・歴彩館で、百合文書のデジタル画像が公開されて、「もの」としての文書の研究が可能となったかのようないい方をしてきた。前著『中世アーカイブズ学序説』においても、それと同じようなことをいってきた。これに対しては、さきにすこし触れたが新潟市歴史文化課歴史資料整備室の長谷川伸氏が、前記全国歴史資料保存利用機関連絡協議会「記録と史料」二六号にその書評を執筆、きびしい批判を頂戴している。氏は、

> しかし、根本的な問題として画像は「もの」ではない。デジタルアーカイブは、あくまでもデジタル「データ」である。デジタルデータは、文書という「もの」を記号データ化したものであることを認識すべきである。従来の文書は紙という素材でできていた「もの」であったが、電子データ上の「もの」の「かたまり」は、人間がそれを物理的な「もの」として把握できるシステムではない(中略)。
>
> 氏は初めて百合文書の画像を見た時に、筆跡や墨色・書風は当然、しわや折り目、虫喰いの跡まで原本そのままが次々と現れてくることに感動し、ここから新しい学問が始まることを予感している。しかし、こうした古文書学的な基本情報の典拠は「画像データ」である。画像データはシステム上のデータを保証できても、原本情報の保証にはならない。「もの」を重視するとは、数値や記号化されたデータ以外の、実物そのものが存在する姿や雰囲気(氏の言葉によれば「中世の匂い」)といった、「もの」の背景にある作成から現在まで生きてきた時の経過の中で熟成されてきた「文書」の持つ力量を感覚的に読み解くことであろう(同書七二頁)。

という。まさにそのとおりである。デジタル画像は、あくまでもデジタルデータであって、「もの」そのものではない。その有する情報だけを考えても全然ちがう。端的にいえば「中世の匂い」があるかないかのちがいである。古文

書の研究は、最終的には「もの」そのものに帰着しなければならない。そして、このような積極的な意見のでることは、アーカイブズ学としては大いに歓迎すべきことである。また、ここまでのことがいえる研究者がいることは本当に心強いことである。したがって、そのことを十分に理解した上で、やはりデジタル画像の古文書研究にはたす役割は、たんに文字だけを追っかけている現在の中世古文書学やいわゆる中世史料論などよりは、格段のちがいがあるということ、そして新しい中世古文書学研究にとっては画期的な意義を有することであるということだけは確認しておかなければならない。

(4) 相田氏のいう「永く保存する必要を認めて作る」文書が実際にはありえないことは、さきに第一部第二章第二節第四項「相田二郎氏の古文書の「永続的効力」」で詳しく述べた。

(5) ここで用いたａｂ、また(イ)(ヘ)という符号は、第一部第二章第二節第二項「相田二郎氏の伝来論の概要」からのものである。

(6) これについては、註(4)をみていただきたい。

あとがき　——新しい中世古文書学を目ざして——

一

以上、本書では、「もの」としての文書・古文書について論じてきた。改めて確認しよう。文書とは、アーカイブズのうちの一つであって、「差出人から受取人にある意思の伝達を目的として「かたち」をととのえて作成された書面」である。したがって、文書は「もの」として、すなわちアーカイブズとしてとらえたときに、その本質を完全に把握できるのであって、たんに文字資料すなわち歴史叙述の史料としてみた場合には、その本質を矮小化してしまって、いろいろと「ひずみ」や欠陥がおこる。この文書・古文書を「もの」として、その本質にしたがって、あるがままの姿で研究するのが本来の古文書学の姿である。

従来のわが国の中世古文書学についていうと、いろいろと議論はあるとしても、近代的な古文書学の成立以来、「古文書学を歴史学の補助学とよぶ」のは誤解だといわれつつ、実際は「歴史学の補助学」であったことはまちがいがない。そこで、いったんこの史料主義と決別して、古文書の本質そのものを究明するという本来の古文書学の姿に立ちかえることがどうしても必要であろう。それによって、古文書を歴史叙述の史料として用いるについてももっとも高度で、しかももっとも正確で豊かな歴史情報を歴史学研究に提供できると確信している。

二

そもそも文書・古文書を論ずるには、まず「文書とは何ぞや」「古文書とは何ぞや」ということを確認しなければならない。従来のいわゆる「定説的古文書学」についていうと、とくに重要なものとして相田二郎氏の文書の本質的効力の理解がある。これは、氏の『日本の古文書』の前編「古文書の伝来」の最初にみられるものである。したがって、これは現在の中世古文書学の原点・出発点ともいうべきものである。

これについては、すでに詳しく論じたことであるが、相田氏は文書の伝来を、大きくⅠ本質的効力による伝来と、Ⅱ応用的価値による伝来の二つにわける。そして、このⅠ本質的効力による伝来の文書を、さらにＡ一時的効力の文書と、Ｂ永続的効力の文書の二つにわけ、Ａ一時的効力の文書は、「当座の要件を伝へるに過ぎない文書」「第一人者と第二人者との間にその授受が済めば、それで差支ないといふもの」としてまったく問題にしない。代わって、Ｂ永続的効力の文書は、「後日迄も保存の必要ありと認めて作り、且つ永く保存すべき文書」として、あたかもＢ永続的効力の文書が本質的効力の文書であるかのような説明である。これが、わが国中世古文書学の文書に関する理解の出発点であり原点といえる。しかしこれは、はなはだ申し訳がないが完全なまちがいである。たとい、「文書の伝来」というベールがあるとしても、文書はあくまでもある意思の伝達を目的として作成されたものであって、これがその文書の本質的効力である。決して、一義的に「後日迄も保存の必要ありと認めて」作られたものではない。

これにともなって、はたしてＢ永続的効力の文書なるものがあるのかどうかという問題がでてくる。はっきりいって、Ｂ永続的効力の文書なるものなどはありえないのである。これについても、すでに十分検討した。この相田氏の考え方は、文書をたんに文字資料としてみたもので、失礼だが「もの」としての文書ということを完全に見のがしてしまったことによる「ひずみ」といわざるをえないだろう。相田氏にしても、「文書とは何ぞや」ということに関して、このような基本的な「誤解」がみられるのである。これが、従来の古文書学の出発点で、根本的な底流となった考え方であって、余り表面にはでていないが、たとえばつぎの「文書と記録の間」とも密接な関係がある。

しかし、「もの」としての文書の「一生」からみると、その本質的効力は「ある意思の伝達」であって、「ある意思の伝達」の完了とともにその本質的効力は消滅する。その後は、付随的効力であり応用的効力ということになる。これが、文書の特殊的性格である。文書の特殊的性格という観点にまったく無関心であったのが、従来の古文書学の最大の欠陥なのである。ともあれ、古文書学としては、もっとも権威のある相田氏、そして「もの」としての文書にも十分な配慮のあった相田氏にしても、その著書のトップから、文字資料としての文書の「ひずみ」・限界から完全には自由でなかったということだけはどうしてもはっきりさせておかなければならない。これが、現在の古文書学をその根底から規制する考え方であることはいうまでもない。

この考え方を、さらに大きく展開させたのが佐藤進一氏の「文書と記録の間」、すなわち「文書概念の再検討」である。佐藤氏は、文書を「ある意思の伝達の手段として作成された」ものというように規定すると、「狭すぎて」「明らかに別種のもの」が存在するという。それは、「照合のための書面」だという（[引用16]）。すなわち、「照合のための書面」は「ある意思の伝達」を目的とする文書とは「明らかに別種のもの」だとするのである。しかしこれは、はっきりいうならば「もの」としての文書の特殊的性格を考慮せず、文書をたんに文字資料として、伝達を目的とする文書、照合を目的とする書面（文書）というように、その静態において個別的・並列的にとらえた結果なのである。

しかし、たびたびいうことだが、文書を「もの」として、動態においてその「一生」を考えた場合、これは同一の文書の存在の「場」のちがいにしかすぎないのである。伝達を目的とする文書が、その本質的効力の終わった後、改めて照合を目的として集積されただけで、いずれも同一の一通の文書なのである。これについては、本文で東寺百合文書の京都左京七条一坊十五町内の屋地に関する売券について、一度ならず二度・三度にわたって確認した。失礼だが、ここでも完全な誤解といわざるをえないのではなかろうか。

そして、これらの議論をつうじて明らかになったのは、相田氏にしても佐藤氏にしても、文書をたんに文字資料としてとらえることの限界である。もはや、文書を静態の文字資料として分断して――村井章介氏の言葉をかりるならば、「それがほんらい存在した「場」や「関係」から切り離された情報のフラグメント」、すなわち歴史叙述の史料として――、個別的に把握するかぎり、広汎な「もの」としての文書、さらには広くアーカイブズとしての新たな位置づけに対応できなくなったことがはっきりしたと思う。文書をたんに「情報のフラグメント」としてではなく、「もの」として考えるということは、「それがほんらい存在した「場」や「関係」」にもどすことが必要なのである。ここで、はじめて文書の本質、「もの」としての文書の本質にせまることが可能となるのである。ついでにいうならば、この佐藤氏の「照合のための書面」というのは、文書の実態としては相田氏の「永続的効力の文書」と同一のものであるということを付言しておく。従来の古文書学の基本的な問題点の根っこに、この「永続的効力の文書」＝「照合のための書面」の理解があることが確認できたかと思う。「文字としての文書」の問題点の根は深いのである。

それとともに、この相田氏の「永続的効力の文書」、また佐藤氏の「照合のための書面」の理解は、いずれも明らかな誤解であることは実にはっきりしている。しかし、私自身これに気づいたのはごく最近である。はっきりいうならば、本書を執筆することによって、そして何度も書きなおしている間に、やっと確信をもっていえるようになった。そして、わが国の古文書学界では何十年も、誰一人としてこれに触れることがなかったというのは、その体質として驚くべきことではないのだろうか。いうまでもなく、文書の本質を本格的に論ずるには、文字資料、歴史叙述の史料、「情報のフラグメント」という呪縛から解放され、「もの」そのものとして、あるがままの姿で、「それがほんらい存在した「場」や「関係」」そのままで、文書を研究することがどうしても必要なのである。そうでなければ、いまみたように古文書学としては根本的な問題でその本質を見あやまるという教訓がはっきりしたのではないかと考える。

三

改めていうが、文書とはアーカイブズの一つであって、「差出人から受取人にある意思の伝達を目的として「かたち」をととのえて作成された書面」である。決して、「後日迄も保存の必要ありと認めて作り、且つ永く保存すべき文書」（［引用5］）として作成されたものでもなければ、まして文字資料として歴史叙述の史料として作成されたものではない。したがって、古文書学とはこの動態の「もの」としての文書・古文書の本質を究明し、それを体系化する学問であって、「史学の右腕」や「歴史学の補助学」でないことは異論はないはずである。

しかし、わが国の近代古文書学は、その成立以来「史学の右腕」「歴史学の補助学」であったことはまちがいはない。決して、文書・古文書の本質を究明する学問であったとはいえないと思う。これについては、まずその成り立ちに返って考えてみる必要があろう。高埜利彦氏は、前記「［コラム　歴史の風］静かな民主革命」において、青山英幸氏の指摘にもとづいて、明治二十年（一八八七）、外国人教師であるドイツの歴史学者ルードウイッヒ・リースは帝国大学への意見書で、国史学科学生の将来の職務は、

第一に「政府地方官庁貴族大家ノ記録局ニ於テ記録主任又ハ公文ノ整理保存主任」になること。

第二に「図書館長又ハ掛員」になること。

第三に「目下日本ニ於テ必要急務タル修史事業ヲ補助セシメ即其資料ヲ蒐集批評及編輯セシムル為メ編纂者又ハ其助手」、つまり史料編纂官になること。

第四に「中学校ノ適格ナル国史教員」になること。

を提示した。しかし、政府は、リースのいう第一のアーカイブズ制度ではなく、第三の修史事業に目をむけ、『大日本史料』（正史）の編纂事業を担わせることになったという。もし、この意見書の第一が採用されていて、わが国に早くからアーカイブズ制度が本格的に展開していたら、わが国の歴史学・古文書学は、すっかり別のものになっていたであろう。

これを、佐藤進一氏は、さきに引用したように、

日本の古文書学は、すでに第一章で述べたように、近代歴史学の輸入の気運のなかで、一つには史料批判のための技術的方法習得のために、また一つには史料編纂のための直接の必要に迫られて、急速に発展した学問であった。古文書学がそれ自身一つの独立した学問とはみなされず、歴史学研究の手段としてのみ意義を持つ学問、したがって歴史学に従属して存在する学問であると考え、そういう意味で、古文書学を歴史学の補助学とよぶ誤解や、また古文書の真偽を鑑定し、難読の古文書を読みこなすことが、古文書学の最も重要な目的であるかのように考える誤解が生まれ、かつ根強く生き続けているのは、以上のことと決して無関係ではない（［引用4］）。

といっている。

これまでのわが国の古文書学については、いろんな解釈や意見は述べられるが、「それ自身一つの独立した学問とはみなされず、歴史学研究の手段としてのみ意義を持つ学問」、すなわち「歴史学の補助学」にすぎなかったことは、そもそもその成立に起因するものであることはまちがいのない事実である。これを、その出発点に立ちかえって、古文書学研究の原点から考えなおしてみようではないかというのが新しい中世古文書学なのである。

古文書学研究の原点といえば、さきにも引用したように、相田二郎氏のいう、

古文書の性質を分析綜合して定立した知識の大系が古文書学の内容を成すものである（［引用1］）。

であり、また佐藤進一氏の、

古文書のもつ複雑な性質を理解し、古文書に関する知識を整理し体系立てるところの学問が必要になる。

これが古文書学である（［引用3］）。

である。しかし、わが国古文書学は、その成立以来、佐藤氏のいう、

（古文書学は）実際には古文書を歴史の史料として利用する歴史学の立場から、古文書の史料的価値を明確にするための学問として研究され、その成果が利用されているのが現状である（［引用３］）。

というのが実態であった。それを、リース意見書の第一が古文書学の本来あるべき姿であることを確認しようではないかというだけのことである。

そしてこれは、表現は別として、いつか誰かがはっきりいわなければならないことなのである。穏やかにそれとなくいうという方法もあろうが、私には、もはやそれが通用するような中世古文書学の状況だとは考えられない。高埜利彦・青山英幸・佐藤進一の諸氏――これ以外にも聞くべきものとして荻野三七彦氏があるが――の提言に、何の反応もみられず、依然として「歴史学の補助学としての古文書学」が大手をふって通用している現状が、それを如実に物語っている。そして、これまでの私の遠慮しながらの発言が、「邪魔物」「異端」とされ、無視はいうにおよばず、一部に強い反発がみられるのである。これでよいのだろうか。

四

わが国の中世古文書学が、完全に「歴史学の補助学」になってしまったのは、それなりに必然的な理由のあったことはまちがいがない。それは、いまみたわが国の古文書学・歴史学の成りたちと密接に関連することであるが、その背景として何よりも古文書学研究の環境というか、その条件がととのっていなかったことがあげられよう。久しく、古文書学を本格的に研究するような条件は、まったくなかった。その典型的な例として、東寺百合文書の場合についてみてみよう。

百合文書は、昭和四十二年（一九六七）までは、ほぼ中世のままの「かたち」で、門外不出ということで、京都の東寺の秘庫に静かに眠っていた。唯一外気に触れたのは、東京大学史料編纂所に影写本の作成と、『大日本古文書　東寺文書』編纂のために貸しだされただけであった。そして、私の聞きあやまりでなければ、当時の史料編纂所の職員でも、影写本の作成と『大日本古文書』の編纂以外には、ほとんど百合文書に接することができなかったということである。

これは、わずかな一例にすぎないが、前世紀の後半すぎまでは、他の文書についても事情はほぼ同じであったといってよかろう。これ以外に、わずかな写真資料は刊行されていたとしても、基本的には、影写本や刊本に頼るのが精一杯で、学界としては、それ以上のことは望みうべくもなかった。必然的に、学界全体として、刊本中心・影写本中心、すなわち文字だけの古文書学にならざるをえなかったのである。原本研究は、「貴重な原本に接することのできる一部のめぐまれた研究者のみに許される閉ざされた特殊なテーマである」というのが実態であった。完全に「閉ざされた」社会であったのである。したがって、ここでは「もの」としての文書の研究という関心などはおこりうべくもなかった。

しかし、もはや一九世紀や二〇世紀ではない。前世紀後半以後の古文書学研究の環境・条件の変化は目をみはるばかりである。その典型的な例はやはり東寺百合文書である。百合文書は、昭和四十二年（一九六七）に東寺から京都府に譲渡され、完全に整理されて、ほぼ原本に近いデジタル画像が全面的に公開されている。さらに、必要とあれば、原本について研究することもできるのである。たびたびいうことだが、影写本をみるのには、京都大学だけでは十分ではなかった。そこで、夜間特急にのって、史料編纂所まで出かけなければならなかった六・七〇年前の、私が中世史の研究をはじめた頃と、研究の環境はまったくかわっているのである。

それとともに、リースの段階はもちろん、前世紀のほぼ最末期までは、文書館・資料館などのアーカイブズはまったくみることはできなかった。しかし、二一世紀の現在、各地に文書館・資料館が建設されて、中世文書にもそれなりに接することができる。そこには、日々アーカイブズに接し、その研究をはじめ、整理・保存・公開を本業とするアーキビストが多数配置されている。そして、いまや大学の専門科目でも、歴史学専攻の学科だけではなく、アーカイブズ学の研究を専門とする学科もできている。歴史学の研究者とは別に、純粋にアーキビストとして教育をうけた専門家が育ってきている。さらに、アーキビストの学会登録もおこなわれ、漸次その数を増しているというのが現状である。

このようにみてくると、古文書学研究の担い手も大きくかわることとなろう。やがて、歴史研究者が歴史叙述の史料としての古文書を論ずるという時代は終わって、これら専門のアーキビストが本格的にアーカイブズとしての古文書、本物の「もの」としての古文書を論ずるようになるのは当然である。ここで、はじめて本格的に古文書学が論じられることとなる。それは、たんに文字のみを追っかける史料認識論だけではなく、「もの」としての文書の整理・保存・公開という実務をつうじて、その本質にせまる史料管理論が不可欠のものとなる。史料認識論と史料管理論が一体として論じられるのがアーカイブズ学であり、本来の古文書学だと私は考えている。

アーカイブズ学、そして本来の古文書学の将来は刮目して待つべきものがあるというべきであろう。

五

ここ四・五〇年の古文書・古文書学をめぐる変化は、いまみた研究環境や研究条件だけではなく、その研究対象の拡大として顕著にみられる。それにともなって、古文書そのもののとらえ方、規定・位置づけにも大きな変化がみられる。その最大のものはアーカイブズとしての文書の位置づけであろう。

近代歴史学、ことに近代古文書学の草創期には、その研究の対象は、歴史叙述の史料としての文献、その中でも古文書がその王者の地位をしめていた。しかし、その後民俗資料や考古資料が歴史研究必須の史料とされ、さらにアーカイブズの考え方が紹介されて、歴史叙述の史料全体の範囲は飛躍的に拡大された。それにともなって、文書・古文書そのもののとらえ方・規定にも深化・精細化がみられるようになる。そして、文書・古文書とは、

第一人者から第二人者に向つて、その意志を伝達する用具として記載したもの（〔引用1〕）、

甲から乙という特定の者に対して、甲の意思を表明するために作成された意思表示手段（〔引用2〕）、

といった、従来の古文書学のおおらかな規定では通用しなくなる。

文書についていうと、たんに文字資料としての文書ではなく、「もの」としての文書、アーカイブズとしての文書という観点が不可欠のものとなる。どうしても、文書・古文書とは、

アーカイブズの一つであって、差出人から受取人にある意思の伝達を目的として「かたち」をととのえて作成された書面である。

というように、広く厳密に規定せざるをえなくなる。そして、ここでいうアーカイブズとは、「時代や媒体に関わらずさまざまな個人や組織体が生み出す一次的な記録情報資源」、すなわち「一つしかない生の記録情報資源」であることはいうまでもない。これが、当然のことながら文書概念の再検討であり、文書概念の広汎な拡大である。

これと平行して、古代をはじめ、近世・近現代などの中世以外の他の研究分野では、文書・アーカイブズはもはやたんに歴史叙述の史料などだけではなく、「もの」としての研究が着実に進展していると考える。古代史研究では、考古学は必須のものであろう。それだけではなく、アーカイブズという言葉は使われていないようだが、

「もの」に即した精密な木簡研究や正倉院文書研究その他の広汎な研究をのぞいては、歴史研究そのものが成りたたないというのが現状ではなかろうか。近世史や近現代史研究の分野では、もはやアーカイブズの考え方を抜きにした研究などありえないことはいまさらいう必要はあるまい。

これにともなって、研究分野の分化・専門化がおこなわれる。かつては、古代・中世をつうじた「定説的古文書学」が、まさに定説的な古文書学であった。しかし、いまや古代・中世をつうじた古文書学全体の概説など書けるはずはなくなった。古代古文書学の研究対象といえば、正倉院文書研究や木簡研究その他の「もの」そのものの研究が主たる対象であろう。中世古文書学についていうと、在地文書だ紙背文書だといった新しい発掘はあるとしても、現在のところ百合文書などをはじめとする文書群の研究が主体であろう。これは、近世についても近現代についても同じで、研究対象の分化がはっきりしている。したがって、その方法論もそれぞれ別のものとならざるをえない。アーカイブズとしての文書という共通点を確認しながら、それぞれ対象・研究方法を異にするいくつかの専門分野に分化せざるをえないのではなかろうか。

ここで、古代史研究について付言すると、考古学はもちろん、木簡研究・正倉院文書の研究その他の研究は目ざましいものがある。私の不勉強というか、力不足のためにほとんど触れることはできなかった。もし、古代史研究の現状を本書に十分消化・反映させることができたならば、もうすこしは読んでいただけるようになったと思うが、ただただ悔いが残るだけである。しかし、一つだけどうしてもわからないことがある。古代史研究の場合、正倉院文書にしても木簡その他にしても、実際には「もの」としての研究そのものがおこなわれている。それが、何故に「史料体」なのだろうか。現在、研究にしたがっている方はすべて歴史研究者だといえばそれまでだが、歴史叙述の史料としてではなく、「もの」そのものとして、アーカイブズとして研究した方が、より大きな成果があがると私は思うのだが。

六

以上のような状況は、文書・アーカイブズの研究条件や研究環境や、さらには「もの」としての文書へ意識の変化だけではない。文書の保存・修理の世界についても、事情はまったく同じである。

昭和十二年（一九三七）、京都府と東寺は、東寺百合文書の安全保存を目的として、その巻子装の事業に着手した。当時としては、文書類の保存には巻子仕立ては最高の方法で、これによって文書の散逸を防ぎ、末長く保存が可能だと考えられていた。しかし、この修理事業を東寺の文化財の管理責任者から聞いた相田二郎・三成重敬の両氏は、「古文書ハ原状ノ侭ニ保存スベキモノ也」「巻子本トナス事絶対ニ避ク可シ」と忠告をした。これは、まさに現在の修理・保存の理念につうずる卓見であった。

これによって、百合文書の巻子装仕立ては、その段階で中止された。そして、一〇箱が巻子装の準備ができていたが、そのうち三箱が巻子装となっただけで、他は手つかずで、中世のままの姿で残ることになった。そして、百合文書全体の原形は、ほぼ完全な形で保存することができた。しかし、相田氏ほどの影響力の大きな方の考え方も、当時のわが国の古文書修理の世界全体には届かず、「古文書ハ原状ノ侭ニ保存スベキモノ也」が徹底しておこなわれるようになったのは、やっとまだ二・三〇年くらいのことにすぎない。

しかし、文書の修理・保存の世界でも、もはや千年以上もつづいた巻子万能の原則は見なおされて、「原形保存」の原則が徹底しているのである。そして、現在では文字だけを保存するという巻子仕立ての修理方法は完全におこなわれなくなっている。文書の修理・保存の世界でも根本的な変革がみられるのである。

七

以上みたように、ここ二・三〇年、あるいは四・五〇年の間の中世の古文書・古文書学をめぐる状況は、まさに「劇的」な変化をとげていることがわかる。

まず、その研究環境・研究条件が大きく変わってきている。かつては、古文書の研究といえば「貴重な原本に接することのできる一部のめぐまれた研究者のみに許される閉ざされた特殊なテーマである」というのが実態であった。しかし、いまや広く開放されて、文書の原本研究も「閉ざされた特殊な」世界のものではない。そして、各地に文書館・資料館が設立され、アーキビストが業務を担当している。いつまでも、歴史家が片手間に古文書を論ずるのではなく、専門のアーキビストが本職として自由にアーカイブズについて議論を交わす日もそう遠くはあるまい。その他、具体的にいくつかあげてきたが、修理・保存・公開のあり方の変化も含めて、古文書をめぐるすべてのことが、ここ半世紀くらいの間に、われわれの意識をこえて、大きく変化をとげているというのが実態である。

このような状況の中にあって、ただ中世古文書学、いわゆる中世史料論だけが、一九世紀・二〇世紀の「定説的古文書学」と何のかわることもなく、安閑と文字だけを追っかけているのである。本当に情けない状況である。かつては、たしかに文字だけの古文書学であった。しかし、それはまだ「古文書学を歴史学の補助学とよぶ誤解」ということが確認された上でのことであった。しかし、いまやいわゆる史料論の名のもとに、その限定も完全に忘れられて、文字だけのいわゆる史料論が堂々とおこなわれているのである。時代遅れというよりは、歴史の歯車を逆さに廻す典型的なことである。

しかし、もはや「良賈は深く蔵して虚しきが如し」式の深遠で神秘的なベールにつつまれた近づきがたい古文書学が通用するような時代ではない。全国の多くのアーキビストが、自由に「もの」としての文書を論ずるようになってこそ、本格的な古文書学が確立したことになる。また、歴史叙述の史料は、古文書だけではない。中世史料論は、この新しい事態に即応して、古文書の文字だけに汲々としているのではなく、広汎な研究分野をその守備範囲とする本来の史料論に返るべきであろう。そして、古文書学は、いわゆる史料論とは関係なく、古文書の本質の究明に専念するのが本来であろう。古文書学と史料論を完全に混同してしまったのが現在の中世古文書史料論だというべきであろう。その具体的な状況については、これまで個別的に詳しくみてきたので、改めて述べる必要はあるまい。文字だけを追っかけている中世古文書史料論なども、ぼつぼつ「太平の眠り」から目をさまし、表1—1「文書の伝来とそのライフサイクル・情報等」にみられるように、実に豊かで多彩な研究課題を擁するアーカイブズ学としての中世古文書学に真剣に取りくむ段階ではないのだろうか。

以上、私は中世古文書学について、いろいろな提言をしてきた。しかし、これが完全なものだなどとは毛頭考えていない。やっと、「新しい中世古文書学」に目ざめて、その出発点にたつことができただけである。本格的な「新しい中世古文書学」「アーカイブズ学としての中世古文書学」の確立は、すべて今後に期待せざるをえない。その日の一日も早からんことを祈るだけである。

八

最後に、やっとここまでたどりつけたかというのが率直な気持である。

九十歳をすぎ、いつあの世からのお迎えがあっても、何の不足もない年齢である。毎日、それと向きあっての本書であった。

今年の年賀状に書いたことだが、太平洋戦争末期の昭和十九年（一九四四）十月——その当時の戦時特例で、十月が大学の入学であった——、兵役や勤労動員といった学徒動員で、まったくといってもよいくらい人気《ひとけ》がなく、広い学園全体が薄暗く、がらんとしていた京都帝国大学文学部史学科国史学専攻に入学した同級生十二・三人の方とは、長く年賀状の交換をしていた。それが、いつの間にか私一人になってしまった。高齢化の時代とはいえ、本当に有難いことである。

本書は、はじめは東寺百合文書を中心に、中世文書を具体的に論ずるつもりであった。それが、いつの間にか、その前段にあたるものとして、本格的に中世古文書学を論ずることになってしまった。最初の頃の原稿も、そのままパソコンに残っているが、まったく別物である。内容については、それぞれご批判をまつことにするが、これは基本的には百合文書など古文書からと、近くはアーカイブズ学から学んだことである。いつもいうことだが、私の古文書学の唯一最大の恩師は東寺百合文書をはじめとする古文書そのものである。従来の古文書学とはまったくちがったものとなったが、これが私が百合文書などから教えてもらった最終結論である。

もちろん、百合文書だけではない。これ以外の多数の文書からもそれぞれ貴重な教示をえた。代表的なものとして醍醐寺文書がある。昭和四十九年（一九七四）夏、醍醐寺に参上して寶月圭吾氏からお話をうかがい、ご指示をいただいた。それから毎夏四・五日、ほぼ初生《うぶ》なままの文書をゆっくり調査させていただくことができた。それは、昭和六十一年（一九八六）までつづいているが、最初の三〇箱くらいまでの重要な文書は、一度ならず二度三度と目をとおすことができた。ファイル三冊の調書は、私の大切な「宝物」である。これ以外にも、本来ならば一いちその名前をあげてお礼を申さなければならない文書が多数あるが、いままで執筆した著書・論文で、個別に触れているので、それでお許しいただくことにする。

本書の原稿は、本当に何度もなんども書きなおした。その度ごとに、目にみえてよくなることが、実感として受けとることができた。はじめは、おそるおそる先学の問題点について遠慮しながら触れていた。しかし、全体を二度・三度と手を入れているうちに、自信をもってはっきりいえるようになる。それに勇気づけられて、ここまでくることができた。もう二・三度全面的に加筆・補訂することができれば、すこしは読んでもらえるようになったかとも考える。

本文の中で、二回か三回『新しい中世古文書学――アーカイブズとしての古文書―― 各論編』について触れたかとも思う。最初は、この『総論編』と同時に刊行するつもりで執筆をはじめた。全体の草稿ができあがった段階で、私の年齢と体力からみて、二冊同時刊行ということはほとんど無理だろうということがわかった。そこで、まず『総論編』だけをということにしたが、これも四苦八苦して、やっとここまでたどりつけたというのが実態である。『各論編』も、どうしても刊行しておきたいが、無理な場合には、かけ声だけになってしまうが、その点はお許しいただきたい。

しかし、本当に、いつ急なことがあるやもしれない。最近でも、朝、元気であった方が急に仆れたということを聞く。ある程度、本書の内容の見通しがついてくると、やはりそれなりに後世の批判にあずかりたいと思うようになる。いつ筆をとることができなくなっても、その後すこし整理をしてもらえば、不十分ながら外にだせるようにと配慮しながら、そして家族にはそれとなく伝えながら、やっとここまでくることができた。

はっきいうと、これは年寄の暇つぶしに書いたものである。五〇歳代・六〇歳代の円熟した研究者が本格的に古文書学を論じたものではない。年齢はとったが、幸いとくに身体に不自由がない。さりとて、他に何もすることもないので、家族などに迷惑をかけることのないように、書斎にこもって、何となくパソコンと向かっていたら、いつの間にかできていたというものである。したがって、まだまだきわめて不十分である。読みかえしてみると、手を入れたいことがつぎつぎとでてくる。何回も書きなおしをしたので、重複するところがある。もうすこし贅肉を削らねばと思うことが目につく。あるいは、矛盾する個所などもあるのではないかとおそれる。文章も、決して洗練されたものとはいえない。

しかしここにきて、年齢を考えた場合、この辺でいちおうの区切りをつけることを最優先にした。頭の老化はとくにひどい。朝あったことをすっかり忘れていて、よく家族から叱られる。これなどは、どうにも致し方がないが――しかし、記憶力の減退は相当程度パソコンの検索機能で助けてもらった――、自分自身でもよくここまでこられたものだと思う。まだまだ、推敲したい点の方が多い。基本的なまちがいや思いちがいはないようにと祈るだけであるが、細かいことでは、いろいろな問題点や不備な点は沢山あろうかとも考える。これらの点については、ただただお許しをいただく以外には方法はない。とくに、古代史研究の「もの」としての研究は、まったく勉強することができなかった。しかし、どうか後ろ向き・消極的にではなく、前向き・積極的にいわんとするところをくんで、善意にうけとっていただけると有難い。
最後に、ここまで仕事ができたのは、本当に多くの方たちのお力によるものである。学問的なことについては、まだまだ不十分だがいちおうのことは述べた。そのうちでも、旧京都府立総合資料館（現在の京都府立京都学・歴彩館）と東寺宝物館にはたいへんお世話になった。ここでの勉強の機会がなかったら、本書の執筆などはまったく考えられなかったであろう。関係の方々には、心から感謝の意を表するものである。つぎに、健康な身体に育ててくれた両親には、改めてお礼を申さなければならない。そして、現在まで元気に生活できたのは、家族一同の力ぞえによるものである。心から感謝申したい。本書の刊行については、清文堂出版ことに前田正道氏には、最初からいろいろとお世話になった。また、黒岩美和氏には、たいへんご多忙のなか、本当に細かく校正その他についてお力ぞえをいただいた。有難いことであった。厚くお礼を申すものである。

二〇一八年七月二十五日　九十四歳の誕生日を迎えて

上島　有

編年文書目録

天平勝宝三年（七五一）七月二七日　近江国甲可郡司解（東寺文書　聚英八号）……99・100（写真4-2）
元慶　七年（八八三）三月　四日　太政官牒（東寺文書　聚英一四号）……99・100（写真4-1）
延喜　一二年（九一二）七月一七日　七条令解（天理図書館所蔵文書）……208・210
嘉禎　二年（一二三六）八月　二日　官宣旨（東寺文書　聚英六六号）……107・108（写真4-6）・111・113・118・119
文永　二年（一二六五）一一月　日　若狭国惣田数帳案（ユ函一二号）……199
乾元　二年（一三〇三）閏四月二三日　関東下知状（ヒ函二八号）……113・115（写真4-10）・118・119
正和　四年（一三一五）一一月二四日　後宇多上皇院宣（せ函南朝文書一号）……107・109（写真4-7）・111・118～120・126
嘉暦　二年（一三二七）七月一一日　山僧頼以重請文（京函三六号五）……104・105
嘉暦　二年（一三二七）七月一二日　検非違使庁諸官評定文（京函三六号二）……102（写真4-3）・104・105
嘉暦　二年（一三二七）七月一二日　検非違使別当宣（京函三六号三）……102（写真4-4）・104・105
嘉暦　二年（一三二七）七月一二日　検非違使庁下文（京函三六号四）……103（写真4-5）・104・105・113
建武　三年（一三三六）七月　一日　足利尊氏寄進状案（コ函四号）……142
（貞和　四年）（一三四八）九月一五日　散位藤原宗範挙状（り函一六八号）……139・140・150
（貞和　四年）（一三四八）九月二八日　前関白近衛基嗣御教書（東寺文書　聚英一〇二号）……139・140・150
貞和　四年（一三四八）九月　日　山城国梅津庄雑掌家綱重申状并具書（ヨ函九〇号）……139～141・150
（貞和　五年）（一三四九）七月一六日　光厳上皇院宣（こ函一二六号）……139～141・150
（貞和　五年）（一三四九）八月　九日　東寺長者御教書（み函八七号）……139・140・150
（貞和　五年）（一三四九）八月二一日　執行忠救施行状（マ函一三四号）……139・140・150
（貞和　五年）（一三四九）九月一〇日　法印俊瑜挙状案（み函八九号）……139・140・150
貞和　五年（一三四九）九月　日　山城国上桂庄雑掌陳状案（み函二七号）……139・140・150
康安　元年（一三六一）九月一六日　足利義詮御判御教書（東寺文書　聚英二九八号）……138
応安　元年（一三六八）五月　二日　執事細川頼之奉書（せ函武家御教書并達四五号）……137・138
応安　元年（一三六八）閏六月一四日　引付頭人山名氏冬奉書（ヒ函五七号一）……137・138
応安　元年（一三六八）七月二六日　侍所頭人今川国泰遵行状（ヒ函五七号二）……137・138
応安　元年（一三六八）七月二九日　東寺雑掌頼憲請取（ユ函四五号一）……138
応安　元年（一三六八）七月二九日　侍所使節沙弥明真・同真祐連署請文（ヒ函五七号四）……138

（応安元年）（一三六八）八月　三日　侍所頭人今川国泰請文（ヒ函五七号三）……138
応永三年（一三九六）一〇月二一日　法印権大僧都良宝田地等寄進状（ウ函六四号）……222
嘉吉元年（一四四一）一二月二六日　管領細川持之下知状（東寺文書　聚英三七九号）……113
嘉吉元年（一四四一）一二月二九日　管領細川持之施行状（り函八一号）……116
宝徳二年（一四五〇）三月二九日　管領畠山持国下知状（東寺文書　聚英二九七号）……65・112〜114（写真4−8）・116〜118・125
宝徳二年（一四五〇）三月二九日　管領畠山持国施行状（マ函八六号）……65・112〜114（写真4−9）・116〜118・125
宝徳二年（一四五〇）三月二九日　管領畠山持国施行状（東寺文書　聚英三八二号）……125
宝徳二年（一四五〇）三月二九日　管領畠山持国施行状（東寺文書　聚英三八四号）……125
応仁元年（一四六七）六月二五日　足利義政御判御教書（マ函九四号）……120・121（写真4−11）・126
（年　月　日　未　詳）　山僧賀運申状（京函三六号一）……104

研究文献索引

＊印は、書誌情報の所在をしめす。

地名索引

あ行

か行

た行

な行

ま行

や行

ら行

わ行

人名索引Ⅱ（近現代）

あ　行

か　行

さ　行

た　行

な　行

は　行

ま　行

や　行

ら　行

人名索引Ⅰ（近世以前）

あ　行

か　行

さ　行

た　行

は　行

ま　行

や　行

ら　行

ま　行

や　行

ら　行

わ　行

た　行

な　行

は　行

さ　行

項目索引

あ　行

か　行

上島　有（うえじま　たもつ）

〔略　歴〕
大正13年（1924）三重県に生まれる
京都大学文学部史学科（国史学専攻）卒業
京都府立総合資料館古文書課長・大阪電気通信大学教授・摂南大学教授・花園大学教授
を経て、現在　摂南大学名誉教授　文学博士（京都大学）

〔主要著書（単著）〕
『京郊庄園村落の研究』（塙書房）
『東寺・東寺文書の研究』（思文閣出版）
『足利尊氏文書の総合的研究』（国書刊行会）
『中世花押の謎を解く―足利将軍家とその花押―』（山川出版社）
『中世日本の紙―アーカイブズ学としての料紙研究―（前編・後編）』（日本史史料研究会）
『中世アーカイブズ学序説』（思文閣出版）

新しい中世古文書学　―アーカイブズとしての古文書―　総論編

2018年9月30日　初版発行

著　者　上島　有
発行者　前田博雄
発行所　清文堂出版株式会社
〒542-0082　大阪市中央区島之内2-8-5
電話06-6211-6265　　FAX06-6211-6492
http://www.seibundo-pb.co.jp
印刷：亜細亜印刷株式会社　製本：株式会社渋谷文泉閣
ISBN978-4-7924-1091-9　C3321